Portugal
mit dem Wohnmobil

Olivenbäume und Zypressen säumen den Weg ins Douro-Tal.

Thomas Cernak

PORTUGAL MIT DEM WOHNMOBIL

Die schönsten Routen von Porto über Zentralportugal bis zur Südwestspitze Europas

BRUCKMANN

↑ Reger Strandbetrieb an der Praia do Monte Clérigo ↓ Camping Beirã-Marvão in stiller Naturlandschaft

INHALT

WILLKOMMEN IN PORTUGAL

Wer in Portugal mit dem Wohnmobil unterwegs ist, trifft unter anderem auf prunkvolle Palácios, farbenfrohe Fischerhütten, weltberühmte Surfparadiese und altehrwürdige Klöster – sowie auf liebenswerte Menschen, denen es gelingt, Genuss, Wehmut und Leichtigkeit in Einklang zu bringen.

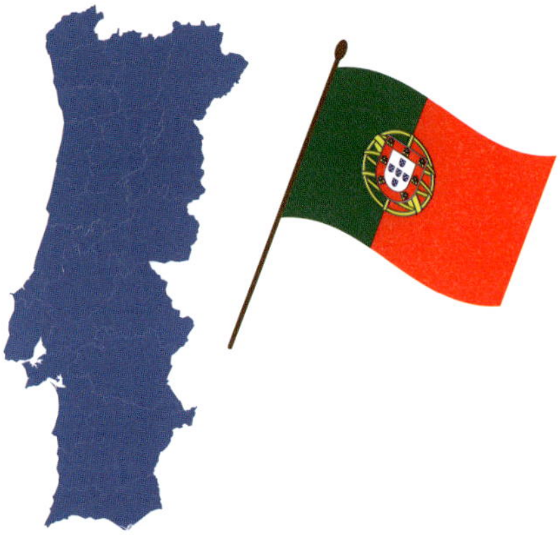

Bestechende Vielfalt

Viele unterschiedliche Regionen prägen das kleine Land. Sein Norden zeigt sich vielerorts ländlich und gebirgig, die Mitte bestimmen sowohl teils stürmische Wellen als auch sonnendurchflutete Weinberge. An der Algarve im Süden pulsiert sommers wie winters das mediterrane Leben. Die Städte Lissabon und Porto bieten eine spannende Mischung aus historischen Stätten und hippen Lokalen. Portugal besitzt die besten und schönsten Strände Europas. Scheuen Sie daher nicht die weite Anreise, sie lohnt sich!

Nachhaltiges Naturprodukt

Portugals Anbaufläche für Korkeichen umfasst etwa 7000 km^2; sie ist damit die größte der Welt.

Preiswertes Nationalgericht

Sardinen sind die Leibspeise der Portugiesen. Aus dem Ofen schmecken sie besonders gut. Gegrillt dürfen die kleinen Fische bei keinem Picknick fehlen. Man bekommt sie zum Beispiel auch gefüllt, gebraten oder als Rouladen serviert.

Rauer Torre

Höchster Punkt des portugiesischen Festlands ist der 1993 m hohe Torre; dessen Gipfelkreuz steht auf einem Turm in steinreicher Landschaft.

Obst und Gemüse

Die Landwirtschaft des Landes ist eine der traditionellsten in Europa. Ein Exportschlager ist die Rocha-Birne aus der Umgebung von Lissabon.

Furchtlos ins Abenteuer

Die »516 Arouca«, mit 516 m längste Fußgängerbrücke der Welt, überspannt in der Nähe von Arouca im Norden Portugals den Fluss Paiva in 175 m Höhe. Sie zu begehen erfordert ein wenig Mut: Die Konstruktion aus Gittern und Stahlseilen wackelt bei jedem Schritt.

Sprung ins kühle Nass

Großen Badespaß verheißen die verbreiteten Flussbäder, öffentliche Einrichtungen mit teils natürlichen, teils künstlich angelegten Becken, Liegewiesen und mehr – in Benquerença sogar mit Stellplatz.

Melancholische Töne

Fado, die traditionelle Musik des Landes, heißt übersetzt »Schicksal«. Sie drückt Sehnsucht und Trauer aus, die von der »saudade« herrührt, jener speziellen portugiesischen Form des Weltschmerzes. Die Lieder tragen meist Frauen vor, immer aber begleitet von Akustikgitarren, meist von Männern gespielt.

Legal frei stehen

Wildcampen in freier Natur ist verboten, ebenso Übernachten im Van oder Wohnmobil in Naturparks und in Strandnähe. Als »Übernachtung« gilt jeder Aufenthalt von 22 bis 7 Uhr – egal, ob man schläft oder feiert. Außerhalb dieser Zonen ist »Freistehen« ohne campingartiges Verhalten auf öffentlichen Parkplätzen bis zu 48 Stunden erlaubt. Verstöße gegen das Gesetz vom Sommer 2021 können Bußgelder zwischen 30 und 600 Euro nach sich ziehen.

Spaß unter Klippen: Praia da Nossa Senhora da Rocha an der Algarve

EIN LAND, DAS VERZAUBERT

Das liebenswerte Land in der Südwestecke Europas besticht mit großartigen Stränden, weitgehend unberührter Natur, quirligen, freundlichen Städten und viel Kultur.

Schön bunt: Holzboote in Sagres

Rotgolden leuchten im Licht der Nachmittagssonne die bizarr geformten Sandsteintürme, die in einer türkisfarbenen Bucht an der Felsenalgarve aus dem Wasser ragen. Ein Zweimaster ganz in Weiß mit geblähten Segeln nimmt durch sie Kurs auf den tiefblau schimmernden Atlantik. Bunte Sonnenschirme im warmen Sand zaubern unbeschwerte Strandatmosphäre. Solche oder ähnliche Beschreibungen geben ein Bild wieder, das in den Köpfen vieler Erholungssuchender fest verankert ist. Es erscheint immer dann, wenn der Name Portugal fällt. Andere wiederum verbinden mit diesem das hippe, quirlige Lissabon oder das charmante, aufstrebende Porto. Die Liebhaber feiner Tropfen in aller Welt schätzen darüber hinaus den aromenreichen Portwein aus dem Douro-Tal und Portugals Edelkicker Cristiano Ronaldo kennt sowieso jedes Kind.

Das Land am Rande Europas hielt sich lange Zeit versteckt, nachdem sich der Traum von einer stabilen Großmacht nicht erfüllt hatte. Ein klares Bild des Landes will sich aber bis heute nicht einstellen. Beste Voraussetzungen also, um mit dem Wohnmobil Portugal auch jenseits der bekannten Klischees zu entdecken – vorausgesetzt, man bringt genügend Zeit mit. Eine Reise unter drei bis vier Wochen ist sicherlich aufgrund der Entfernung von meist mehr als 2500 Kilometern wenig sinnvoll.

Außerhalb der großen Touristenzentren begegnet man fast überall Einheimischen, die freundlich und hilfsbereit den Gästen gegenüber auftreten. Ein kurzes »Bom dia« (Guten Tag) genügt meist, um eine anfängliche Scheu zu überwinden. Junge Portugiesen sprechen häufig Englisch, ihre Eltern Französisch, das diese als Migranten in Ländern wie etwa Frankreich, Luxemburg oder der Schweiz erlernt haben. Es ist kein Fauxpas mehr, das ein oder andere spanische Wort einzustreuen, nachdem sich das Verhältnis zum großen Nachbarn inzwischen entspannt hat – womit wir bei der konfliktreichen Geschichte Portugals angelangt sind.

HERRSCHER KAMEN UND GINGEN

Portugiesen blicken in der Regel mit ein bisschen Stolz und Wehmut zurück auf die einst glorreiche Vergangenheit ihres Landes. Die ältesten Steinritzzeichnungen, die man fand, sind etwa 30 000 Jahre, die zahlreichen Zeugnisse der Megalithkultur geschätzte 5000 Jahre alt. In der Antike weckte die Heimat der Keltiberer – sie galt bei den südeuropäischen Nachbarn als mystischer Ort – die Neugier und Begehrlichkeiten von Phöniziern, Griechen und Karthagern. Die Machthaber unterhielten Handelsstützpunkte entlang der Küste. Die Besatzung durch die Römer begann 209 vor Christus. Ihre Provinz Lusitania entsprach schon damals in etwa der Fläche des heutigen Portugals.
Die Völkerwanderung brachte ab 409 die Sueben und Westgoten ins Land, die aber keinen nennenswerten Eindruck hinterließen – ganz im Gegensatz zu den Invasoren aus Nordafrika, die ab 711 fast die gesamte Iberische Halbinsel eroberten. Mit der Besetzung durch die Mauren setzte eine Blütezeit ein, die nicht nur den Handel, sondern auch Architektur, Bildung und Wissenschaft betraf. Muslime, Christen und Juden tolerierten sich gegenseitig und lebten friedlich nebeneinander, bis im neunten Jahrhundert der Widerstand der Christen aufflammte und mithilfe der Ritterorden die Wiedereroberung gelang. Um 1250 waren die letzten Mauren aus dem Süden des Landes vertrieben. Zuvor hatte Afonso Henriques im Jahr 1139 im Norden ein unabhängiges Portugal ausgerufen. Auch kämpfte der Adel lange

Ferragudo hat seinen ursprünglichen Charme bewahrt.

Zeit gegen die spanischen Aggressoren. Die Grafen von Portucale, einer Grafschaft um Porto, wehrten sich mit aller Macht gegen die Truppen des Königreichs Kastilien-León. Die viele Burgruinen, die das Hinterland durchziehen, erzählen davon.

AUFSTIEG UND FALL

Mit der Entdeckung des Seewegs nach Indien 1498 durch Vasco da Gama kontrollierte Portugal den Gewürzhandel. Das Land gründete darüber hinaus Kolonien von Afrika über Arabien bis nach China und Brasilien. Der Handel mit den Schätzen und Waren von dort ließ das Land unter König Dom Manuel I zu Beginn des 16. Jahrhunderts zur reichsten Nation in Europa und zur Weltmacht aufsteigen. Ein wichtiger Wegbereiter dafür war Jahrzehnte vorher Prinz Henrique, bekannt als Heinrich der Seefahrer, der die moderne Nautik entwickelt hatte. Mit dem Gold und den Diamanten aus Brasilien etwa bauten Könige und Kirche prunkvolle Paläste und Gotteshäuser. Mit Blattgold überzogenes Ebenholz und filigrane, mit nautischen und exotischen Motiven reich verzierte Steinmetzarbeiten sind die typischen Gestaltungselemente jener Epoche. Doch das Land verfügte nicht über eine ausreichende Zahl an Menschen, um die neuen Besitzungen auf Dauer halten zu können. Und da sich im Königshaus kein Nachwuchs einstellte, besetzten die den Portugiesen verhassten Spanier zwischen 1580 und 1640 den Thron. Viele Stützpunkte in Übersee gingen an die Niederlande verloren. Durch die Verschwendungssucht von Dom João V drohte Portugal trotz des Reichtums an brasilianischen Bodenschätzen der Staatsbankrott. Den endgültigen Niedergang besiegelten das verheerende Erdbeben und die anschließende Flut im Jahr 1755, die Lissabon und weite Flächen im Süden zerstörten. Ungefähr zehn Prozent der Gesamtbevölkerung verloren damals ihr Leben.

EIN LANGER, STEINIGER WEG

Zwar gelang es den Portugiesen daraufhin, sich mithilfe von Großbritannien gegen die Truppen Napoleons knapp zu verteidigen, doch große Teile der Bevölkerung mussten Hunger leiden. Die erste Hälfte des 19. Jahr-

Beschilderte Wege führen durch das Sternengebirge.

Im April überziehen blühende Hottentottenfeigen die Dünen im Südwesten.

hunderts bestimmten die Unabhängigkeit Brasiliens 1822 und zehn Jahre später der sogenannte »Krieg der zwei Brüder«. Nach einer Phase wirtschaftlicher Erholung folgten 1908 der tödliche Anschlag auf König Carlos I. und Kronprinz Luís Filipe sowie 1910 der Sturz der Monarchie durch republikanische Soldaten. Der Erste Weltkrieg stürzte die junge Republik in eine noch tiefere Krise. 1926 bereitete ein Militärputsch der Salazar-Diktatur den Weg, die das Land über viele Jahrzehnte lähmte. Die Agonie und die Unzufriedenheit mit den Kolonialkriegen führten schließlich am 25. April 1974 zum Putsch der Streitkräfte gegen das Regime. Da die Bevölkerung die Gewehrläufe der Soldaten mit Nelken schmückte, erhielt die friedliche Erhebung den Namen »Nelkenrevolution«. 1986 wurde Portugal Mitglied der Europäischen Gemeinschaft.

Große Veranstaltungen wie die hervorragend organisierte Weltausstellung 1998 in Lissabon steigerten das Ansehen des einst rückständigen Landes enorm. Und es stieg weiter, als es den Portugiesen gelang, die Wirtschaftskrise von 2009 mit großer Disziplin – wenn auch nur langsam – zu überwinden. Heute treffen jährlich viele Millionen Besucher aus aller Welt auf ein Land, das, durch viele Krisen gestärkt, selbstbewusst seinen Weg in die Moderne geht – unter Beibehaltung seiner kulturellen Eigenständig-

Ausgehmeile in Alvor/Algarve

↑ Bizarre Sandsteinfelsen
Ponta da Piedade
↗ Delikater Oktopus-Salat

keit. Kunstvoll bemalte Kacheln schmückten einst Prachtbauten und Kirchen, seit einigen Jahren verschönert Fliesenschmuck mit traditionellen, aber auch zeitgenössischen Motiven viele Metrostationen.

»FESTA, FESTA« DIE GANZE NACHT

Sobald die Dunkelheit eingesetzt hat, pulsiert sowohl in den Bars als auch in den angesagten Clubs der beiden großen Städte das Nachtleben. Wild und ausgelassen begeht man überdies überall im Land nicht nur den Karneval, sondern auch die Straßenfeste im Sommer. Das bekannteste ist wohl das Fest zu Ehren des heiligen António am 12. und 13. Juni in den Gassen der Alfama in Lissabon. Die Bewohner Portos feiern inbrünstig »São João« am 23. und 24. Juni und am ersten Wochenende im August zieht ein Fackelzug durch die Altstadt von Guimarães. Musik und Tanz begleiten das dreitägige Mittelalterfest (Festas Gualterianas). Eine der berühmtesten Wallfahrten überhaupt führt am 13. Mai nach Fátima, wo am Abend Abertausende Gläubige mit ihren Kerzen den Vorplatz der Basilika in ein magisches Licht tauchen.

Die traditionelle portugiesische Küche gilt als deftig und schnörkellos. Sie wurde lange Zeit kaum beachtet – zu Unrecht. Jede Region hat ihre eigenen Gerichte entwickelt. Im Süden bestimmen Fisch wie gegrillte Sardinen und Seafood das Angebot in den Restaurants. »Cataplana« etwa ist ein schmackhafter Eintopf mit Meeresfrüchten und Tomaten. Viele Lokale servieren das Brathähnchen »Frango à piri piri«, ein scharf gewürztes Vermächtnis aus der Kolonialzeit. Im Alentejo isst man gerne Schweinefleisch mit Oliven und Orangen – und als besonderen Leckerbissen im Topf zusammen mit Muscheln, Knoblauch und Koriander unter dem Namen »Carne de porco à Alentejana«. Cremig-zart ist der Serra, der bekannte Käse aus dem Estrela-Gebirge. Im Norden schätzt

Retro- & Vintage-Mitbringsel
an Portos berühmter Promenade

Mehr als nur schöne Fassaden: Rua Augusta in Lissabon

man Wild und Innereien sehr. »Francesinha« heißt ein opulent belegtes Sandwich in Porto: Fleisch, Schinken und Wurst stapeln sich zwischen den Brotscheiben. Das Ganze ist mit Käse überbacken und man reicht es in einer Soße aus Bier, Senf und Tomaten. Überschüssige Pfunde kann man am besten beim Wandern wieder abtrainieren, zum Beispiel im Naturpark Peneda-Gerês auf dem steilen, zehn Kilometer langen Weg, der zum Aussichtspunkt Miradouro da Pedra Bela führt. Das milde Klima an der Algarve mit rund dreitausend Sonnenstunden animiert das ganze Jahr über zu Mountainbiketouren durch die schroffen Felsengebirge im Hinterland. Die Südküste ist darüber hinaus ein Eldorado für Golfer. Da stets eine Brise weht, ist es dort im Sommer nur selten heiß, im Winter nie wirklich kalt. Ab Dezember beginnt die Erde wieder grün zu werden und nur wenig später blühen die Mandelbäume. Mit den heimkehrenden Weltentdeckern kamen auch viele exotische Gewächse ins Land, wie etwa die aus Brasilien stammenden Jacaranda-Bäume; sie bestechen ab Mai durch ihre violettblaue Blütenpracht. In den Klippennischen brüten bunte Vögel wie Bienenfresser. Und wer genau hinschaut und hinhört, entdeckt sicher noch die ein oder andere Kostbarkeit in dieser liebenswerten Südwestecke Europas. »Bem-vindos a Portugal!« – »Herzlich willkommen in Portugal!«, lautet ein beliebter Willkommensgruß.

Douro-Tal: Symphonie in Grün

KLEINES WÖRTERBUCH

PORTUGIESISCH FÜR WOHNMOBILFAHRER

Portugiesisch ist für Deutschsprechende nicht ganz leicht zu erlernen. Dennoch ist es auf Reisen nützlich, ein paar Begriffe und Redewendungen zu kennen. Die Portugiesen freuen sich, wenn man guten Willen zeigt, auch wenn die fehlerfreie Aussprache vielleicht nicht auf Anhieb glückt.

BETONUNG UND AUSSPRACHE

In der Regel wird die vorletzte Silbe eines Wortes betont, es sei denn, ein Akzent zeigt eine andere Betonung an. Endet das Wort mit einem Konsonanten (Ausnahme: s und m) oder enthält die letzte Silbe ein i oder u, liegt die Betonung auf der letzten Silbe. Vokale mit Tilde (ã, õ) werden nasal gesprochen und betont; Letzteres allerdings nur, wenn keine andere Silbe ein Akzentzeichen trägt.

Die Aussprache ist sehr komplex, daher sollen hier nur die wichtigsten Aspekte hervorgehoben werden. Die Buchstaben b, d, f, k, l, m, n, p, t und u werden im Grunde wie im Deutschen gesprochen. Doch es gibt hier eine Ausnahme: Folgen m oder n auf einen Vokal, wird nasal gesprochen. Doppelvokale werden, anders als im Deutschen, getrennt ausgesprochen. Darüber hinaus gibt es etliche Besonderheiten, von den hier nur wenige herausgegriffen werden sollen:

- ein unbetontes a klingt wie das deutsche *ä*
- ein betontes e ähnelt dem deutschen *ä*
- ss, ex am Wortanfang werden wie *isch* im Deutschen gesprochen
- ein unbetontes o gleicht dem deutschen *u*
- c vor e und i spricht man wie ein deutsches s, vor a, o, u wie ein *k*
- c vor t bleibt stumm
- ch ähnelt dem deutschen sch-Laut
- g vor e und i wird wie *sch* im Deutschen gesprochen
- h wird nicht gesprochen
- lh wird wie *lj* ausgesprochen
- nh wird wie *nj* gesprochen
- qua, quo wird wie *kw* im Deutschen gesprochen
- que, qui wird wie ein deutsches *k* ausgesprochen
- v ähnelt dem deutschen *w*
- z wird wie *s* im Deutschen gesprochen

Vergängliche Kunst am Strand in Albufeira

MIT DEM WOMO UNTERWEGS

Abschleppdienst	**serviço de reboque**
abschleppen	**rebocar**
Abschleppseil	**cabo de reboque**
Abwasser	**(água de) esgoto**
Achse	**eixo**
Akku	**bateria**
Anlasser	**arranque**
Auffahrunfall	**colisão**
Auspuff	**escape**
Autowerkstatt	**oficina de automóveis**
Batterie (aufladen)	**bateria (carregar)**
Benzin	**gasolina**
Benzinpumpe	**bomba de gasolina**
Blinker	**pisca-pisca**
Breite	**largura**
Bremse	**travão**
Bremsflüssigkeit	**líquido para travões**
Bremslicht	**luz de travão**
Campingausweis	**licença de acampamento**
Campingplatz	**parque de campismo**
Campingtisch	**mesa de acampamento**
Campingwagen	**autocaravan**
Chemietoilette	**sanita química**
defekt	**defeituoso**
Dichtung	**junta**
Diebstahl	**roubo, furto**
Diesel	**gasóleo**
Dusche	**duche, chuveiro**
Einbahnstraße	**rua de sentido único**
Einspritzmotor	**motor de injeção**
entleeren	**esvaziar**
erlaubt	**permitido**
Ersatzrad	**pneu de reserva, pneu sobressalente**
Ersatzteil	**peça sobresselente**
Fahrräder	**Ciclos**
Fahrtrichtung	**direção de viagem**
Feuerlöscher	**extintor**
Führerschein	**carta de condução**
Gas	**gás**
Gasflasche	**garrafa de gás**
Gebühr (Maut)	**taxa, portagem**
Geld	**dinheiro**
Geldautomat	**caixa automático**
geöffnet	**aberto**
geschlossen	**fechado**
Geschwindigkeit	**velocidade**
gesperrt	**fechado**
Getriebe	**engrenagem, caixa de velocidades**
Glühbirne	**lâmpada elétrica**
Grauwasser	**despejos**
Handbremse	**freio de mão**
Hilfe	**ajuda**
Kabel	**cabo**
(Benzin-)Kanister	**vasilha, bidão de gasolina**
kaputt	**quebrado, partido**
Keilriemen	**correia da ventoinha**
Kfz-Kennzeichen	**matrícula**
Kochgeschirr	**utensílios de cozinha**
Kreditkarte	**cartão de crédito**
Kühler	**radiador**
Kühlschrank	**frigorífico**
Kühlwasser	**água de refrigeração**

Kupplung **embraiagem**
Kurzschluss **curto-circuito**

Ladegerät **carregador**
Länge **comprimento, extensão**
Lebensmittel **alimentos**
Leihgebühr **taxa de aluguel**
Lenkung **direção**
Lichtmaschine **alternador**
Luftdruck **pressão do ar**
Luftfilter **filtro do ar**
Maut **portagem**
Mautstelle **portagem**
Mautstraße **estrada com portagem**
Motoröl **óleo de motor**
Müll **lixo**

Öffnungszeiten **horário (da abertura)**
Öl **óleo, azeite**
Ölwanne **cárter de óleo**
Ölwechsel **mudança de óleo, cambio de óleo**

Panne **avaria**
Pannenhilfe **pronto-socorro**
parken **estacionar, parquear**
Parken verboten **estacionamento proibido, proibido estacionar**
Parkgebühr **tarifa de estacionamento**
Parkplatz **estacionamento, parque de estacionamento**
Parkscheibe **disco de estacionamento**
Parkuhr **parquímetro**
Propangas **gás propano**

Rad **roda**
Radkreuz **cruz de rodas**
Radwechsel **troca, mudança da roda**
Rastplatz **área de descanso, parque de merendas**
Reifendruck **pressão dos pneus**
Reifenpanne **ruptura, furo no pneu**
Reserverad **pneu sobresselente**
Rücklicht **farolim traselro, luz do retrovisor**
Rückspiegel **espelho retrovisor**

Scheibe **vidro**
Scheibenwischer **limpa para-brisas, vidros**
Scheinwerfer **farol**
Schlauch **mangueira**
Schlüssel **chave**
Schmutzwasser **águas sujas, águas residuais**
Schraubenmutter **porca**
Sicherung **fusível**
Spirituskocher **fogão a álcool**
Spülbecken **afundar**
Starthilfekabel **cabo de carga á bateria**
Steckdose **tomada**
Stecker **ficha**
Stellplatz **espaço de estacionamento**
Stoßdämpfer **amortecedor**
Strom **corrente, energia**
Stromanschluss **conexão de força**

Tank **tanque, despósito de combustível**
Tankstelle **(bomba de) gasolina, combustível**
Telefon **telefone**

Telefonkarte	**cartão de telefone**
Tempolimit	**limite de velocidade**
Trinkwasser	**água potável**
übernachten	**pernoitar, passar a noite**
Umleitung	**desvio**
undicht	**permeável**
Unfall	**acidente**
Unfallprotokoll	**relatório de acidente**
verboten	**proibido**
Versicherung	**seguro**
volltanken	**atestar (o depósito)**
Vorfahrt	**prioridade**
Wagenheber	**macaco**
Wasser	**água**
Wasserpumpe	**bomba de água**
Wassertank	**tanque de água**
Werkstatt	**oficina de reparação, estação de serviço**
Windschutzscheibe	**para-brisas**
Zelt	**tenda**
Zoll	**alfândega**
Zufahrt	**acesso**
Zulassung	**autorização**
Zündung	**ignição**

HÄUFIGE ALLGEMEINE WÖRTER

bitte (um etwas bitten)	**(se) faz favor**
bitte (auffordern)	**por favor**
danke	**obrigado/-a**
ja	**sim**
nein	**não**
groß	**grande**
klein	**pequeno**
heiß	**quente**
kalt	**frio**
gut	**bom**
schlecht	**mau**
genug, ziemlich viel	**bastante**
teuer	**caro**
billig	**barato**
schwarz	**preto**
weiß	**branco**
blau	**azul**
rot	**vermelho**
grün	**verde**

ORTSANGABEN

(nach) links	**à esquerda**
(nach) rechts	**à direita**
(immer) geradeaus	**(sempre) em frente**
in Richtung	**em direcção a**
neben	**ao lado de**
vor	**diante de**
hinter	**atrás de**
weit	**longo**
nah	**perto**
hier	**aqui**
dort	**lá**
hierher	**para cá**
dorthin	**para lá**
außerhalb	**fora de**
am Ende, hinten	**ao fundo**
im Zentrum	**no centro**
Ampel	**semáforo**
Kreuzung	**cruzamento**
Querstraße	**encruzilhada, rua transversal**

Ecke	**esquina**
Platz	**largo**

ZEITANGABEN

Montag	**segunda-feira**
Dienstag	**terça-feira**
Mittwoch	**quarta-feira**
Donnerstag	**quinta-feira**
Freitag	**sexta-feira**
Samstag	**sábado**
Sonntag	**domingo**
heute	**hoje**
morgen	**amanhã**
gestern	**ontem**
täglich	**diariamente**
Minute	**minuto**
Stunde	**hora**
halbe Stunde	**meia hora**
Tag	**dia**
Woche	**semana**
Monat	**mês**
Jahr	**ano**

ZAHLEN

0	**zero**
1	**um, uma**
2	**dois, duas**
3	**três**
4	**quatro**
5	**cinco**
6	**seis**
7	**sete**
8	**oito**
9	**nove**
10	**dez**
100	**cem**
101	**cento e um**
150	**cento e cinquenta**
200	**duzentos/duzentas**
1000	**mil**

WICHTIGE REDEWENDUNGEN UND FRAGEN

Guten Tag! (morgens)	**Bom dia!**
Guten Tag! (nachmittags)	**Boa tarde!**
Gute Nacht!	**Boa noite!**
Hallo!	**Olá!**
Wie gehts?	**Como está?**
Danke, gut.	**Vou bem, obrigado/-a.**
Auf Wiedersehen!	**Adeus!**
Tschüss!	**Tchau!**
Gute Reise!	**Boa viagem!**
Bis zum nächsten Mal!	**Até outra vez!**
okay, in Ordnung	**bem**
Ich weiß nicht.	**Eu não sei.**
Guten Appetit.	**Bom apetite.**
Zum Wohl!	**Saúde!**
Die Rechnung, bitte!	**A conta, por favor!**
Entschuldigung!	**Desculpe!**
Keine Ursache!	**De nada!**
Ich bedaure es sehr!	**Lamento muito!**
Schon gut!	**Esqueça isso!**
Wie heißen Sie?	**Como se chama?**
Ich heiße ...	**Chamo-me ...**
Sprechen Sie Deutsch/Englisch?	**Fala alemão/inglés?**
Ich verstehe Sie nicht.	**Não compreendo.**
Ich hätte gern ...	**Quero ...**
Bitte bringen Sie mich zu/nach ...	**Por favor, leve-me a ...**
Ich möchte telefonieren.	**Quero telefonar.**
Ich suche eine Prepaid-karte für mein Handy.	**Quero um cartão para o meu celular.**

Ich brauche Hilfe!	**Preciso de ajuda!**
Wie weit ist es nach ...?	**Qual é a distância para ...?**
Wo ist die nächste Werkstatt?	**Onde é a próxima oficina?**
Wo ist die nächste Tankstelle?	**Onde é a próxima bomba de gasolina?**
Gibt es ...?	**Há ...?**
Ich suche ...	**Eu procuro ...**
Wo kann man ... kaufen?	**Onde posso comprar ...?**
Was ist das hier?	**O que é isso?**
Wie viel kostet das?	**Quanto custa?**
Wann öffnet/schließt ...?	**Quando abre/ fecha ...?**
Ich möchte nach ... gehen/fahren.	**Quero ir a ...**
Wie viel kostet die Fahrt nach ...?	**Quanto custa viagem a ...?**
Wann fährt der Bus nach ... ab?	**A que horas sai o autocarro para ...?**
Ist dieser Platz besetzt?	**Este lugar está ocupado?**
Wo sind die Toiletten?	**Onde é a casa de banho?**

NOTFALL

Hilfe!	**Socorro!**
Polizei	**polícia**
Arzt/Ärztin	**médico/médica**
Zahnarzt	**dentista**
Apotheke	**farmácia**
Krankenhaus	**hospital**
Unfall	**acidente**
Schmerz	**dor**
Panne	**avaria**
Ich brauche einen Arzt.	**Preciso de um médico.**
Hier tut es weh.	**Dói-me aqui.**

CAMPING

Gibt es in der Nähe einen Campingplatz?	**Existe um acampamento aqui perto?**
Haben Sie noch Platz für ein Wohnmobil?	**Você ainda tem espaço para uma autocaravana?**
Können wir einen Platz im Schatten erhalten?	**Podemos conseguir um lugar na sombra?**
Ich habe einen Stellplatz reserviert.	**Eu reservei uma vaga no estacionamento.**
Was kostet der Stellplatz?	**Quanto custa o campo?**
Wie hoch ist die Gebühr für ein Wohnmobil?	**Qual é a taxa de um motor-home?**
Welche Öffnungszeiten hat die Rezeption?	**Qual é o horário de funcionamento da recepção?**
Ich bleibe ... Tage/ Wochen.	**Eu fico ... dias/ semanas.**
Kann ich hier Gasflaschen ausleihen?	**Posso pegar emprestado garrafas de gás aqui?**
Können Sie mir einen Hammer ausleihen?	**Pode me emprestar um martelo?**
Gibt es hier einen Stromanschluss?	**Existe uma conexão de energia aqui?**
Haben Sie bitte Butangas?	**Você tem butano, por favor?**
Gibt es in der Nähe einen Supermarkt?	**Existe um supermercado por perto?**
Wird der Platz nachts bewacht?	**O local é vigiado à noite?**
Wo sind die Mülltonnen/ Toiletten/Waschräume?	**Onde estão as latas de lixo/banheiros/ lavabos?**
Wo sind die Duschen?	**Onde estão os chuveiros?**
Wo kann ich das Chemieklo entsorgen?	**Onde posso descartar o banheiro químico?**

Bergdorf São Mamede de Ribatua über dem Tua, einem Zufluss des Douro

DIE ROUTEN

Mit dem Wohnmobil machen wir uns auf, die schönsten Regionen Portugals zu entdecken – vom Nationalpark Peneda-Gerês im Norden bis hinunter an die Algarve im Süden.

Berühmte Promenade
Cais da Ribeira in Porto

1

ZWISCHEN KNABBERNDEN ZIEGEN UND SCHILLERNDEM LIFESTYLE

Durch den Nationalpark Peneda-Gerês zur Trendmetropole Porto

Der niederschlagsreiche Norden Portugals gilt als die grünste und urwüchsigste Region im Westen der Iberischen Halbinsel. Sie ist ein Eldorado für Natur- und Aktivurlauber. Im Mittelpunkt steht der Gerês, wie der Parque Nacional da Peneda-Gerês bei den Einheimischen schlicht heißt. Wunderschöne Wanderwege durchziehen den einzigen Nationalpark des Landes. Abkühlung danach versprechen die grün schimmernden, kristallklaren Badegumpen, die der Gebirgsfluss Homem bereithält. Stille und Erholung findet man auch auf den kleinen Campingplätzen im Wald, während Städte wie Guimarães und Porto mit Kultur, Genuss und Geselligkeit aufwarten.

Viele, die im Wohnmobil oder Campingbus nach Portugal reisen, zieht es schnurstracks ans Meer. Jene aber, die tiefer ins Land eintauchen möchten, wählen den Umweg über die Berge. Als reizvolle Alternative erweist sich die Strecke durch den **Barroso**, das traditionsreiche Bauernland im Nordosten. Sein Gebiet verläuft an der Grenze zu Spanien am Fuß des **Peneda-Gerês-Nationalparks**, des bislang einzigen in Portugal. Birken und Eichen sowie Wiesen – eingefasst durch über Jahrhunderte mühsam aufgeschichtete Mauern – verleihen der Region ihren ureigenen herben Charme. Eine weitere Besonderheit sind die denkmalgeschützten Maisspeicher auf Stelzen, »espigueiros« genannt. Auf den steilen, steinigen Böden weidet nach wie vor das Barrosã-Rind mit seiner niedrigen Statur und seinen ausladend geschwungenen Hörnern; Ziegen knabbern an den Trieben der Büsche und Bäume.

Venda-Nova-Stausee mit viel Grün drumherum

RELIGIÖSES BRAUCHTUM

Hauptort ist das beschauliche, 3000 Einwohner zählende Dorf **Boticas**. In seinem Kern dominiert die weiße, äußerlich schlicht gehaltene **Pfarrkirche Nossa Senhora da Livração**. Ihr Inneres jedoch zieren vier goldgeschmückte Altäre. Jährlich am dritten Wochenende im August lockt der farbenprächtige, von Trommelwirbeln begleitete Festzug zu Ehren der Schutzheiligen Tausende Pilger an. Abgesehen davon wacht vor der Gemeindeverwaltung eine **Granitskulptur eines Keltenkriegers**. Sie ist eine Kopie. Man fand die etwa 2400 Jahre alte Originalfigur unter den Mauerresten des nahe gelegenen Castro do Outeiro Lesenho, einer befestigten Siedlung aus der Eisenzeit.

In einem kleinen Park steht des Weiteren die Statue des im Land sehr bekannten Arztes, Schriftstellers und Lyrikers **Miguel Torga** (1907–1995). Er stammte aus dem Süden des früheren Verwaltungsbezirks **Trás-os-Montes**, übersetzt bedeutet der Name »hinter den Bergen«. Die Freiwillige Feuerwehr betreibt in Boticas neben dem kommunalen Freibad einen Campingplatz mit Ver- und Entsorgungsstation.

ROUTE 1

STARTPUNKT
Camping Penedones

ENDPUNKT
Stadtcamping in Vila Nova de Gaia

STRECKENLÄNGE
166 km

FAHRZEIT
4 bis 6 Tage

Start
Boticas
Kirche Nossa Senhora da Livração, Statue von Miguel Torga
N311
N103
24 km
Penedones

FLUCH ODER SEGEN

Doch über der Gegend lastet eine ungewisse Zukunft: In **Covas do Barroso** stieß man auf Europas größtes Lithiumvorkommen. Der ins Auge gefasste, für viele Jahre angelegte Tagebau erzürnt viele Bewohner, da er als extrem umweltschädlich gilt – andere wiederum erhoffen sich einen großen wirtschaftlichen Aufschwung in dieser strukturschwachen, von der Landflucht besonders geplagten Gegend. Die jahrhundertealte Agrarkultur im Barroso zählt immerhin zu den UN-Welterbestätten der Landwirtschaft. Der Natur- und Tierpark **Boticas Parque** etwas außerhalb an der N 311 zeigt des Weiteren die Vielfalt der heimischen Pflanzen- und

Tipp

NACHGEREIFTER REBENSAFT

Eine lokale Spezialität ist der »Wein der Toten«. Der Name leitet sich von der ausgefallenen Methode ab, den abgefüllten Wein wie Verstorbene zu »bestatten«. Sie geht auf die Zeit Napoleons zurück, als man die Flaschen vor dem Feind in der Erde versteckte. Nach dem Ausgraben schmeckte der bislang eher herbe Tropfen spritzig und vollmundig. Die ganze Geschichte erzählt ein Museum im Dorf Granja (keine festen Öffnungszeiten). Kaufen kann man den Wein im Tourismusbüro in Boticas oder online über vinhodosmortos.pt.

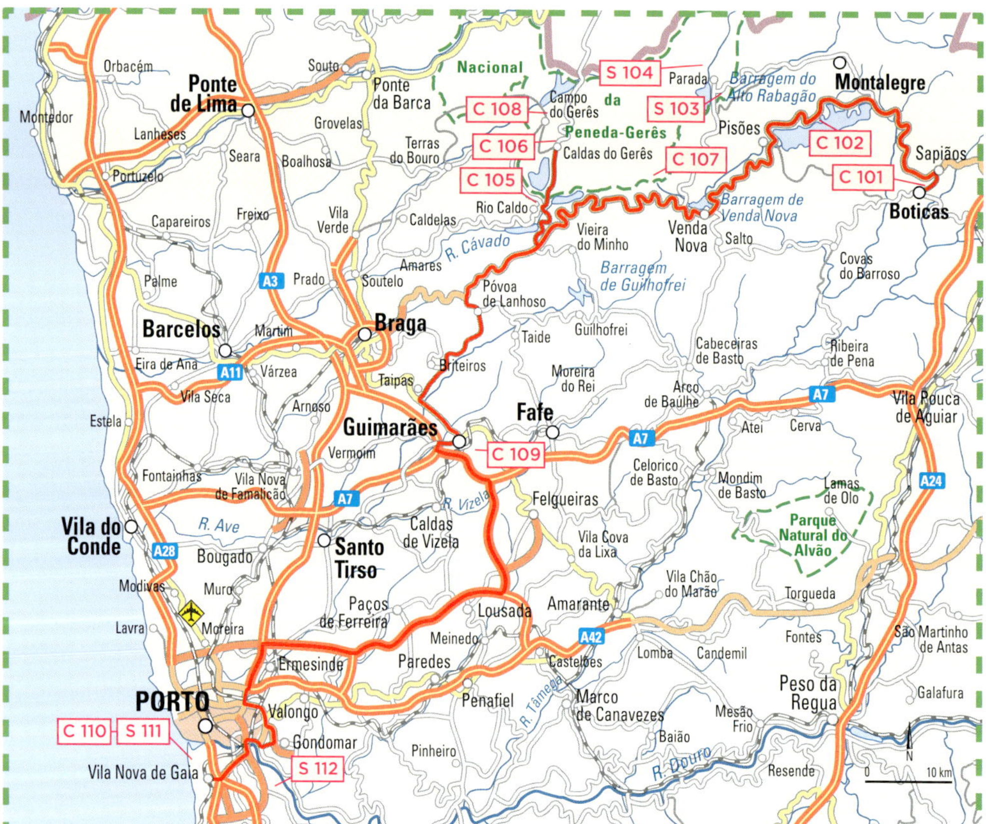

Die Ponte da Misarela hat angeblich der Teufel gebaut.

Tierwelt (geöffnet von Mitte Juni bis Mitte September, boticasparque.com).

Nächstes Ziel ist der **Barragem do Alto Rabagão**, ein in den 1960er-Jahren zur Stromerzeugung angelegter Stausee. Das 2200 Hektar große Gewässer ist darüber hinaus ein beliebtes Revier für Windsurfer und Kanuten. In **Penedones** am Nordufer befindet sich ein Erholungsgelände (Parque de Lazer) mit Tischen, Bänken, Imbissbar, Sandstrand und gepflegtem Terrassen-Campingplatz mit herrlichem Seeblick. Einen Badeplatz ohne Infrastruktur, der nur auf holprigen Fahrwegen mit dem Wohnmobil zu erreichen ist, findet man am Südufer (41.755, -7.768333). Westlich davon ragt das Dorf **Vilarinho de Negrões** auf einer Halbinsel malerisch in den See.

URWÜCHSIGE BERGLANDSCHAFT

Auf die Rabagão-Talsperre folgt der fjordartige **Venda-Nova-Stausee.** Seine Hänge sind üppig bewachsen. Einen Picknickplatz mit Grillstellen am See findet man im gleichnamigen Ort (41.675833, -7.961111). Die weiterführende Straße windet sich durch eine eindrucksvolle Gebirgsszenerie aus leuchtend grünen Gräsern und roten Farnen sowie steilen dunklen Wänden mit herabstürzenden Bächen. Zwischen den Orten Ruivães und Salamonde zweigt rechts eine enge Straße ab zum Dorf **Vila Nova** mit der **Ponte da Misarela.** Diese außerorts liegende, einbögige Steinbrücke, deren Ursprünge angeblich bis in die Römerzeit zurückreichen, überspannt eine wildromantische Schlucht des **Rio Rabagão.** Neben ihr stürzt tosend ein Wasserfall über die blank geschliffenen Felsen. Naturbecken laden zu einem erfrischenden Bad ein. Von der ausgewiesenen Parkmöglichkeit am Sportplatz in Vila Nova führt ein Weg hinunter zur Brücke (Gehdauer ca. 25 Minuten). Unterwegs gibt es zwei Aussichtspunkte.

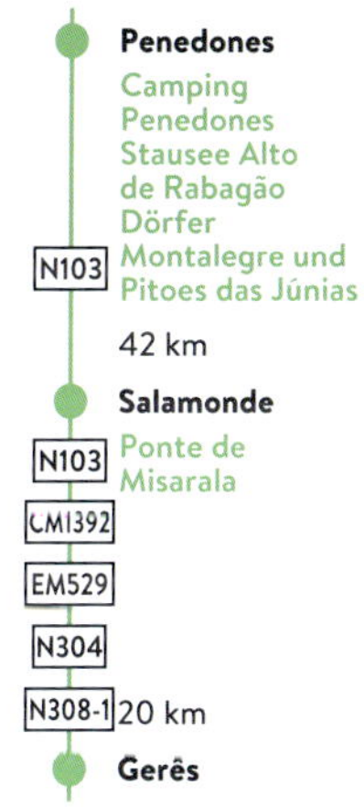

Im Volksmund heißt die Ponte da Misarela auch **Teufelsbrücke.** An ihrer Stelle – so die Sage – wollte vor langer Zeit ein flüchtender Räuber den bis dahin unüberwindbaren Fluss überqueren. Hilfeflehend wandte er sich an den Teufel. Dieser erschien umgehend mit dem Vorschlag, eine Brücke zu

Urtümliche Bergwelt im
Nationalpark Peneda-Gêres

bauen. Als Dank dafür solle der Räuber ihm seine Seele überlassen. Der Mann stimmte zu und der Teufel machte sich ratzfatz ans Werk. Nachdem der Bau fertiggestellt war, eilte der Räuber ans andere Ufer und tauchte sofort im Gehölz unter. Daraufhin löste sich die Brücke wieder in Luft auf. Viele Jahre später beichtete der Räuber am Sterbebett dem Priester seine Missetaten – auch den Teufelspakt ließ er nicht unerwähnt. Nach seinem Tod eilte der Geistliche zur Schlucht, um den Teufel ebenfalls um Hilfe zu bitten. Alles lief so ab, wie der Räuber es geschildert hatte. Als die Brücke vor ihm auftauchte, bekreuzigte er sich dreimal in Richtung des Satans und beschwor ihn mit exorzistischen Formeln. Daraufhin spuckte dieser Feuer und verschwand in einem Rauch aus Schwefel und Asche. Die Brücke aber blieb stehen.

DEFTIGE LANDKÜCHE

Nördlich davon erheben sich die Gebirgszüge **Serra do Gerês** und **Serra da Peneda** mit über 1500 Meter hohen Bergen; sie bilden den einzigen Nationalpark Portugals. Im 1971 gegründeten, 72 000 Hektar großen **Parque Nacional da Peneda-Gerês** leben etwa 14 000 Menschen in mehr als 100 Dörfern. Landwirtschaft und Tourismus sind ihre Haupteinnahmequellen. Die besagten Rinder der Barrosã-Rasse liefern hochwertiges Fleisch, das unter dem Namen »Carne cachena da Peneda« vertrieben wird. Der wohlschmeckende Käse, den man aus der Milch der Kühe gewinnt, heißt »Brandas da cachena«. Die Meteorologen zählen eine Niederschlagsmenge von durchschnittlich 2900 Millimeter pro Jahr, verteilt auf 130 Regentage; damit gehört das Gebiet zu den feuchtesten in Europa.

Zwar müssen sich die Wanderer auch im Sommer auf Regen einstellen, doch die damit einhergehende große Pflanzenvielfalt dürfte dieses Manko mehr als ausgleichen. Nur hier etwa wächst die Gerês-Lilie (*Iris boissieri*), die zweifelsohne zu den schönsten Pflanzen auf der Iberischen Halbinsel zählt – sie überzieht die Hänge im späten Frühjahr mit einem blauen Teppich. Garranos, kleine halbwilde Pferde, und circa 50 Wölfe besiedeln den Nationalpark. Bären sind vor langer Zeit ausgestorben. Allerlei Flattermänner und -frauen wie Graureiher, Gebirgsstelzen, Steinkäuze und Eisvögel kreuzen durch die

Kapelle Almas de Rio Mau in Salamonde

Lüfte, ganz weit über ihnen schwebt hin und wieder ein Steinadler. Naturfreunde erhalten in der Parkverwaltung in **Rio Caldo** jede Menge Infoblätter und Broschüren zur hiesigen Flora und Fauna. Auf dem **Caniçada-Stausee** und um ihn herum tummeln sich überdies zahlreiche Wassersportler.

DER GESUNDHEIT ZULIEBE

Das touristische Zentrum ist **Gerês**, oft auch Vila do Gerês genannt. Der Aufstieg zum Kurort begann 1910, nachdem die Ärzte das Wasser einer hier sprudelnden Quelle als heilend erkannten und die erste Kurherberge (Hotel Central) ihre Pforten öffnete. Doch schon die Römer schätzten die Thermen von Gerês. König João V. gründete im 17. Jahrhundert die ersten Badeeinrichtungen. Das Wasser soll unter anderem bei Leber- und Nierenerkrankungen helfen. Der Kurpark mit altem Baumbestand lädt zu einem schönen Spaziergang ein. In Gehweite vom Ort entfernt befinden sich am östlichen Talhang der Aussichtspunkt **Pedra Bela** und der **Wasserfall von Arado**.

Sieben Kilometer nördlich von Gerês bilden gewaltige Granitfelsen im **Rio Homem** traumhafte natürliche Becken mit klarem Gebirgswasser. An kleinen Kaskaden lassen sich die Badenden mit Vorliebe den Rücken massieren. Das Wohnmobil muss jedoch an der 800 Meter entfernten portugiesisch-spanischen Grenze parken. Wildes Campen ist überall im Nationalpark streng verboten. Vielerorts werden organisierte Mountainbike-Touren angeboten, wie zum Beispiel auf den 1545 Meter hohen **Alto da Nevosa**, den höchsten Gipfel in der Gegend. An klaren Tagen bietet er eine fantastische Aussicht. Am Fluss entlang verläuft der **Trilho da Preguiça**, einer der abwechslungsreichsten unter den vielen Wanderwegen im Nationalpark. Er passiert blühende Almwiesen und Wälder mit oft mehr als zwei Meter dicken Eichen. Im Dorf Campo do Gerês stammen viele

»Riviera der Reichen und Schönen« am Caniçada-Stausee

Nachfrageflaute: dümpelnde Mietbootflotte an einem Regentag

Häuser aus dem 18. Jahrhundert. Sie sind aus großen, grob gehauenen Granitquadern errichtet; in wenigen Fällen leben dort Mensch und Vieh noch unter einem Dach. Hohe, knorrige Weinreben ranken an Fassaden und Pergolen empor.

WO ALLES BEGANN

Die Stadt **Guimarães** – sie liegt rund 90 Fahrminuten südwestlich zu Füßen der **Serra da Penha** – gilt als die Wiege der Nation. Um sicherzustellen, dass jeder Gast darüber informiert ist, prangt am mittelalterlichen Wehrturm an der zentralen **Praça do Toural** in großen Lettern: »Aqui nasceu Portugal« (Hier wurde Portugal geboren). Als sich Afonso Henriques 1139 zum König krönen ließ, ernannte er Guimarães zur Hauptstadt. Daher ziert das Kastell Portugals Staatswappen. Der geschichtsträchtige Ort war 2012 Europäische Kulturhauptstadt. Seine mittelalterlichen Gässchen und lauschigen Winkel lassen sich mühelos zu Fuß erobern. Ein weiterer schöner Stadtplatz ist der **Largo da Oliveira**, den unter anderem ein alter Olivenbaum ziert. Der Legende nach steckte im 7. Jahrhundert an dieser Stelle der Adelige Wamba, der zum König der Westgoten ernannt worden war, einen vertrockneten Zweig in die Erde. Wamba war von Beruf Bauer mit Leib und Seele und hatte gar keine Lust zu regieren. Darum verkündete er, dass er erst nach dem Sprießen frischer Triebe sein Amt antreten werde, was zu seinem Ärger nicht lange auf sich warten ließ.

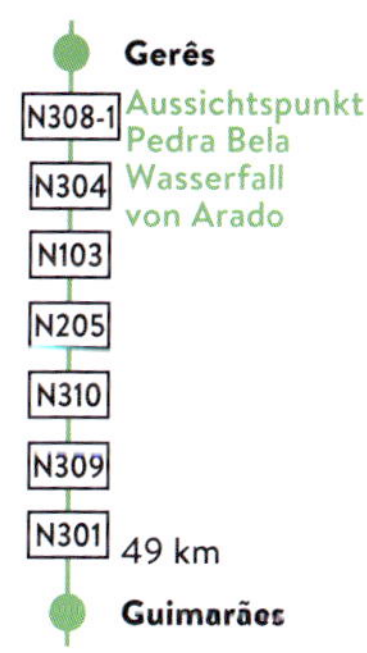

Das beeindruckendste Bauwerk auf dem Platz ist der **gotische Säulengang**, der zum Gedenken an eine 1340 gewonnene Schlacht gegen die Araber errichtet wurde. Ebenfalls sehenswert: die Hauptkirche **Igreja de Nossa Senhora da Oliveira** von 1505 mit manue-

Wehrturm an der Praça do Toural in Guimarães, dem »Geburtsort Portugals«

linischem Glockenturm. Das **Museum Alberto Sampaio** im romanischen Kreuzgang des angrenzenden Klosters und in anderen Räumen präsentiert wunderbare Sakralkunst und Azulejos. Nach der Besichtigung gelangt man über das Pflaster der Rua Santa Maria zum **Kastell** – vorbei an schmucken Häusern und dem **Paço dos Duques**. Diesen prächtigen Palast ließ im 15. Jahrhundert Afonso, der erste Herzog von Bragança – inspiriert durch seine Europareisen – im burgundischen Stil erbauen. Doch noch mehr dominiert der von acht zinnenbewehrten Vierecktürmen umschlossene Bergfried des Kastells das Stadtbild. Dieser 27 Meter hohe, als **Torre de Menagem** bezeichnete Turm lässt sich von innen besteigen. Im 10. Jahrhundert bot die Burg Schutz vor Mauren und Normannen. Zwei Jahrhunderte danach ließ Heinrich von Burgund einen Mauerring hinzufügen.

AUSFLUG

EINBLICKE IN DIE FRÜHGESCHICHTE

In Caldas das Taipas, unweit nördlich von Guimarães, zweigt eine Straße nach Citânia de Briteiros ab, Ausgrabungsstätte einer keltiberischen Siedlung aus der Zeit um 800 vor Christus. Die etwa 160 Hausfundamente wurden in den 1880er-Jahren vom Archäologen Martins Sarmento (1833–1899) freigelegt. Die steilen Gassen des Dorfs sind wieder begehbar – zumindest mit gutem Schuhwerk und Stock, da die Pflastersteine stark beschädigt beziehungsweise verwittert sind. Zu bewundern gibt es darüber hinaus zwei rekonstruierte Rundhütten mit Strohdächern. Das Besucherzentrum hält einen Lageplan bereit, nähere Infos auch unter msarmento.org/monumentos/citania-de-briteiros.

SPRITZIGES TRINKVERGNÜGEN

Ein Stück unterhalb befindet sich die kleine karge **Igreja de São Miguel**, erbaut im 12. Jahrhundert. In ihr wurde angeblich Portugals erster König getauft. Wer danach im Südosten der Stadt der blumengeschmückten Avenida folgt, gelangt zur **Igreja dos Santos Passos**. Die »Kirche der heiligen Schritte« lohnt vor allem wegen ihres Äußeren einen Besuch: Die blau-weißen Azulejos, die beiden verspielten Türme und das verzierte Portal verschmelzen zu einem gelungenen architektonischen Gesamtkunstwerk. Man beschließt den Tag am besten bei einem Glas sanft prickelnden Vinho Verde und einem guten Essen in einem der urigen Restaurants, welche die charmante **Praça de São Tiago** säumen. Weiße Häuser mit dunkel verwitterten Holzbalkonen prägen den Platz.

Die berühmte Hafenstadt **Porto** indes blühte das erste Mal unter den Römern auf; sie errichteten zur Kontrolle ihrer Handelsstraße am Douro-Ufer ein Fort. Nachfolgend diente Porto unter anderem als Station für Kreuzfahrer auf ihrem Weg ins Heilige Land und als wichtiger Umschlagplatz für Gewürze aus den Überseekolonien. In der Ära der Entdeckungsreisen stieg Porto zu einer der führenden Handelsmetropolen

Guimarães
Stadtmauer, Castelo, Herzogspalast, Largo da Oliveira

R730
R769
N25
N29
R711
R680
31 km

Porto
Camping Canidelo, Cais da Ribeira, Bahnhof São Bento, Ponte Dom Luís I, Kathedrale Buchhandlung Lello

Igreja São Francisco außerhalb der Altstadt

↑ Energiesparend Wäsche trocknen ↓ Über dem Cais da Ribeira

in Europa mit wohlhabenden und selbstbewussten Bürgern auf. Diese beäugten den Machtanspruch der Kirchenmänner und Adligen sehr kritisch. Man erzählt auch, dass damals das ganze vorhandene Fleisch gepökelt und den Schiffsmannschaften überlassen wurde; für die Stadtbewohner blieben nur die leicht verderblichen Innereien übrig. Daher rührt ihr bis heute verwendeter Spitzname »Tripeiros« (Kuttelesser).

FRÜHE HANDELSBARRIEREN

Einen weiteren Aufschwung bescherte ab 1678 das Geschäft mit dem Portwein: Damals erließ Frankreichs Sonnenkönig Ludwig XIV. hohe Strafzölle auf Waren aus England, woraufhin das Londoner Königshaus einen Einfuhrstopp für französischen Wein verhängte. Eine neue Bezugsquelle fanden die Briten bei den Winzern im nordportugiesischen **Lamego**. Doch der gute Tropfen vom Douro erwies sich nach dem Transport über den Ärmelkanal als ungenießbar, weshalb man dem Süßwein hochprozentigen Branntwein beimischte, um den Gärprozess zu stoppen. Somit war der Portwein erfunden, der sogleich seinen Siegeszug um die Welt antrat.

Ein Rundgang durch Porto beginnt oft nicht in der Stadt selbst, sondern auf der anderen Seite an der Flusspromenade in **Vila Nova de Gaia**, einer selbstverwalteten Stadt – hervorgegangen aus einem im 12. Jahrhundert angelegten Konkurrenzhafen. Immer wieder schweift der Blick über die vertäuten Portweinboote (rabelos) hinweg auf Portos Altstadthügel mit seinen steilen Gassen, verblassten Pastellfassaden, eindrucksvollen Palästen und Kirchen. Nach zehn Minuten Fußweg über die **Ponte Dom Luís I** – die mit 172 Metern Spannweite ehemals längste Metallbogenbrücke der Welt – gelangt man zum **Ribeira-Kai**, wo sich gut besuchte Terrassen-Restaurants, Cafés, Boutiquen und Andenkenläden dicht aneinanderreihen. Entworfen und gebaut wurde das Viadukt mit zwei Fahrbahnebenen 1886 vom belgischen Bauingenieur Théophile Seyrig, einem Geschäftspartner von Gustave Eiffel. Die Brückenstatik galt damals als revolutionär: Die 3045 Tonnen schwere Stahlkonstruktion lagert lediglich auf drei Punkten.

Gleich hinter der Hafenfront geht es durch enge pittoreske Gassen steil bergauf. Im Westteil der Altstadt verläuft die **Rua das Flores**, die Straße der Blumen. Die kunstblumengeschmückte breite Fußgängerzone gilt als die schönste Straße im alten Porto. Zwei Kutschen konnten einst locker nebeneinander passieren. König Manuel I. gab 1521 den Befehl zum Bau. Reiche Bürger und Adlige siedelten sich entlang der Straße an, was wiederum Juweliere und

KULTUR

WELT DES WEINS UND DER MODE

Die »World of Wine«, kurz: WOW, im historischen Viertel von Vila Nova de Gaia ist weit mehr, als ihr Name vermuten lässt: Es handelt sich um einen ultramodern gestalteten Erlebnis-Komplex – bestehend aus sechs Museen, unter anderem zu den Themen Kork und Schokolade, neun Restaurants, Geschäften, einem Veranstaltungsraum sowie einer Weinschule. Neu ist das 6000 Quadratmeter große »Porto Fashion & Fabric Museum«; es bietet einen Überblick über die portugiesische Textil- und Modeindustrie von den Rohstoffen bis zur Endproduktion. Integriert sind eine Kunstgalerie und das Haute-Cuisine-Restaurant Mira Mira mit Panoramablick auf Gaia (wow.pt).

Ruhepause nach dem Shoppen

Kunsthandwerker anzog. Einige der alten Läden haben bis heute überlebt. Dazwischen konnten sich viele alternative Cafés etablieren. Weitere bunte Akzente setzen die von bekannten Street-Art-Künstlern fantasievoll bemalten Stromkästen.

SCHATZ IM VERBORGENEN

Die mächtige **Kathedrale** im Osten der Altstadt hat viele Väter. Von der ursprünglichen Wehrkirche aus dem 12. Jahrhundert ist nur die Fensterrosette über dem Portal an der Westfront erhalten. Durch die vielen Umbauten im Auftrag geltungssüchtiger Geistlicher entstand ein verwirrender Stilmix, obendrein wirkt der Innenraum des Gotteshauses eng und düster. Im linken Querschiff verbirgt sich der **Retábulo do Sacramento**, ein Meisterwerk portugiesischer Silberschmiedekunst. 800 Kilogramm des Edelmetalls wurden zwischen 1632 und 1732 für die Herstellung des Altaraufsatzes verwendet. Als weitere bedeutende Sehenswürdigkeit der Stadt gilt unter anderem die in Beaux-Arts-Manier erbaute **Eingangshalle im Bahnhof São Bento**. Die großflächigen Bildmotive aus 20 000 Kacheln zeigen, sehr romantisierend, das Leben der einfachen Leute und der Kleriker sowie die Verkehrsentwicklung. Ein Kleinod des Jugendstils ist die 1906 gegründete **Buchhandlung Lello & Irmão**, eingerichtet mit einer Holzgalerie und herrlich gestaltetem Oberlicht aus Buntglas. Kein Wunder, dass dieser Laden als eine der Drehkulissen für die Harry-Potter-Filme diente. Man sollte drinnen unbedingt die rote Holztreppe hinaufsteigen: Oben wartet neben weiteren bedruckten Schätzen auch eine Bar.

PRAKTISCHE HINWEISE

TOURISTINFORMATIONEN

Boticas
Rua Gomes Monteiro 3, 5460-304 Boticas, Tel. +351 276 410 200, cm-boticas.pt

Montalegre
Terreiro do Açougue, 5470-214 Montalegre, Tel. +351 276 510 205, cm-montalegre.pt

Gerês
Avenida Dom João V, 4845-075 Vila do Gerês, Tel. +351 253 392 096, turismo.cm-terrasdebouro.pt

Guimarães
Praça de São Tiago, 4810-300 Guimarães, Tel. +351 253 421 221, visitguimaraes.travel

Porto
Rua Clube dos Fenianos 25, 4000-172 Porto, Tel. +351 223 393 472, visitporto.travel

Vila Nova de Gaia
Avenida Diogo Leite 135, 4400-111 Vila Nova de Gaia, Tel. +351 223 742 422, cm-gaia.pt

CAMPING- UND STELLPLÄTZE

C 101 **Camping Virgílio António de Miranda** (S. 167 H4) Avenida Avelino Alves Miranda, 5460-301 Boticas, Tel. +351 924 431 696, cm-boticas.pt
GPS: 41.693001, -7.659266
Im Juli 2022 wieder eröffneter Campingplatz mit unterschiedlich hohen Bäumen und ordentlichen sanitären Anlagen neben dem städtischen Freibad. Stellplätze größtenteils gepflastert. Januar bis September.

C 102 **Camping Penedones** (S. 167 G4), Albufeira do Alto Rabagão, 5470-069 Penedones, Tel. +351 965 898 040, aquabarroso.com
GPS: 41.757068, -7.809168
Gut ausgestattete Anlage auf zwei Geländestufen mit Schatten spendenden Eichen am Nordufer des Stausees Alto Rabagão. Von der oberen Etage weiter Blick über das Wasser und auf die umliegenden Berge. Penedones ist idealer Ausgangspunkt für Ausflüge nach Montalegre und Pitões das Júnias sowie Touren im Nationalpark Peneda-Gerês. Spielplatz, Bar und Picknickplatz. Angeln, Kanufahren oder Windsurfen in 300 m. Ganzjährig.

S 103 **Stellplatz Montalegre** (S. 167 G3), Rua João Rodrigues Cabrilho, 5470-204 Montalegre, Tel. +351 276 510 200, cm-montalegre.pt
GPS: 41.8229, -7.78715
Einfache, zentrumsnahe Übernachtungsmöglichkeit für 5 Wohnmobile. Ganzjährig.

Waldpause im Nationalpark

Logenplatz am See: Camping Penedones

S 104 **Stellplatz Pitões das Júnias** (S. 167 F3)
Rua Santinho, 5470-370 Pitões das Júnias, Tel. +351 966 563 939, pitoesdasjunias.com
GPS: 41.841347, -7.94637
Stellplatz auf einem Parkplatz am Ortseingang für bis zu 10 Wohnmobile bis zu 8 m Länge, ausgestattet mit einer Ver- und Entsorgungsstation. Maximale Aufenthaltsdauer 2 Nächte. Ganzjährig.

C 105 **Camping Pichoses** (S. 167 E4), Lugar de Paredes Rua 2, 4845-024 Terras de Bouro, Tel. +351 968 693 330, pichosescamping.wixsite.com/home
GPS: 41.674444, -8.185278
Kleiner Campingplatz mit sehr guten Einrichtungen für maximal 15 Wohnmobile. Ganzjährig.

C 106 **Camping Vidoeiro Gêres** (S. 167 E4), N 308-1, 4845-081 Caldas do Gêres, Tel. +351 253 391 289, vidoeirogerescamping.pt
GPS: 41.7375, -8.158333
3 ha großer Platz, idyllisch gelegen im Wald an einem Fluss mit zahlreichen Wandermöglichkeiten. Das Gelände ist überwiegend für Zelte bestimmt, das Wohnmobil sollte nicht länger als 6,5 m sein. Grillstelle mit Sitzbänken und Tischen aus Granit, warme Duschen, kleiner Laden und freundliche Bar. Anfahrt über eine kurvenreiche Strecke. Ganzjährig.

C 107 **Gerês Green Park** (S. 167 F4), N 308 Eiredo–Cabril, 5470-013 Cabril, Tel. +351 917 007 831, geresgreenpark.pt
GPS: 41.708275, -8.041788
Sehr ruhig gelegenes Terrain am Waldrand mit Bungalows und Stellplätzen für Zelte und maximal 3 Wohnmobile. Die rustikalen Einrichtungen sind sauber und gepflegt, Stromanschlüsse (12 A) gibt es ebenfalls. Ende März bis Anfang November und Weihnachten bis Anfang Januar.

C 108 **Parque de Campismo de Cerdeira** (S. 167 E4)
Rua de Cerdeira, 400

Campo do Gerês, 4840-030 Terras de Bouro Braga, Tel. +351 253 351 005, parquecerdeira.com
GPS: 41.76323, -8.19058
7 ha großer, gut ausgestatteter Campingplatz. Einige Parzellen liegen dicht an der Straße. Zufahrt zur Rezeption kopfsteingepflastert und sehr abschüssig, auch ist es mitunter schwierig, mit einem großen Wohnmobil zum Stellplatz zu gelangen. Kleiner, aber gut sortierter Laden vorhanden. Ganzjährig.

C 109 **Parque de Campismo da Penha** (S. 166 D6)
M 579-2, R. Monsenhor António Araújo Costa, 4810-000 Guimarães, Tel. +351 253 515 912, turipenha.pt
GPS: 41.428056, -8.26889
Kleiner Terrassenplatz auf einem Berg mit aufmerksamem Personal, Swimmingpool und Café. Stellplätze für Reisemobile befinden sich in Eingangsnähe. Mit einer Seilbahn gelangt man bequem hinunter in die Innenstadt. Extratipp: Vom Bahnhof Guimarães verkehren regelmaßig Züge nach Porto, die Fahrzeit beträgt 1 Stunde. Anfang Mai bis Mitte September.

C 110 **Orbitur-Camping Canidelo** (S. 170 B3)
Avenida da Beira-Mar 441, 4400-382 Vila Nova de Gaia, Tel. +351 227 814 730, orbitur.pt
GPS: 41.1247, -8.66641
Leicht schräges Wiesengelände mit einzelnen Bäumen oberhalb von Strand und Küstenstraße, umgeben von Wohnhäusern. Freibad nur im Hochsommer in Betrieb. Bushaltestelle und großer Supermarkt liegen in der Nähe, die Entfernung nach Porto beträgt 6 km. Ganzjährig.

S 111 **Parque de Campismo de Salgueiros** (S. 170 C3)
Rua do Campismo 263, 4400-397 Vila Nova de Gaia, Tel. +351 227 810 500, canidelo.net/campismo.html
GPS: 41.121667, -8.661389
Kostengünstige Übernachtungsmöglichkeit mit älteren sanitären Einrichtungen in unmittelbarer Strandnähe und mit guten Busverbindungen nach Porto (4 km). Anreise erst ab 14 Uhr möglich, Mindestaufenthalt 2 Nächte. Ganzjährig.

S 112 **Parque de Autocaravanas** (S. 170 C3)
Rua Cunha, 4430-681 Avintes, Tel. +351 227 878 120, parquebiologico.pt
GPS: 41.096963, -8.555806
Ruhig gelegener Stellplatz mit Ver- und Entsorgung für 12 Wohnmobile auf Rasengitter an einem Tier- und Pflanzenpark. Parzellen durch Hecken begrenzt. Porto ist nur mit Taxi und nicht per Bus oder Bahn zu erreichen. Das Gelände ist nachts verschlossen, doch es gibt eine Klingel für Spätheimkehrer. Maximaler Aufenthalt 1 Nacht. Ganzjährig.

Hügelland um Guimarães

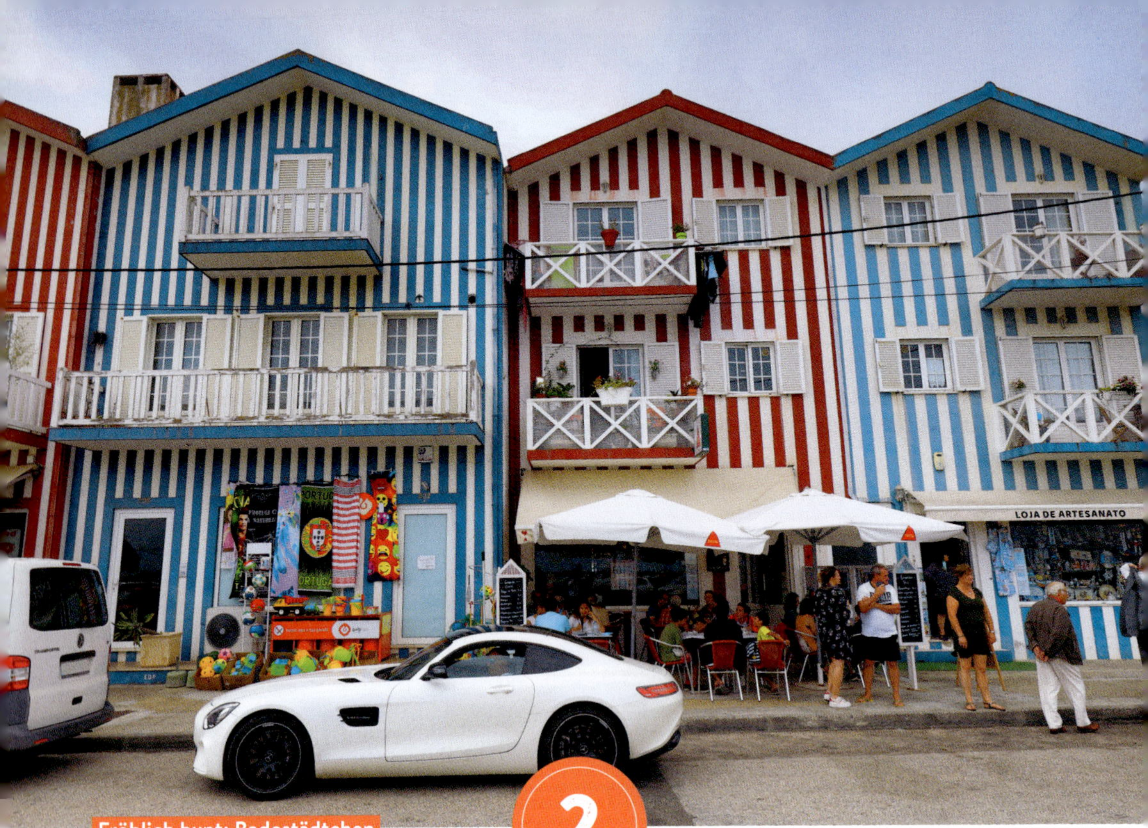

Fröhlich bunt: Badestädtchen Costa Nova

2

ZU DEN WELTERBESTÄTTEN IN PORTUGALS MAGISCHER MITTE

Von Aveiro über Tomar, Batalha und Alcobaça nach Óbidos

Klassische Seebäder, weitläufige Dünenstrände, monumentale Klosteranlagen und ein mittelalterliches Juwel stellen die Höhepunkte dieser Tour dar. Sie führt ins Zentrum des Landes, das oft im Fokus der portugiesischen Geschichte stand. Gefördert von Königen und Päpsten, stiegen die Christusritter zum reichsten und einflussreichsten Orden der Christenheit auf. Sein Stammsitz war der gewaltige Convento de Cristo in Tomar. Ein Rundgang durch die Burg ist eine Zeitreise durch die Kunstgeschichte, wohingegen das berühmte Kloster in Batalha ein Meisterwerk der Gotik darstellt. Óbidos schließlich glänzt mit einem sehr gut erhaltenen Ortskern aus der Zeit der Renaissance.

Drei Kanäle durchziehen die Lagunenstadt **Aveiro**. Auf ihnen verkehren prächtig bemalte Holzkähne, »moliceiros« genannt; man nutzte sie früher zur Tangfischerei. Ihre Form erinnert an Gondeln. Heute dienen die Boote in erster Linie dazu, den Gästen die Schönheit der alten Bürgerhäuser vom Wasser aus zu zeigen. Bei einer Fahrt auf dem **Canal Central** mit seinen wappenverzierten Bogenbrücken fällt der Blick sofort auf einige besonders üppig dekorierte Jugendstilgebäude. Die Basis des mittelalterlichen Wohlstands bildete die Salzgewinnung, in den späteren Jahrhunderten kamen die Kabeljaufischerei vor Neufundland und die Porzellan- und Keramikherstellung hinzu.

Aveiro liegt im Hinterland der **Costa de Prata**, wie man den Küstenabschnitt zwischen Porto und Lissabon bezeichnet. Die Lagune entstand, nachdem sich im 16. Jahrhundert durch Sandablagerungen eine Nehrung gebildet hatte. Stürme führten jedoch dazu, dass sie allmählich verschlammte, was den Schiffsverkehr stark beeinträchtigte und den wirtschaftlichen Niedergang der Stadt einläutete. In der flachen Bucht tummeln sich Aale und Neunaugen; man kann auch viele Störche und Reiher beobachten. Aufgrund der Artenvielfalt wurde sie zum Naturschutzgebiet erklärt.

Viele Sehenswürdigkeiten von Aveiro befinden sich südlich des Hauptkanals und der belebten **Praça General Humberto Delgado**, darunter die **Misericórdia-Kirche** – innen und außen mit herrlichen blau-weißen beziehungsweise ockerfarbenen Kacheln verziert – und der **Convento de Jesus**, das Kloster der Dominikanerinnen mit seiner im 18. Jahrhundert umgebauten Kirche. Deren vergoldete Schnitzereien zählen zu den eindrucksvollsten Zeugnissen des portugiesischen Barocks. Ein Besuch in einem der zahlreichen guten Restaurants der Stadt, etwa am **Fischmarkt**, rundet das Sightseeing-Erlebnis ab. Eine süße lokale Spezialität, die jedes Café und jede »Pastelaria« bereithält, sind »Ovos Moles«: knuspriges, mit Eigelb und Zucker gefülltes Oblatengebäck – häufig in Fisch- oder Muschelform.

Balkonansicht im Zentrum von Costa Nova

ROUTE 2

STARTPUNKT
Camping Costa Nova

ENDPUNKT
Stellplatz Óbidos

STRECKENLÄNGE
336 km

FAHRZEIT
8 bis 12 Tage

MAUTSTRECKEN
A 17, A 19 und weitere Abschnitte

WAS FARBE AUSMACHT

»Nova«, also neu, ist **Costa Nova**, ein schmuckes Dorf wenige Kilometer südwestlich, ganz und gar nicht. Denn man weiß, dass ein paar Fischer an seiner Stelle bereits im 8. Jahrhundert eine Siedlung gründeten. Anfangs bauten sie schlichte Strohkaten.

Doch da diese nach kurzer Zeit im Sand versanken, ersetzte man sie durch massive Pfahlbauten. Um die »palheiros« auch bei schlechter Sicht vom Wasser aus erkennen zu können, strichen die Uferbewohner deren Pfosten bunt an.

Die Wandlung zum Seebad vollzog sich im 19. Jahrhundert, als seinerzeit die Ärzte den hohen Jodgehalt in der Luft als heilend priesen und dadurch das Baden im Meer salonfähig wurde. Mehr und mehr Unterkünfte entstanden, indem man die Fischerhütten zu Häusern in farbenfroher Streifenoptik umbaute. Aus jenen Tagen stammt der Name Costa Nova: Er steht für den Aufbruch und die Andersartigkeit des Ortes gegenüber seinen Nachbarn an der **Costa Velha**, der nördlich verlaufenden »alten Küste«. Puderzuckerweißer Sand und Dünengras begleiten die Uferlinie; man erreicht den Strand zum Beispiel direkt auf einem Steg über die Dünen von Camping Costa Nova am südlichen Ortsrand aus.

BLAU-WEISS-BLAU

Als nächstmögliche Unterkunft empfiehlt sich der privat geführte Stellplatz am weitläufigen Sandstrand von **Vagueira** neben einer Surfschule. Alternativ stehen im darauf folgenden Küstenort **Praia de Mira** – er erstreckt sich zwischen dem Atlantik und der nachgelagerten Barrinha-Lagune – vier Campingplätze zur Verfügung. Die ehemals vorhandenen, aus Costa Nova bekannten Pfahlbauten wurden meist durch Steinhäuser ersetzt. Ausnahmen bilden die außen mit blau-weißen Streifen bemalte **Kapelle Nossa Senhora da Conceição** mit bunten Heiligenfiguren an den Innenwänden und das naturbelassene Holzgebäude mit dem Tourismusbüro und dem Heimatmuseum im ersten Stock. Bekannt ist Praia de Mira vor allem für seinen langen, jährlich neu mit der Blauen Flagge ausgezeichneten Dünenstrand.

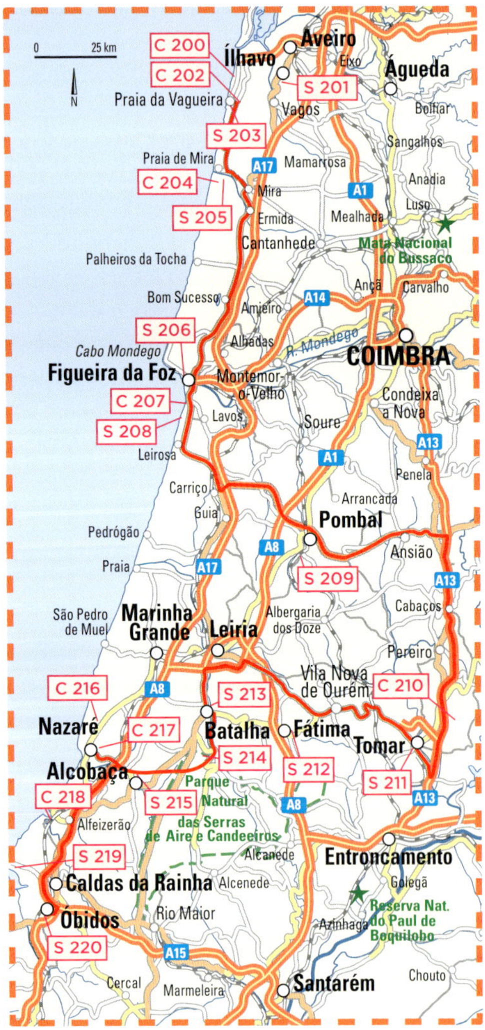

Keramik in allen Formen und Farben

AUSFLUG

KLEINER ZAUBERWALD

Beim Kap Mondego lädt das verführerisch klingende Naturschutzgebiet Serra da Boa Viagem (Hügel der guten Reise) zu einem Abstecher ein. Seine höchste Erhebung erreicht eine Höhe von rund 262 Metern über dem Meer. Oft verhüllt Nebel die für Portugal ungewöhnlich hohen, efeuumrankten Bäume. Schäden, die der Tropensturm Leslie im Jahr 2018 hinterließ, verstärken die mystische Stimmung. Es gibt mehrere Picknickplätze mit Tischen und Bänken; einen schön gelegenen »Miradouro« mit Parkplatz und Panoramablick über die Küste findet man an einem Seitenweg der N 109-8 (40.202222, -8.88).

À LA FRANÇAISE

Figueira da Foz ist ein Traditionsseebad mit Casino und weitläufigen Sandstränden – nebst zweckmäßigen Hochhäusern an der Promenade und schicken Villen auf den grünen Hügeln ringsum. Auch Surfer schätzen die dortige Brandung mit ihren ultralangen, rechtsbrechenden Wellen. Prächtigstes Bauwerk ist der **Palácio Sotto Maior**, der zu Beginn des 20. Jahrhunderts nach französischem Muster in einer Parkanlage errichtet wurde. Künstler von Rang und Namen schmückten die Säle und Räume aus. Eine Besichtigung vermittelt einen anschaulichen Einblick in das Leben der portugiesischen Bourgeoisie (Termine unter Tel. +351 233 408 441). Einen modernen Gegenentwurf bildet das nahe gelegene **Centro de Artes e Espectáculos** mit Theater-, Film-, Musik- und Tanzdarbietungen sowie sehenswerten Kunstausstellungen (cae.pt). Gegenüber präsentiert das **Museum Dr. San-**

tos Rocha antike Fundstücke aus der Region sowie Keramikarbeiten, Münzen, Möbel und Volkskunst aus Überseeländern – den Grundstock hierfür legten die früheren Handelsbeziehungen zu Indien, Afrika und Fernost (täglich geöffnet außer Montag). Die Räume der **Casa do Paço** indes – deren Bauherr war im 17. Jahrhundert der Bischof von Coimbra – sind mit 6700 kunstvoll bemalten Delfter Kacheln verziert. In vier Sälen zeigen diese Landschaften und Szenen aus dem Leben des Klerus und Adels (Largo Prof. Victor Guerra 4, Infos unter cm-figfoz.pt/pages/665). Vergnügen bereitet darüber hinaus ein Spaziergang durch **Buarcos**, ein weißes Fischerdorf, das sich im Norden an die Stadt anschließt. Die mächtigen Verteidigungsmauern am Strand dienten einst zum Schutz vor Angriffen durch Seeräuber. Südlich der Mondego-Mündung liegt in den Salinen das **Salzmuseum** (Núcleo Museológico do Sal). Es beleuchtet neben den traditionellen Techniken der Salzgewinnung auch die Umweltaspekte. Um das Ganze zu vertiefen, empfiehlt sich eine vier Kilometer lange Wanderung auf dem **Salinenweg**; er beginnt am Museum und ist frei zugänglich (nähere Infos zum Museum unter cm-figfoz.pt/pages/675).

Figueira da Foz
weitläufige Sandstrände
Salinen-Wanderwege
Museu Municipal
119 km
Tomar

Hafen in Costa Nova am Canal de Mira

Wind, Wellen und Natur am weitläufigen Strand von Mira

Convento de Cristo, einst Zufluchtstätte der Templerritter

MASSIVE KLOSTERBURG

Schon die Aussicht von der **Ponte Velha**, der alten Brücke über den Nabão-Fluss, der durch **Tomar** fließt, verheißt Großartiges. Auf einem Berg über der Stadt erhebt sich der **Convento de Cristo**. Der riesige wehrhafte Klosterkomplex ist UNESCO-Weltkulturerbe und zählt zu den wichtigsten Sehenswürdigkeiten in Portugal. Die Burg war im Mittelalter letzter Zufluchtsort der verfolgten Tempelritter. Der Orden bildete das Rückgrat der christlichen Rückeroberung. Zum Dank bekam die Bruderschaft das Land über dem Nabão vom König geschenkt. Die **Templerkirche** ist gut erhalten. Das festungsartige Gotteshaus wurde nach dem Vorbild der Grabeskirche in Jerusalem auf 16-seitigem Grundriss errichtet. Der aufwendig restaurierte achteckige Innenraum ist über und über mit Fresken und Blattgold verziert.

Nachdem 1312 Papst Clemens V. den Orden verboten hatte, ging dessen Besitz in den portugiesischen **Christusritterorden** über. Zu diesem gehörten später bedeutende Seefahrer wie Vasco da Gama; Heinrich der Seefahrer galt als ihr Großmeister. Im 15. und 16. Jahrhundert wurden Kloster und Kirche mit großem Aufwand umgestaltet. Es entstand ein Labyrinth aus nicht weniger als sieben Kreuzgängen. Im ältesten, dem **Claustro do Cemitério**, sind kostbare Azulejos im Mudejarstil zu bestaunen – im zweigeschossigen **Claustro dos Filipes** zieht ein plätschernder Barockbrunnen im Innenhof alle Blicke auf sich.

MARITIMER ZIERRAT

Portal und Fassaden der **Neuen Kirche** (16. Jh.) sind unter anderem mit Menschenfiguren, steinernem Tang und überbordenden Ornamenten geschmückt. Das wohl berühmteste Fenster Portugals, **Janela do**

Capítulo, am Kapitelsaal an der Westfassade ist ein Meisterwerk des manuelinischen Stils: Seine Umrahmung besteht aus nachgebildeten Muscheln, Tauen und Ankerketten. Der zu Ende der Bauzeit fertiggestellte Kreuzgang **Claustro de Dom João III** lässt bereits den Übergang zur Renaissance erkennen. Von der Terrasse im Obergeschoss überschaut man die gesamte Anlage. Deren Wasserversorgung sicherte ab dem 17. Jahrhundert ein eigens erbautes **Aquädukt**, bestehend aus 180 Rundbögen. Es ist von einigen Fenstern aus zu sehen, besser noch: Man besteigt das imposante Bauwerk selbst. An der Straße N 113, die nach Pegões führt, befindet sich ein Aufgang inklusive eines Parkplatzes für das Wohnmobil.

Auf dem Weg zurück zum Stellplatz empfiehlt sich ein Blick auf die Pfarrkirche **São João Baptista** und die schönen Fassaden der Häuser an der zentralen **Praça da República**. In der Rua da Judiaria trifft man auf die **alte Synagoge**, in der heute ein Museum eingerichtet ist; es erinnert an die jüdische Geschichte der Stadt. Auf der **Flussinsel Mouchão** schöpft ein haushohes hölzernes Rad mit mehr als 50 Tongefäßen bis zu 70 Hektoliter Wasser pro Stunde. Das **Café Paraíso** im Stil des Art decó in der Rua Serpa Pinto ist ein angesagter Treffpunkt für Jung und Alt. Gut zu einem

Tomar
Convento de Cristo, Basilika Nossa Senhora Aquädukt
N113 – IC9 – N113 – A8 – IC2 – A19 – IC2
58 km
Batalha
Kloster Santa Maria da Vitória
N362
8 km
Porto de Mós

Klosterkirche Santa Maria da Vitória in Batalha

Hohe Fenster erhellen den Kirchenraum der Abtei.

Heißgetränk passt beispielsweise »Beija-me Depressa« (Küss mich schnell), ein goldgelbes zuckersüßes Gebäck, das in Tomar seinen Ursprung haben soll. Ein kurioses **Streichholzmuseum** im Süden der Stadt präsentiert über 80 000 Exponate aus 115 Ländern. Hervorragend essen kann man beispielsweise im **Restaurant Chico Elias**; ihm gelingt es, mit gutem Service und der fantasievollen Zubereitung lokaler Gerichte so gut wie alle Gäste zu überzeugen – auch über die Region hinaus (Rua Conde de Tomar 92 A, Tel. +351 249 311 067).

LIEBE, MACHT UND SIEG

Es ist eine in Stein verewigte, ergreifende Szene: Der König von Portugal, **Duarte I.**, und seine Angetraute **Eleonore von Aragonien** halten einander bei der Hand. Er in voller Kriegsmontur, sie in einem weiten Umhang. Der Doppelsarkophag steht in den **Capelas Imperfeitas**, den unvollendeten Kapellen im **Mosteiro de Santa Maria da Vitória** in **Batalha**. Das bedeutende Nationaldenkmal steht wie die Klöster in Tomar und dem später beschriebenen in **Alcobaça** im Herzen des Landes, der Region Centro. Die ehemaligen Abteien erzählen von der Geschichte des kleinen Landes am Westrand des europäischen Kontinents, vom zermürbenden Kampf gegen das mächtige Kastilien und dem Entdecken der Neuen Welt.
Am 14. August 1385 kam es bei **Aljubarrota** zur legendären Schlacht gegen das zahlenmäßig überlegene kastilische Heer. König

AUSFLUG

WICHTIGER WALLFAHRTSORT

Der Turm der neubarocken Basilika in Fátima ist 65 Meter hoch; die Kirche bietet Platz für rund 9000 Menschen. Nicht nur Katholiken staunen über den Vorplatz, der weitaus größer ist als der Petersplatz in Rom. Fátima ist Portugals bedeutendstes Pilgerziel, ausgelöst durch Marienerscheinungen dreier Hirtenkinder im Jahr 1917. Zahlreiche Augenzeugen bestätigten das Wunder. Besonders viele Menschen strömen am 13. Mai und 13. Oktober, den beiden Jahrestagen der Erscheinungen, aus aller Welt an diesen heiligen Ort. Jeden Abend findet auf besagtem Platz eine Lichterprozession statt.

Reich geschmücktes Portal in Batalha

Porto de Mós
N362 Castelo
N242-1 14 km
Coz (Cós)
Mosteiro de Santa Maria Rua Vale do Amieiro
8 km
Alcobaça
Mosteiro de Alcobaça
N8-4 12 km
Nazaré

João I. und seinem Feldherrn Nuno Álvares Pereira gelang es wider Erwarten, dieses zu schlagen und die portugiesische Unabhängigkeit von Spanien zu bewahren. Zuvor hatte João geschworen, im Falle eines Siegs der Jungfrau Maria ein Kloster zu errichten. Er hielt sein Gelübde und schon im Folgejahr begannen die Bauarbeiten. Nebenan gründeten wenig später die Handwerker mit ihren Familien die Stadt Batalha, was übersetzt »Schlacht« bedeutet. Es vergingen rund 150 Jahre, bis die spätgotische Anlage vollendet war. Im Übrigen begeht die ganze Stadt Joãos Triumph alljährlich am 14. August mit einem rauschenden Fest.

JÜNGER UND BOTEN GOTTES

Das **Hauptportal** der Kirche ist mit Figuren aus ockerfarbenem Kalkstein geradezu übersät. Dargestellt sind unter anderem die zwölf Apostel, musizierende Engel, Christus und die Krönung der Jungfrau Maria. Ein prachtvolles Deckengewölbe überspannt in 32 Meter Höhe das Langhaus, welches 83 Meter in der Länge misst. Beachtenswert sind die bunten **gotischen Glasfenster**, die oft noch aus der Entstehungszeit stammen und im Inneren für faszinierende Farbenspiele sorgen. Neben Duarte und Eleonore ruhen in den übrigen Kapellen und Sälen unter anderem der Stifter und seine Frau Philippa von Lan-

Blick auf die Dächer von Santa Maria in Alcobaça

Camping Valado mit erfrischendem Pool

caster mit ihrem berühmten Sohn Heinrich dem Seefahrer sowie ein unbekannter Soldat – rund um die Uhr ehrenbewacht von Armeeangehörigen.

Das pralle Leben spüren kann man hingegen jeden Montag beim **Wochenmarkt** rund um die städtische Markthalle gegenüber dem Stellplatz: Dort gibt es alles, was die Bauern aus der Region an frischen Produkten im Angebot haben. Nachdem der Kühlschrank im Wohnmobil wieder gut gefüllt wurde, geht es weiter in die Nachbarstadt **Porto de Mós**. Über dem Ort thront auf einem Hügel eine sonderbar erscheinende, ursprünglich maurische, jedoch etliche Male von christlichen Regenten umgebaute Burg. Das heutige Bauwerk verdankt sein Aussehen den Baumeistern von Afonso IV., die 1420 die beiden Haupttürme schufen – geschmückt mit grün glasierten Kegeldächern und verbunden durch eine wunderschöne Loggia.

PRÄHISTORISCHE RELIKTE

Die Kirche **São João Baptista** (13. Jh.) ziert indes ein romanisches Portal. Mitten im Stadtpark verbirgt sich die **Barockkirche São Pedro** mit prachtvoller Innenausstattung. Ein Stück oberhalb befindet sich der Stellplatz der Stadt mit Blick auf die Burg. Das **Museu Municipal** zeigt sowohl römische Funde als auch Dinosaurierknochen, die man in der Gegend fand. Diese wurde weltweit bekannt, als 1994 in einem Steinbruch beim Dorf Bairro einige Hundert Fußabdrücke der urzeitlichen Tiere entdeckt wurden; die Spuren sind geschätzte 175 Millionen Jahre alt.

Der erste Eindruck im kleinen Ort **Coz** (Cós) täuscht: Die bröckelnden Fassaden und Außenanlagen der Kirche des ehemaligen **Klosters Santa Maria** stehen im Gegensatz zu der aus dem portugiesischen Barock stammenden kostbaren Inneneinrichtung. Die Kassettenmalereien aus dem 18. Jahr-

Santa Maria, ehemaliges Kloster der Zisterzienserinnen in Coz

hundert an der Kirchendecke sind unter den Zisterzienserabteien auf der Iberischen Halbinsel einzigartig. Der Hauptaltar besteht aus vergoldeten Schnitzereien und zeigt auf der Empore eine Skulptur der Heiligen Familie. Ebenfalls noch vorhanden ist ein schönes, ungewöhnlich großes geschnitztes Chorgestühl, in dem einst bis zu 106 Nonnen Platz fanden. In der Sakristei, die mit Azulejos ausgekleidet ist, befinden sich zehn Tafeln mit Szenen aus dem Leben des heiligen Bernhard von Clairvaux.

Von den umliegenden Gebäuden sind nur noch Ruinen übrig. Gründer der Anlage war im 13. Jahrhundert der Abt von Alcobaça. Die Ordensschwestern im Mosteiro de Santa Maria de Cós bildeten die wichtigste Klostergemeinschaft des weiblichen Zweigs der Zisterzienser. Die offiziellen Öffnungszeiten der Kirche lauten: Dienstag bis Samstag 9.30 bis 12.30 Uhr und 14 bis 18 Uhr, Sonntag 14 bis18 Uhr. Sollte dennoch geschlossen sein, empfiehlt es sich, im kleinen Laden gegenüber nachzufragen. Wenn man auf der Rua Santa Maria am Klostergelände vorbeifährt, gelangt man zu einem großen Parkplatz, der sogar etwas Schatten bietet.

GRAUSAME SITTEN

Von Liebe, Tod und Rache erzählen die beiden Sarkophage in der Kirche der **Abtei Santa Maria** in **Alcobaça**. Hier ruhen König Pedro I. und seine galicische Ehefrau Inês de Castro. Löwen und Fabelwesen – Meisterwerke der gotischen Steinmetzkunst – tragen die Grabmale. Da Pedros Vater Afonso IV. befürchtete, dass aus der Heirat mit der schönen Inês Machtansprüche Kastiliens entstehen könnten, ließ er seine Schwiegertochter und ihre beiden unehelichen Söhne ermorden. Dafür rächte sich Pedro nach dem Tod seines Vaters, indem er Inês' ausgegrabenen Leichnam in der Kathedrale von Coimbra auf den Thron setzte. Die Adligen am Hof mussten ihre skelettierte Hand küssen – die Herzen der Mörder, die er hinrichten ließ, soll Pedro öffentlich verspeist haben.

Fensteransicht in der Altstadt in Nazaré

Danach wurde die Tote in einer Prozession nach Alcobaça überführt – so erzählt es die schaurige Legende.

Der riesige Klosterkomplex in Alcobaça erstreckt sich am Zusammenfluss der Flüsse Alcoa und Baça. Besagter Bernhard von Clairvaux, der Gründer des Zisterzienserordens, erwirkte 1144 die Anerkennung Portugals als Nation durch Papst Innozenz II. Zum Dank schenkte Portugals erster König Afonso Henriques den Zisterziensern das

↑ Óbidos, ein Ort für Romantiker

↓ Geschäftiges Zentrum in Nazaré

Land und legte selbst den Grundstein für die erste Kirche. Diese wuchs zum größten Kirchenbau im Land heran, ihr Hauptschiff ist mit 106 Metern das längste in Portugal. Doch die geringe Breite von maximal 20 Metern verstärkt noch den ohnehin strengen Eindruck des spätgotischen Stils. Etwas deplatziert wirkt daher auch die Barockfassade mit zwei Glockentürmen, die im 18. Jahrhundert angebaut wurden.

VERSCHLOSSENE LIPPEN

Im Querschiff befindet sich die erwähnte Grabstätte. Durch den **Königssaal** mit seinen Azulejomotiven gelangt man zum **Kreuzgang der Stille**, einem von insgesamt fünf, mit wuchtigen Bögen (14. Jh.) im Parterre und feinen manuelinischen Zierelementen im ersten Stock (16. Jh.). Die 18 Meter hohe, ganz in Weiß gekachelte **Küche** wartet mit einem großen offenen Kamin auf. In ihr wurde das Essen für über 1000 Mönche zubereitet. Fließend Wasser unter anderem zum Befüllen eines Fischbeckens erhielt man durch die Umleitung des Alcoa-Flusses. Während der Mahlzeiten las ein Bruder von einer Kanzel im Refektorium Passagen aus der Heiligen Schrift vor. Nur in einem einzigen Raum, »parlatório« genannt, durften die Mönche ihr Schweigen brechen. Hochwertige Agrarerzeugnisse liefert im Übrigen seit jeher das Umland der Stadt Alcobaça, darunter die Rocha-Birne mit ihrem süßen, aber dennoch festen Fruchtfleisch.

Dank eines wunderschönen, sanft geschwungenen und von steilen Klippen eingefassten Sandstrandes hat sich das westlich gelegene **Nazaré** in den letzten Jahren vom malerischen Fischerdorf zu einer kosmopolitischen Urlauberhochburg entwickelt. Davon abgesehen gelang im November 2017 dem Brasilianer Rodrigo Koxa vor dem Strand **Praia do Norte** ein Ritt auf einer 24,38 Meter hohen Welle; er überbot damit an gleicher Stelle den sechs Jahre gültigen Weltrekord des Hawaiianers Garrett McNamara um 61 Zentimeter.

TRADITIONELLE ARBEITSTEILUNG

Trotz des sommerlichen Trubels sieht man nach wie vor die Fischer mit ihren Booten hinausfahren und Frauen, die Netze flicken oder Fische zum Trocknen auslegen. Als Anerkennung für ihr mühevolles Tagwerk hat man den Fischerfrauen in Nazaré ein Denkmal gesetzt. Eine Standseilbahn fährt zur **Oberstadt Sitio**, die sich auf einem 110 Meter hohen Felsplateau erstreckt. Erbaut wurde sie von Mesnier de Ponsard, der auch den bekannten Aufzug Elevador de Santa Justa in Lissabon schuf. Oben angekommen, gewähren mehrere Aussichtspunkte einen herrlichen Blick auf die ausgedehnte, zu Füßen liegende Bucht. Das schlicht eingerichtete **Restaurant Fonte Mar** an der Seilbahnstation schätzen viele für seine erstklassigen und dennoch preisgünstigen Fisch- und Eintopfgerichte.

Nazaré
N8-4
A8
N114
41 km
Óbidos
Stadttor
Praça
Santa Maria
Renaissancekirche
Igreja da Misericórdia
Strand Foz do Arelho

Das südlich gelegene **Óbidos** gilt als einer der romantischsten Orte Portugals. Einen ersten Überblick über das bunte Gewirr der Häuser und Gassen erhält man am besten bei einem Rundgang auf der Stadtmauer. Erst danach empfiehlt es sich, einen Schluck der örtlichen Spezialität Ginjinha de Óbidos – ein feiner Kirschlikör – zu kosten. Óbidos besitzt einen gut erhaltenen Altstadtkern aus der Renaissance-Zeit: mit kleinen weißen Häusern, engen und verwunschenen, mit lila leuchtenden Bougainvilleen gesäumten Gassen, Kirchen und Kapellen, der besagten

Dicht an dicht an Nazarés goldener Strandmeile

zinnenbewehrten Stadtmauer und einem Maurenkastell über dem roten Dächermeer. Von dieser Mischung geht seit jeher eine besondere Anziehungskraft aus: Schon 1210 schenkte Alfons II. den Ort seiner Frau Urraca zur Hochzeit. Seine Nachfolger machten daraus eine Tradition, weshalb man Óbidos auch Vila das Rainhas (Stadt der Königinnen) nennt. Die Monarchinnen verbrachten ihre Urlaube in der zum Palast umgebauten Burg. Das Stadttor, 1380 erbaut, erhielt im 17. Jahrhundert eine mit Gold und Kacheln geschmückte Gebetsnische. In der **Renaissancekirche Santa Maria** fällt unter anderem der Blick auf vier Bilder, geschaffen von Josefa d'Óbidos (1630–1684), einer der wenigen Künstlerinnen in der frühen Neuzeit. Die Motive zeigen Würde ausstrahlende Figuren, wie man sie aus der spanischen Malerei kennt.

Tipp

TREFFPUNKT DER SÜSSMÄULER

Jedes Jahr im März treffen sich seit 2002 die Schokoladenfans in Óbidos. Auf dem Programm des Schokoladenfestivals stehen unter anderem Schauvorführungen in einer alten Schokoladenfabrik, Darbietungen von Straßenkünstlern, Musikern und Tanzgruppen (festivalchocolate.cm-obidos.pt).

Nazaré: das Meer immer im Blick

PRAKTISCHE HINWEISE

TOURISTINFORMATIONEN

Aveiro
Rua João Mendonça 8, 3800-200 Aveiro, Tel. +351 234 420 760, turismodocentro.pt

Costa Nova
Avenida José Estevão 214, Praia da Costa Nova, 3830-453 Gafanha da Encarnação, Tel. +351 234 369 560, cm-ilhavo.pt

Praia de Mira
Avenida da Barrinha 55, 3070-792 Praia de Mira, Tel. +351 231 480 550, cm-mira.pt

Figueira da Foz
Esplanada Silva Guimarães, Castelo Engenheiro Silva, 3080-501 Figueira da Foz, Tel. +351 233 209 500, cm-figfoz.pt

Pombal
Castelo de Pombal, 3100-440 Pombal, Tel. +351 236 210 556, cm-pombal.pt

Tomar
Avenida Dr. Cândido Madureira 531, 2300-531 Tomar, Tel. +351 249 329 800, cm-tomar.pt

Fátima
Avenida de Dom José Alves Correia da Silva 213, 2495-402 Fátima, Tel. +351 249 531 139, fatimatourism.com

Leiria
Jardim Luís de Camões, 2400-172 Leiria, Tel. +351 244 848 770, turismodocentro.pt

Batalha
Praça de Mouzinho Albuquerque, 2440-121 Batalha, Tel. +351 244 769 877, centerofportugal.com

Porto de Mós
Alameda D. Afonso Henriques, Jardim Municipal, Edifício Espaço Jovem, 2480-300 Porto de Mós, Tel. +351 244 491 323, turismodocentro.pt

Alcobaça
Rua 16 de Outubro 7, 2460-080 Alcobaça, Tel. +351 262 582 377, turismodocentro.pt

Nazaré
Avenida Vieira Guimarães, Mercado Municipal, 2450-000 Nazaré, Tel. +351 262 561 194, cm-nazare.pt

Óbidos
Rua da Porta da Vila, 2510-089 Óbidos, Tel. +351 262 959 231, turismo.obidos.pt

Sandplätze auf Camping Valado

CAMPING- UND STELLPLÄTZE

C 200 **Camping Costa Nova** (S. 174 C1)
Avenida José Estevão 592, 3830-451 Costa Nova do Prado, Tel. +351 234 393 220, campingcostanova.com
GPS: 40.59987, -8.75144
Solide ausgestattete Anlage mit kleinen Parzellen (50 m²) im Süden des Badeortes direkt an den Dünen. Ein Holzsteg führt zum etwa 100 m langen und maximal 60 m breiten Sandstrand. Bar und Minimarkt. Zum Zentrum mit guten Restaurants etwa 20 Minuten zu Fuß entlang der Straße. Ende März bis Ende September.

S 201 **Stellplatz São Salvador Ílhavo** (S. 174 C1)
Mercado Municipal de Ílhavo, 3830-046 Ílhavo, Tel. +351 234 329 600, cm-ilhavo.pt
GPS: 40.596778, -8.662056
Neu eröffneter Platz mit Servicestation und Bodeneinlass an der städtischen Markthalle. Der Ort liegt 11 km östlich von Costa Nova. Ganzjährig.

C 202 **Orbitur-Camping Vagueira** (S. 174 C1)
Rua do Parque de Campismo, 3840-254 Gafanha da Boa Hora, Tel. +351 234 797 526, orbitur.pt
GPS: 40.55788, -8.74458
Weitläufiges Campinggelände mit 540 Stellplätzen in einem hochstämmigen Pinienwald. Restaurant und Laden (Mitte Juni bis Mitte September). Zum Strand 2 km. Ganzjährig.

S 203 **Parque de Caravanas/ Autocaravanas Vaga Splash** (S. 174 C1)
Rua do Labrego, 3840-261 Vagos, Tel. +351 235 797 732, vagasplash.com
GPS: 40.549587, -8.770318
Großes Parkplatzgelände, täglich bis in den Abend von Surfern stark frequentiert. Kein Schatten, dafür Steckdosen, Ver- und Entsorgung, Geschirrspüle, Grillplatz und Strandbar. Dusche und Toilette tagsüber im Schwimmbad nutzbar. Ein schöner Dünenweg führt in die Stadt. Ganzjährig.

C 204 **Orbitur-Camping Mira** (S. 174 B2)
Estrada Florestal 1, km 2 Dunas de Mira, 3070-792 Praia de Mira, Tel. +351 231 471 234, orbitur.pt
GPS: 40.445058, -8.802065
Gut ausgestatteter und gepflegter Platz in Strandnähe. Etwa 30 Parzellen, Restaurant-Cafeteria und Minimarkt. Ende Dezember bis Anfang November.

S 205 **Parque Municipal de Campismo** (S. 174 B2)
Avenida da Barrinha 55, 3070-792 Praia de Mira, Tel. +351 231 472 173, parquecampismo.cm-mira.pt
GPS: 40.449159, -8.801044
Einfach eingerichteter Platz der Gemeinde hinter der Düne direkt an der Straße beim Barrinha-See, nur wenige Schritte vom Strand entfernt. Ganzjährig.

S 206 **Parking Avenida Espanha** (S. 174 B5)
Avenida Espanha, 3080 Figueira da Foz, Tel. +351 233 403 300, cm-figfoz.pt
GPS: 40.1476, -8.8671
Gute Übernachtungsmöglichkeit mit öffentlicher Toilette in der Nähe des Zentrums und Hafens.

C 207 **Orbitur-Camping Gala** (S. 174 B5)
N 109, km 4 Gala, 3090-380 Figueira da Foz, Tel. +351 233 431 492, orbitur.pt
GPS: 40.11847, -8.8568
Naturbelassenes Areal unter hohen Pinien mit videoüberwachtem Tor zum weitläufigen weißen Sandstrand. Schließzeiten am Abend beachten! Sanitäre Anlagen mit separatem Kinderbad, kleiner Supermarkt, Pool und Café. Leider prägen zahlreiche abgestorbene Bäume den Küstenabschnitt. Zum Meer 150 m. Ganzjährig.

S 208 **Area Sosta Praia de Lavos** (S. 174 B5)
Rua Mestre Cardoso 12–14, 309-461 Lavos, Tel. +351 233 946 300, jf-lavos.pt
GPS: 40.087778, -8.873333
Stellplatz für etwa 50 Mobile mit allen notwendigen Ver-

sorgungseinrichtungen in schöner Strandlage auf einem Parkplatz am Ortsrand. Meist ebener, sandiger Untergrund, kein Schatten. Jetons für Frischwasser im Laden neben der Bar. WC und Stranduschen sind auch vorhanden. Ganzjährig.

S 209 **Stellplatz Pombal** (S. 179 F1)
Rua Albergaria dos Doze, 3100-456 Pombal, Tel. +351 236 210 556, cm-pombal.pt
GPS: 39.908333, -8.629721
Asphaltierter Stellplatz mit Ver- und Entsorgung beim Schwimmbad und neben einer Eisenbahnlinie. Euro-Relais-Station mit Bodeneinlass. Ganzjährig.

C 210 **Camping Pelinos** (S. 179 H3)
Pelinos 77, Aboboreiras, 2300-093 Tomar, Tel. +351 249 301 814, campingpelinos.com
GPS: 39.63806, -8.33694
Kleine, mit Liebe geführte Terrassenanlage unter alten Bäumen in ruhiger ländlicher Umgebung. Niederländische Leitung. Gepflegter Pool, saubere Sanitäreinrichtungen und eine gemütliche Bar. Frische Eier und selbst gebackenes Brot auf Bestellung. Mitte März bis Ende September.

S 211 **Parque Municipal de Campismo Tomar** (S. 179 G3)
Rua Horta do Barão, Zona Desportiva de Tomar, 2300-630 Tomar, Tel. +351 249 310 320, cm-tomar.pt
GPS: 39.606703, -8.40997
Stellplatz für 50 Mobile auf ehemaligem Campingplatzgelände. Ver- und Entsorgung, kein Strom, kein Warmwasser. Ganzjährig.

S 212 **Parque 4 Santuário de Fátima** (S. 179 F3)
Rua de São Vicente de Paulo 50, 2495-401 Fátima, Tel. +351 249 539 623, fatima.pt
GPS: 39.633687, -8.671196
Ausgeschilderte Fläche für 6 Wohnmobile auf Großparkplatz in Nähe der Basilika. Öffentliches WC und Trinkwasser. Ganzjährig.

Camping Gala in Strandnähe

S 213 **Área de Serviço Autocaravanas** (S. 179 E2)
Rua Nossa Senhora do Caminho, 2440-118 Batalha, Tel. +351 244 765 180, cm-batalha.pt
GPS: 39.661329, -8.825115
Kommunaler Stellplatz für 15 Wohnmobile mit Euro-Relais-Station bei den Sportanlagen mit Blick auf das Kloster. Für Fahrzeuge bis 8 m Länge, die Parzellen sind jedoch schmal. Auf dem Busparkplatz vis-à-vis montags Markt und an jedem zweiten Sonntag im Monat Trödelmarkt. Anfahrt über Supermarkt-Gelände, maximal 2 Nächte. Ganzjährig.

S 214 **Parque Verde Porto de Mós** (S. 179 E3)
Beco do Lena, 2484-001 Porto de Mós, Tel. +351 244 499 600, municipio-portodemos.pt
GPS: 39.59839, -8.82205
Städtischer Stellplatz mit Ver- und Entsorgung am Rand eines Parks mit weiter Aussicht über die Stadt und auf die Burg. Zum Zentrum ca. 10 Minuten zu Fuß. Ganzjährig.

S 215 **Parque de Campismo de Alcobaça** (S. 178 D3)
Rua Prof. Engenheiro Joaquim Vieira Natividade, 2460-071 Alcobaça,

Tel. +351 262 582 265, cm-alcobaca.pt
GPS: 39.5525, -8.978056
Umzäunter, teils schattiger Stellplatz auf Rasengittersteinen im städtischen Ökopark neben der Markthalle. Öffentliche Toiletten, Frischwasser, Strom und Entsorgung. Zentrum und Kloster in Gehweite. Ganzjährig.

C 216 Ohai Nazaré Outdoor Resort (S. 178 D3)
N 242, km 31,5, 2450-138 Nazaré, Tel. +351 262 561 800, ohairesorts.com
GPS: 39.62042, -9.05657
Ausgedehnte, von Mietunterkünften bestimmte Ferienanlage auf hügeligem Dünengelände in einem der größten naturgeschützten Pinienwaldgebiete Portugals. Für Wohnmobile stehen wenige befestigte Flächen zur Verfügung. Ebenfalls vorhanden: Ver- und Entsorgung, Freibad, Sportfelder, Restaurant und Minimarkt. Ganzjährig außer Weihnachten.

C 217 Orbitur-Camping Valado (S. 176 D3)
Rua dos Combatentes do Ultramar 2, N 8-5, km 9, 2450-148 Nazaré, Tel. +351 262 561 111, orbitur.pt
GPS: 39.59799, -9.0563
Von Miethütten geprägte Anlage mit sauberen, soliden Einrichtungen in einem hügeligen Pinienwald, 2 km von der Altstadt mit ihrem großen Hauptstrand entfernt. Ebene Fläche für Wohnmobile in Nähe des Pools mit angrenzender Liegewiese. Die Fahrzeugräder versinken leicht im Sand, bei Regen ist der Boden sehr matschig. Freibad und Restaurant nur im Sommer geöffnet, es gibt einen kleinen Laden. Der Verkehr der vorbeiführenden Hauptstraße stört wenig. Ganzjährig.

Stellplatz in Porto de Mós

C 218 Parque de Campismo Baía Azul (S. 178 C4)
Avenida Marginal, 2460-096 São Martinho do Porto, Tel. +351 262 989 847, freguesiasaomartinhodo-porto.pt
GPS: 39.504167, -9.135556
Gemeindeeigener Campingplatz im Süden des Ortes an der Straße mit Ausblick über die Bucht. Parzellen für Wohnmobil auf Asphalt und ohne Schatten. Strom, Frischwasser und Entsorgung. Aufenthalt unbegrenzt. Ganzjährig.

S 219 Parque de Autocaravanas (S. 178 C4)
Rua Francisco Almeida Grandela, 2500-487 Foz do Arelho, Tel. +351 262 979 432, jf-fozdoarelho.com
GPS: 39.4288, -9.22181
Ebener, ruhig gelegener Stellplatz am Strand, teils asphaltiert. 40 Stromanschlüsse. Restaurants und Läden in 800 m. Zum Zentrum 1,5 km. Ganzjährig.

S 220 Parque do Aqueduto/ Parque de Autocaravanas (S. 178 C5)
Rua dos Arcos, 2510-086 Óbidos, Tel. +351 962 800 916, obidos.pt
GPS: 39.356389, -9.156944
Stellplatz mit Ver- und Entsorgungsmöglichkeit für 20 Wohnmobile – direkt neben dem Aquädukt und 500 m von der historischen Altstadt entfernt. Kein Schatten, der Platzwart kommt morgens vorbei, maximal zwei Nächte. Ganzjährig.

Feudales Gutshaus in Melo

3

WALLFAHRT, WEINBAU UND WUNDERBARER WELTGEOPARK

Durch das Douro-Tal und das verwunschene Hinterland Beira Interior

Die Zahl jener, die mit dem Wohnmobil den landschaftlichen Liebreiz des Douro-Tals entdecken, steigt Jahr für Jahr. Im Dornröschenschlaf verharrt hingegen die im Ausland noch wenig bekannte Serra da Estrela, das Sternengebirge, was sich aber in den nächsten Jahren bestimmt ändern wird. Der Grund: Die UNESCO hat die großartige Bergregion im Juli 2020 zum Weltgeopark erklärt. Weiter geht es in dieser Tour zu den Perlen im Osten, darunter die historischen Dörfer Sortelha, Monsanto und Idanha-a-Velha. Den Schlusspunkt bildet die alte Provinzmetropole Castelo Branco.

Wallfahrtsort Lamego

Verschiedenen Quellen zufolge bestätigte 1143 die erste Ständevertretung des Landes in der kleinen **Igreja de Almacave** in **Lamego** feierlich Afonso Henriques als portugiesischen König. Die **Burgruine** neben der Kirche und die Zisterne darunter beherbergen heute ein multimediales Geschichtsmuseum. Dank einer umtriebigen jüdischen Gemeinde entwickelte sich Lamego zügig zu einem wichtigen Handelsplatz. Im 12. Jahrhundert erhielt der Ort auch das Marktrecht, was vor allem Händler von orientalischen Stoffen und Gewürzen aus Andalusien anzog, wie etwa dem Emirat von Granada. Stattliche Bürgerhäuser und die mächtige **Kathedrale** zeugen vom einstigen Wohlstand. Deren Baubeginn datiert auf das Jahr 1129, aus diesem stammt auch der wuchtige Kirchturm. Hervorzuheben sind die gotische Fassade mit drei prächtig verzierten Portalen und der Kreuzgang aus dem 16. Jahrhundert. Das **Stadtmuseum** im ehemaligen Bischofspalast gegenüber präsentiert unter anderem fünf Altarbilder, die Grão Vasco, einer der bedeutendsten Renaissance-Maler des Landes, für das Gotteshaus schuf. Doch als die eigentliche Attraktion von Lamego gilt die **Wallfahrtskirche Nossa Senhora dos Remédios**, die in 600 Meter Höhe über der Stadt wacht. Das Rokoko-Bauwerk mit klassizistischen Elementen wurde im Jahr 1761 fertiggestellt und zählt zu den am meisten besuchten Pilgerstätten in Portugal. Eine von barocken Statuen gesäumte und mit Kacheln geschmückte Freitreppe mit fast 700 Stufen führt von der Altstadt hinauf zum Heiligtum.

Ausdauer ist auch gefragt, falls man in den Tagen der Wallfahrt und dem gemeinsam stattfindenden **Fest der Stadtheiligen** im Zeitraum zwischen Ende August und Mitte September den Campingplatz oberhalb der Kirche anfahren möchte. Die Kernstadt ist zu diesem Termin weiträumig für den Verkehr gesperrt. Dann hilft nur ein guter Orientierungssinn, denn die Navigationsgeräte lassen einen in der Regel auf Einbahnstraßen beharrlich im Kreis umherirren. Zudem entpuppen sich die vorgeschlagenen Alternativen als Fußpfade. Es ist in diesem Fall am besten, den Platz auf der N2 von Westen her anzufahren. Lokale Köstlichkeiten wie Ziegenbraten oder Bohneneintopf – serviert zum Beispiel im Restaurant **Casa Filipe** in der Nähe der Kathedrale – entschädigen für

ROUTE 3

STARTPUNKT
Camping Lamego

ENDPUNKT
Camping Municipal de Castelo Branco

STRECKENLÄNGE
477 km

FAHRZEIT
6 bis 10 Tage

Start
Lamego
N226 Camping de Lamego
N222 Rokoko-Wallfahrtskirche
IC26 Kathedrale
Unteres Dourotal
11 km
Peso da Régua

die nervenaufreibende Anfahrt. Die Festlichkeiten ziehen Hunderttausende Besucher an. Höhepunkte sind der Lichtmarsch (6. September), die Blumenschlacht (7. September) und die Triumphprozession am 8. September. An diesem Tag ziehen am Abend Ochsen einen Wagen mit der Statue der Senhora dos Remédios – eingebettet in ein Meer aus Lichtern.

GUTER GESCHMACK GARANTIERT

Peso da Régua breitet sich am Nordufer des **Douro** aus, umrahmt von den steilen Terrassenlagen im Alto Douro – der weltweit ersten, im Jahr 1756 von Marquês de Pombal deklarierten Portweinregion mit geschützter Herkunftsbezeichnung. Am Kai der 9000-Einwohner-Gemeinde ankern die Schiffe von Anbietern, die sowohl Tagesausflüge stromaufwärts bis zur spanischen Grenze als auch stromabwärts bis zur Mündung in Porto beziehungsweise Vila Nova de Gaia anbieten. Das Zentrum von Peso wirkt geschäftig, ein paar denkmalgeschützte Adelshäuser und Kapellen aus dem 18. Jahrhundert bereichern das moderne Ortsbild.

Das sehenswerte **Museu do Douro** direkt am Fluss gewährt Einblicke zum einen in die Weinherstellung, zum anderen in die Lebensverhältnisse der Bewohner in der Region. Wer möchte, kann den Museumsbesuch auch mit einer Weinprobe und einem Essen im hauseigenen Restaurant kombinieren. Feinschmecker zieht es daneben gerne in das Spitzenlokal mit Weinbar **Castas e Pratos** in den früheren Betriebshallen der Eisenbahngesellschaft. Feine Fleischgerichte mit Wildpilzen etwa oder »bacalhau« im Mandelbett bilden eine angenehme Abwechslung zu den Erzeugnissen aus der Bordküche. Nordwestlich lockt mit dem Wohnmobil der **Miradouro de Santo António** oberhalb des Flusses. Er bietet einen weiten Blick über die Stadt und die herrliche Flusslandschaft mit ihren Terrassen und manchmal sehr alten Weingärten (41.175667, -7.814361). Tief unten windet sich der Douro in lang gezogenen Schleifen durchs Tal.

Peso da Régua
IC26 – Metallbrücke, Douro-Museum, Schiffstouren
N2
N222 – 28 km
Pinhão
N222 – historischer Bahnhof, Portweinboot-Touren
N102
N324 – 79 km
Marialva
N324 – Burg, Igreja de São Pedro, römische Ausgrabungen
N102
IP2
A25
N16 – 54 km
Guarda

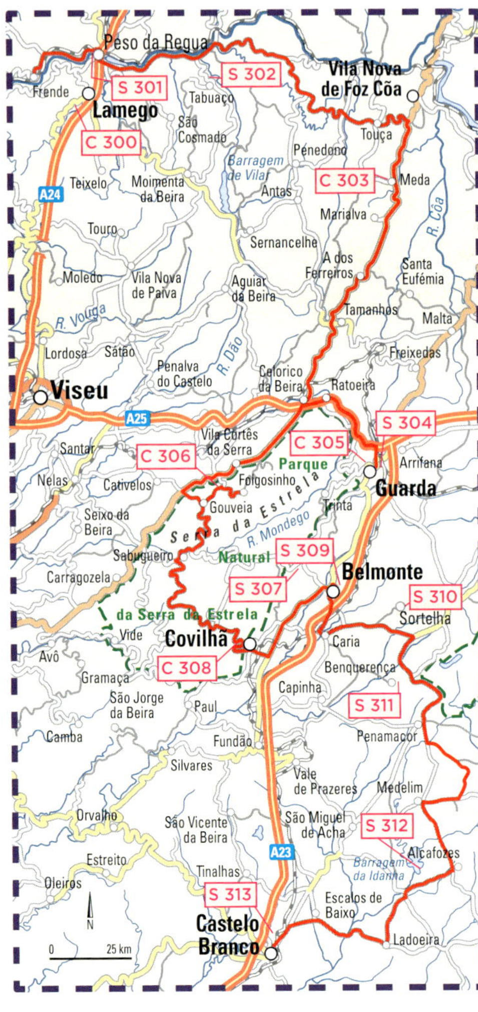

Altes Kulturland nördlich des Douro

WEINANBAUGEBIET VON WELTRUF

Über dem Südufer verläuft die enge, kurvige N 222 und eröffnet ebenfalls immer wieder grandiose Panoramen. Wohnmobillenker müssen sich daher mit größtmöglicher Umsicht dem Ort **Pinhão** nähern, der nach etwa 40 Minuten Fahrt erreicht ist. Er bildet den geografischen Mittelpunkt des Weinanbaugebiets, das mehr als 40 000 Hektar Rebflächen umfasst. Pinhão hat wenig mit dem betriebsamen Peso gemein: Weiße Häuser ziehen sich pittoresk an den Hängen entlang. In dieser Gegend gedeihen anerkanntermaßen die besten Trauben aus rund 80 verschiedenen autochthonen Rebsorten, weshalb alle renommierten Häuser hier ein Gut unterhalten. Den Bahnhof verschönern 24 Kachelbilder mit Motiven aus dem Winzerleben. Ein viel besuchtes Weingut ist zum Bei-

AUSFLUG

AUF DIE ROMANTISCHE TOUR

Zum Programm des Veranstalters Magnífico Douro in Pinhão gehören unter anderem gemütliche Flussfahrten mit hölzernen Barco-Rabelo Booten, den traditionellen Frachtkähnen. Die 2-stündigen Ausflüge führen in die ausgewiesene Zone des Weltkulturerbes Alto Douro (magnificodouro.pt).

Mobiler Händler und alte Holzvilla im Tal

spiel die **Quinta do Bomfim**, wo man alles zum Thema entweder individuell oder in der Gruppe erklärt bekommt (im Hochsommer wird eine Reservierung empfohlen; nähere Infos siehe symington.com).

Das nur noch von wenigen Menschen bewohnte Dorf **Marialva** vermittelt den Eindruck, als sei hier die Zeit schon vor Jahrhunderten stehen geblieben. Der Ort gilt als die Keimzelle des Aravo-Stammes; dieser errichtete auf dem Felsen über den Dächern eine Burg. Dank ihr konnten die Bewohner die Angriffe der Römer lange erfolgreich abwehren. Den Invasoren gelang erst im 2. Jahrhundert unter den Kaisern Trajan und Hadrian die Eroberung. Westgoten und Araber waren die weiteren Herrscher. 1063 machte König Ferdinand I. Marialva zu einem Vorposten der christlichen Rückeroberung. Nach der Unabhängigkeit 1179 förderte Afonso Henriques die Weiterentwicklung durch die Ausstellung eines Freibriefs.

Das **Kastell** in seiner heutigen Form entstand wahrscheinlich zur Zeit der Herrschaft von Sancho I. Die Siedlung blühte daraufhin auf, auch weil König Dinis 1286 einen Markt einrichtete. Doch im 16. Jahrhundert setzte ihr Niedergang ein und die Häuser verfielen – so wie in vielen anderen Ortschaften im Hinterland, der **Beira Interior**, die weit entfernt von den reichen Häfen der Entdecker lagen. Die armen Landbewohner wanderten vermutlich damals aus, um ihr Glück an der Küste oder auf See zu suchen. Zu den erhaltenen Sehenswürdigkeiten gehören neben der Burgruine unter anderem die Kirche **Igreja de São Tiago** mit ihrem manuelinischen Portal und den Barockaltären, die Kapelle **Senhor dos Passos** sowie die Ausgrabungsstätte der römischen Stadt **Civitas Aravorum**.

IN LUFTIGER HÖH

Guarda ist Portugals höchstgelegene Stadt. Ihre weißen Häuser ziehen sich an einem kahlen, über 1000 Meter hohen Berg hinauf. Die Römer bauten auf ihm eine Festungsanlage; die Mauren ließen diese jedoch verfallen. Nach der Gründung des Landes im Jahr 1139 begann man mit dem Bau eines neuen Verteidigungspostens zum Schutz vor den Angriffen kastilischer Truppen. Guarda erhielt eine Kathedrale und wurde Bischofssitz. Das Gotteshaus galt aber als nicht ausreichend sicher, weshalb man es 1374 durch eine **neue Kathedrale** aus massivem ockerfarbenem Granit ersetzte. Sie verfügt über zwei mächtige achteckige Türme, ein manuelinisches Portal und einen dreischiffigen Innenraum. Den steinernen Altaraufsatz schmücken über 100 Statuen, welche die Geschichte des Christentums detailreich

Der breite Douro an seinem Unterlauf

Guarda
N16 Kathedrale, Stadtmuseum
A25 28 km
Celorico da Beira
IC7 Altstadt, Castelo
CM1105 15 km
Linhares
CM1105 Burganlage, Pfarrkirche
IC7 Granithäuser (16. Jh.)
EM555-1
N338-1 21 km
Folgosinho

schildern. Sein Schöpfer war im 16. Jahrhundert der französisch-portugiesische Bildhauer Jean de Rouen (João de Ruão). Vom Vorplatz breitet sich nach Norden das ehemalige Judenviertel mit seinen engen Gassen aus. Östlich der Kathedrale ragt zwischen den Dächern der **Torre dos Ferreiros** hervor, der einzige erhaltene Wehrturm. Im ehemaligen **Bischofspalast** (17. Jh.) ist das **Stadtmuseum** untergebracht. Es zeigt unter anderem Schwerter aus der Bronzezeit, antike Münzen und religiöse Skulpturen vom Spätmittelalter bis zur Neuzeit (täglich geöffnet außer Montag).

Man weiß recht wenig über **Celorico da Beira**, eine westlich von Guarda gelegene Stadt. Wie fast überall im Landesinneren thront auch über ihr eine Burg. Bemerkenswert ist deren Architektur im romanisch-gotischen Stil (10. Jh.) mit asymmetrischem Grundriss, wie man ihn erst viel später in Zitadellen wiederfindet. Die **Igreja da Misericórdia** im Zentrum darunter bewahrt in ihrem Inneren einen prächtigen Hauptaltar. Ebenfalls sehenswert ist die barocke Pracht der **Igreja Matriz de Santa Maria**, die sich über die niedrigen Häuser des ehemaligen Burgviertels erhebt. In seinen schmalen Gassen trifft man inmitten üppiger Hortensien-Pracht sowohl auf gotische Portale als auch auf manuelinische Fenster.

Auch die Römer hinterließen im Umkreis der Stadt Spuren: Einige Reste der von ihnen gebauten Straßen sind bis heute erhalten. Erstmals erhielt Celorico da Beira Stadtrechte nach seiner Rückeroberung von den Mauren im 12. Jahrhundert; das genaue Jahr ist nicht bekannt. 1512 erneuerte König Manuel I. die Stadtrechte und erhob Celorico zur Vila – so nannte man damals eine Kleinstadt mit besonderen Verwaltungsbefugnissen. Diese ist heute in erster Linie für ihren Serra-Käse aus Kuhmilch bekannt, angeboten etwa auf dem Käsemarkt auf dem Hauptplatz von November bis Februar. Darüber hinaus findet jedes Jahr im Februar eine Käsemesse statt.

GEHEIMTIPP AUF DEM BERG

Weltabgelegen krönt **Linhares da Beira** einen Granitfelsen. Keltiberische Turdulen gründeten den Ort im 6. Jahrhundert vor Christus. Er erhielt 1169 die Stadtrechte. Der Name Linhares kommt von »linha«, zu Deutsch »Leinen«; es wurde in der Gegend

↑ Burg in Celorico
↓ Herausgeputztes Burgviertel

Von Weitem sichtbar: Festung Linhares

angebaut und verarbeitet – und war womöglich der entscheidende Grund, weshalb die Truppen des Königreichs Léon mehrfach die Burg angriffen. Daher ließ König Dinis diese um 1290 zu einer Festung ausbauen. Gassen – nur so breit, dass ein Ochsenkarren sie passieren konnte – führen zu ihr hinauf. Zwei Café-Bars am Vorplatz laden zu einer Erfrischung ein.
Linhares wirkt wie ein lebendiges Museum. Die meisten Häuser im Zentrum stammen aus dem 15. und 16. Jahrhundert, der Blütezeit. Sie sind alle aus Granit gebaut, haben nur wenige Fenster und diese häufig nur in der oberen Etage. Die Gemeindekirche (11. Jh.) **Igreja de Nossa Senhora da Assunção** weist romanische und barocke Stilelemente auf; sie birgt Kassettendecken und ein vergoldetes Altarbild. Linhares ist als eines von insgesamt zwölf »Aldeias Históricas« (Historische Dörfer) qualifiziert, daneben ist hier eine Paragliding-Schule ansässig (Escola Aventura, Tel. +351 967 467 746). 2010 fand hier der Paragliding World Cup statt.

Gasse in Ochsenkarrenbreite in Linhares

Restaurant O Albertino

DÖRFLICHER NACHRICHTENDIENST

Steil windet sich die Straße hinauf in den Ort **Folgosinho** auf 933 Meter Meereshöhe. Die 500-Seelen-Gemeinde ist ebenfalls sehr alt. Die Ursiedlung entstand zwischen zwei keltiberischen Burgen, König Sancho I. verlieh ihr 1187 die Stadtrechte. Damals begann man auch mit dem Bau des kleinen **Kastells**, das sich auf einem Hügel am Rand erhebt. Es musste zuerst die Angriffe der Mauren abwehren, später die der Kastilier. Von den Zinnen der Wehrmauer hat man einen weiten Blick auf die Dächer und die spärlich bewachsenen Berge. Im Schatten hoher Bäume auf dem Dorfplatz vor dem **O Albertino**, dem einzigen Restaurant des Ortes, sitzen die Männer beim nachmittäglichen Plausch – ganz so, wie es ihre Väter und Großväter vor ihnen taten. Die anderen Gäste am Mittag und am Abend kommen teils von weit her, um die herzhaften mehrgängigen Landmenüs des Hauses zu genießen.

Im nahen Umfeld des Platzes gibt es 14 denkmalgeschützte Bauten, darunter Kirchen und Brunnen. Bekannte Wanderrouten führen in der Nähe vorbei, wie etwa die Rota dos Galhardos (PR 1); sie folgt römischen Pfaden. Ebenso der Wanderweg GR 22, welcher auf einer Gesamtlänge von 565 Kilometern die Historischen Dörfer miteinander verbindet. Camping Cegonhas in Melo am Fuß des Berges bietet an Markttagen geführte Wanderungen nach Folgosinho an.

HERZHAFTE STÄRKUNG

Die auf dem Campingplatz Quinta das Cegonhas fast jeden Sommerabend stattfindende Szene wirkt, als stamme sie aus einem Werbespot: Die Sonne versinkt – untermalt vom Zirpen der Grillen – glutrot hinter den Bäumen am Camping-Pool. Unweit vom Beckenrand verteilen sich im Schatten von Kiwi-Pflanzen und Weinlaub die rustikalen Holztische der Bistro-Bar. Nach einer zwar muskelzehrenden, aber wunderschönen Wanderung durch die Steineichenwälder und über die Granithöhen der **Serra da Estrela**, des »Sternengebirges«, schmecken der portugiesische Lammbraten mit Kartoffeln und Bauernsalat sowie der Rote vom Winzer um die Ecke besonders gut. Das verwendete Olivenöl stammt aus hauseigener Produktion.
Welche enormen Anstrengungen und Investitionen nötig waren, um dies alles aufzubauen und weiterzuentwickeln, darauf weisen die mit Fotos bedruckten Tischsets hin – die Aufnahmen stammen von 1995, dem Gründungsjahr von Camping Cegonhas. Ein Bild etwa zeigt, wie sich die ersten Gäste mit großer Begeisterung in den neu eröffneten Pool stürzen. Das Umfeld wirkt jedoch trist: Die verwitterten Steinbauten im Hintergrund erscheinen abrissreif. Im Dach des Hauptgebäudes, ein Gutshaus aus dem Jahr 1800,

klaffen Riesenlöcher. Der Niederländer Gerard Duis, der das Anwesen damals erwarb und es mit seiner Familie bis heute betreibt, erzählt, dass die Fensterrahmen mit dem Holz und den Ringen alter Fässer notdürftig geflickt waren.

Ein mögliches Eingangstor für eine Entdeckungsreise durch die Serra ist das benachbarte **Gouveia**. Wahrzeichen des 4000 Einwohner zählenden Städtchens ist die mächtige **Igreja de São Pedro** aus dem 17. Jahrhundert mit blau-weißer Kachelfassade. Das **Stadtmuseum Abel Manta** – es befindet sich in einem alten Adelspalast – zeigt sowohl Bilder des Namensgebers als auch eine erlesene Zusammenstellung von Werken portugiesischer Gegenwartskünstler (täglich geöffnet außer Montag, Eintritt frei).

SCHÖNE SAGE

Nach einer Legende lebte einst in Portugal ein junger Schäfer, der vom Wunsch beseelt war, ein großes Gebirge zu entdecken. Es sollte ihn über den engen Horizont hinausheben, in dem er sich gefangen fühlte. Eines Nachts träumte der Mann von einem Stern, der ihn sicher dorthin leiten würde. Tatsächlich fand er mit dessen Hilfe seinen Sehnsuchtsort. Doch kaum angekommen, starb er. Seither leuchtet sein Stern über den Bergen heller als je zuvor, daher ihr Name. Im Jahr 2020 hat die UNESCO das Sternengebirge als Weltgeo-

Folgosinho
N338-1 Burg
Wanderwege
N330 Camping
Cegonhas
N332
N232 48 km
Manteigas
N338 Zêzere-Gletschertal
N339 Wasserfall
Poço do Inferno
N18 Torre
52 km
Belmonte
N345-1 Kastell
Igreja
N18-3 São Tiago
Entdecker-museum
Jüdisches Museum
19 km
Sortelha

Folgosinho war früher hart umkämpft.

Igreja de São Pedro in Gouveia

park klassifiziert. Dessen klare Seen, seltene Tiere und Pflanzen sowie charmante Dörfer begeistern Wanderer und Naturfreunde.
Tief hat sich der Gletscherfluss Zêzere bei **Manteigas** ins Gestein gegraben. Schöne Pfade führen durch die dunklen schroffen Felsen an höchster Stelle. Ein weiteres lohnendes Wanderziel ist ein Stück unterhalb der Wasserfall **Poço do Inferno** (Höllenbrunnen). Höchster Gipfel ist der nahe, 1993 Meter hohe **Torre** mit großem Parkplatz neben einer stillgelegten Radarstation, einem obligatorischen Andenkenladen und einem Bikepark mit Downhill-Pisten. Steineichenwälder prägen die Lagen darunter, ab 900 Meter Höhe wachsen Pyrenäen-Eichen und Eiben. Leider haben Waldbrände große Flächen vernichtet.

LUST AUF WINTERSPORT?

Als hätte Goliath mit Murmeln und Klötzen gespielt, liegen überall auf den Hochflächen Felsen verstreut. Es stehen 16 oft wunderschöne Wanderwege zur Verfügung; ihre Länge beträgt zwischen 2,5 und 25,6 Kilometer. Zum Klima ist anzumerken, dass die meisten Niederschläge zwischen Oktober und Mai fallen, wobei unter 1400 Meter Höhe selten Schneeflocken darunter sind. Oberhalb schneit es an etwa 45 Tagen im Jahr. Eine geschlossene Schneedecke gibt es nur für wenige Wochen – dennoch stehen im Bereich der **Skistation Torre** dank Beschneiungsanlagen vier Lifte und neun Pisten zur Verfügung (turismodocentro.pt).
Abseits der Touristenströme liegt verborgen das Kleinod **Belmonte**. Im Kastell des Ortes verlebte Pedro Álvares Cabral (1467–1520), der Entdecker Brasiliens, seine jungen Jahre. Ein filigran verziertes manuelinisches Zwillingsfenster erinnert an diese Epoche. Gegenüber in den Gräbern der romanischen **Igreja de São Tiago** ruhen seine Verwandten. Sie birgt daneben schöne Fresken aus dem 16. Jahrhundert und eine Pietà, auch Vesperbild genannt – ein Meisterwerk aus gemeißeltem Granit (Öffnungszeiten Burg

Tipp

BAUMEISTER NATUR

Granit ist das vorherrschende Gestein in der Serra da Estrela. Trotz der südlichen Lage und der geringen Höhe des Gebirges trifft man häufig auf gletscherbedingte Ablagerungen in Form von kurios geformten Felsformationen. Bekanntestes Beispiel ist der »Cabeça do Velho«, der »Kopf des Alten« – direkt an der N 232 zwischen Gouveia und Manteigas.

und Kirche: täglich außer Montag).
Durch die Ansiedlung vieler Juden wuchs Belmonte im 13. Jahrhundert zu einem Ort mit großer wirtschaftlicher Stärke heran. Trotz späterer Verfolgungen hielten die Juden heimlich an ihren Ritualen fest. 1989 wurde die jüdische Gemeinde mit 200 Gläubigen neu gegründet, elf Jahre später fand die Einweihung der neuen Synagoge statt. Das **Museu Judaico de Belmonte** gibt einen weitreichenden Einblick in den Alltag der sogenannten Kryptojuden, die im Geheimen ihren Glauben praktizieren. Den jüdischen Frauen ist es zu verdanken, dass viele Kultgegenstände, Schmuck, Trachten und vieles mehr über die Jahrhunderte hinweg bis heute erhalten sind.

KULTUR

VOM AUFBRUCH IN DIE NEUE WELT

Ein besonderer Anziehungspunkt in Belmonte ist das Museu dos Descobrimentos. Es bietet in 16 Räumen eine multimedial begleitete Zeitreise in die Zeit vor mehr als 500 Jahren, als der Seefahrer Pedro Álvares Cabral, der berühmte Sohn der Stadt, im April 1500 Brasilien entdeckte. Seine ursprüngliche Mission war es, den Gewürzhandel in Calicut an der indischen Küste aufzubauen (cm-belmonte.com).

»Kopf des Alten«, von Wind und Wetter geformt

GESCHICHTE EINES NIEDERGANGS

Wer in **Sortelha**, ebenfalls einem Historischen Dorf, durch das Altstadttor schreitet, sieht sich danach in die große Vergangenheit des kleinen Ortes zurückversetzt. Man glaubt, die Schlachtrufe der Ritter zu hören, das Wiehern und Hufgeklapper ihrer Pferde. Die Gassen mit ihren 800 Jahre alten, wuchtigen Granithäusern wirken heute oft verwaist. Nur wenige Besucher verirren sich hierher, dazu leben die meisten der gut 400 Einwohner außerhalb des Stadtmauerrings. Der Ort hatte einst eine wichtige Rolle sowohl bei der Reconquista als auch bei der Verteidigung gegen die Spanier. Doch Sortelha verlor nach dem Vertrag von Alcañices, einem 1297 unterschriebenen Friedensabkommen zwischen Portugal und Kastilien, zunehmend an Bedeutung. Die Burg stammt aus dem 13. Jahrhundert. Insgesamt stehen 37 Gebäude – von Kirchen bis zu Brunnenanlagen – unter Denkmalschutz. Mittelaltermärkte und Ritterspiele lassen von Zeit zu Zeit die Altstadt aufleben.

Wie ein überdimensionales Storchennest krönt das Städtchen **Monsanto** den 758 Meter hohen Felsen Mons Sanctus (Heiliger Berg). Die hässlichen Stromleitungen hat man in die Erde verbannt. Monsanto ist somit ein Museumsdorf, blitzsauber hergerichtet. Viele Häuser sind Ferienhäuser, das heißt: Sie stehen die meiste Zeit leer – weshalb auch die kaum genutzte Buslinie eingestellt wurde. Steile Pflaster führen hinauf zum Kastell mit großartiger Fernsicht. Die ersten Siedler passten die Form ihrer Häuser den Rundungen der riesigen Granitfelsen an, die sich über den gesamten Berg verteilen. Dieses spektakuläre Erscheinungsbild trug sicher dazu bei, dass Monsanto 1938 zum »portugiesischsten aller Dörfer Portugals« gewählt wurde.

Torre-Gipfel mit alter Fernmeldestation

Sortelha, einst ein wichtiges Wehrdorf

DAS LEBEN KEHRT ZURÜCK

Gut speisen kann man sowohl im Restaurant **Petiscos & Granitos** als auch in der **Taverna Lusitana** – beide in der Rua do Castelo, beide mit Terrasse und ebenfalls schönem Ausblick. Inzwischen scheint es gelungen, die jahrzehntelang andauernde Abwanderung der Einwohner mithilfe eines Förderprogramms zu stoppen. Neue Läden und Cafés, die dazu beitrugen, den Leerstand zu verringern, haben Monsanto wiederbelebt. Wohnmobilfahrer parken am besten ein Stückchen unterhalb an der Zufahrtsstraße. Auf dem Parkplatz am Ortseingang sind große Fahrzeuge, mit Ausnahme von Reisebussen, nicht gern gesehen. Doch unter der Woche und in der Nebensaison kann man zumindest probieren, dort einen freien Parkplatz zu ergattern.
Der Miniaturort **Idanha-a-Velha** erzählt mithilfe von mehrsprachigen Schildern die Geschichte Portugals. Hier wurde angeblich der Westgotenkönig Wamba geboren. Idanha-a-Velha war bis 1199 Bischofssitz. Die **Kathedrale Santa Maria** wurde im 16. Jahrhundert gründlich renoviert. Römische Inschriften und Fundstücke im Innenraum erinnern neben der **Porta Norte** am Ortseingang an die Anfänge, als die Siedlung noch Civitas Igaeditanorum hieß. Das Tor ist Teil der begehbaren Stadtmauer. Mauren und Tempelritter hinterließen ebenfalls ihre Spuren. Die Templer bauten im 13. Jahrhundert einen Wachturm. Dieser und ein **Pelourinho**, ein Schandpfahl, bilden den Mittelpunkt dieses außergewöhnlich schönen Dorfes. Es gehört ebenfalls zu den besagten Aldeias Históricas.

Sortelha
Burg
Pfarrkirche
Igreja Matriz
Granitsteinhäuser
N233
N332
52 km

Monsato
Burgruine
Granitfelsen
restauriertes Museumsdorf
IC31
N332
16 km

Idanha-a Velha
römische Stadtmauer
alte Kathedrale
Ölmühle
N332
N354
N353
54 km

Castelo Branco
Barockgarten
Jardim do Paço
Museo Cargaleiro
Museu de Francisco Tavares Proença

↑ ↗ Blühendes Idanha-a-Velha, wohin man auch schaut

UNLIEBSAME FREMDHERRSCHER

Die geschäftige Distrikthauptstadt **Castelo Branco** zählt etwa 35 000 Einwohner. Ihre Hauptsehenswürdigkeit ist der **Jardim do Paço Episcopal** neben dem ehemaligen **Bischofspalast** (17. Jh). Den Ziergarten ließ im 18. Jahrhundert Bischof João de Mendonça errichten. Exotische Pflanzen, barocke Heiligen- und Apostelfiguren flankieren die Wege und steinerne Löwen spiegeln sich in den Wasserbecken. Entlang der Königstreppe Escadaria dos Reis stehen die Statuen aller portugiesischen Monarchen Spalier. Die drei verhassten spanischen Könige der 60-jährigen Fremdherrschaft sind als Zwerge dargestellt. Sie – Felipe I., II. und III. – regierten von 1580 bis 1640.
Die Palasträume bergen das **Museu Francisco Tavares Proença Júnior**. Es zeigt archäologische Funde, kostbare Wandteppiche und primitive Kunst aus ganz Portugal. Zu sehen sind auch Bettüberwürfe mit fein gearbeiteten Seidenstickereien, »colchas« genannt. Durch diese wurde Castelo Branco auch außerhalb des Landes bekannt. Seltene Schätze sind darüber hinaus im **Museu Cargaleiro** zu bewundern. Diese Ausstellung präsentiert ebenfalls Wandteppiche sowie Gemälde und Keramiken des Stifters, des portugiesischen Künstlers Manuel Cargaleiro, Jahrgang 1927.

Tipp

KULINARISCHE OFFENBARUNG

In einer Wohngegend außerhalb des Zentrums von Castelo Branco befindet sich das von vielen sehr geschätzte Restaurant Dona Ferreirinha – mit schöner Terrasse und großem Parkplatz. Ungewöhnliche Kombinationen wie Kabeljau mit hausgemachter Mayonnaise, die edle Präsentation der Gerichte, delikate Desserts und eine umfangreiche Weinkarte begründen den erstklassigen Ruf (donaferreirinha.com).

PRAKTISCHE HINWEISE

TOURISTINFORMATIONEN

Lamego
Avenida Regimento de Infantaria 9, 5100-174 Lamego, Tel. +351 254 099 000, cm-lamego.pt

Peso da Régua
Rua da Ferreirinha, 5050-261 Peso da Régua, Tel. +351 254 312 846, cm-pesoregua.pt

Guarda
Praça Luís de Camões, 6300-725 Guarda, Tel. +351 271 205 530, mun-guarda.pt

Manteigas
Rua Dr. Esteves de Carvalho 2, 6260-130 Manteigas, Tel. +351 275 981 129, cm-manteigas.pt

Belmonte
Largo do Brasil, Castelo de Belmonte, 6250-048 Belmonte, Tel. +351 275 911 488, cm-belmonte.pt

Monsanto
Rua Marquês da Graciosa 17, 6060-091 Monsanto, Tel. +351 277 314 642, cm-idanhanova.pt

Idanha-a-Velha
Rua do Lagar, 6060-041 Idanha-a-Velha, Tel. +351 277 914 280, cm-idanhanova.pt

Castelo Branco
Avenida Nuno Álvares 30, 6000-156 Castelo Branco, Tel. +351 272 330 339, jf-castelobranco.pt

CAMPING- UND STELLPLÄTZE

C 300 **Camping de Lamego** (S. 171 G3)
N 2, Lugar da Raposeira, 5101-909 Lamego, Tel. +351 962 005 490, campinglamego.wixsite.com/webpage
GPS: 41.090171, -7.822126
Liebevoll angelegtes Mini-Camp um ein restauriertes Landhaus, größtenteils unter Bäumen, oberhalb der Stadt und der berühmten Wallfahrtskirche. Gepflegte Atmosphäre mit Freiluft-Vinothek, doch falls alle 15 Stellplätze belegt, sehr beengt. Modernes Sanitärgebäude vorhanden. Steile gepflasterte Auffahrt, bei Regen rutschig. Ganzjährig.

S 301 **Stellplatz Peso da Régua** (S. 171 G2)
N 2, 5054-003 Peso da Régua, Tel. +351 254 320 230, cm-pesoregua.pt
GPS: 41.1557112, -7.7805576
Ausgewiesenes Areal für 15 Mobile am Douro unter einer tagsüber viel befahrenen Brücke. Strom, Ver- und Entsorgung an jeder Parzelle, kein Schatten, befestigter Untergrund. Alle Plätze mit

Camping Lamego mit Vinothek (links im Bild)

Stellplatz am Polis Park in Guarda

verschließbarem Pfosten, Schlüssel und Ticket in bar 100 m östlich. Frühzeitige Anreise empfohlen. Bäcker und Restaurants in der Nähe. Ganzjährig.

S 302 **Stellplatz Quinta da Padrela** (S. 172 A2)
Quinta da Padrela, Barcos, 5120-082 Tabuaço, Tel. +351 916 087 133, quintadapadrela.com
GPS: 41.12799, -7.58514
Für Wohnmobile reservierte Fläche auf einem Weingut mit Gästehaus. WC, Bad, Frischwasser, WLAN, Pool (nur nutzbar, wenn keine Pensionsgäste). Ver- und Entsorgung im nahe gelegenen Vila de Barcos. Abendessen nach Absprache, Grillen erlaubt. Steile Zufahrt, bei Nässe rutschig. Ganzjährig.

C 303 **Camping Mêda Park (Parque de Campismo de Mêda)** (S.172 C4)
Avenida Professor Adriano Vasco Rodrigues, 6430 Mêda, Tel. +351 279 883 270, cm-meda.pt
GPS: 40.96983, -7.25927
Kleiner gepflegter Campingplatz auf 600 m Höhe mit gepflasterten Stellplätzen, Grillstellen und Sitzgarnituren. Freier Eintritt ins angrenzende städtische Freibad. Ganzjährig.

S 304 **Parking Guarda (Polis Park)** (S. 177 E1)
Rua da Direcção Geral de Viação, 6300-854 Guarda, Tel. +351 271 220 200, mun-guarda.pt
GPS: 40.549203, -7.242078
Stellplatz auf Parkplatz am Rand einer Grünanlage mit Blick auf die Stadt circa 3 km unterhalb des Zentrums – beschränkt auf Wohnmobile bis 3,5 t und maximal 2 Nächte. Servicestation etwa 200 m entfernt gegenüber am Ende der Straße. Ebenfalls in der Nähe: Kiosk, Café, WC und Trimmgeräte. Ganzjährig.

C 305 **Parque de Campismo da Guarda** (S. 177 E1)
Avenida Dr. Afonso Costa, 6300-035 Guarda, Tel. +351 271 221 200, mun-guarda.pt
GPS: 40.536111, -7.276388
Nach Renovierung 2019 wieder eröffneter städtischer

Campingplatz. Das Gelände liegt zentrumsnah in einem schattigen Park. Ganzjährig.

C 306 **Camping Quinta das Cegonhas** (S. 176 D2)
Nabaínhos, 6290-122 Melo, Tel. +351 238 745 886, cegonhas.com
GPS: 40.5207, -7.54158
Überwiegend schattiges Terrassengelände unter niederländischer Leitung an einem restaurierten Landgut am Westhang der Serra da Estrela. Ruhige Lage am Dorfrand. Sehr gute Einrichtungen mit neuem beheizbaren Aufenthaltsraum für Langzeitgäste im Winter und Mietküche für Gruppen. Restaurant, Bar und großes Freibad. Geführte Wanderungen und umfangreiches Infomaterial zu Ausflugszielen in der Umgebung. Zum Supermarkt nach Gouveia 7 km. Ganzjährig.

S 307 **Parque de Campismo de Valhelhas** (S. 176 D2)
N 232, 6300-235 Valhelhas, Tel. +351 275 033 999, freguesiadevalhelhas.pt
GPS: 40.4038894, -7.4058788
Gut strukturiertes Wiesengelände mit einigen hohen Bäumen an einem der schönsten Flussstrände Portugals (Blaue Flagge). Servicestation für Wohnmobile und Restaurant. Anfang Mai bis Ende September.

C 308 **Parque de Campismo do Pião** (S. 176 D3)
N 339, Acesso Covilhã-Serra da Estrela, 6200-073 Covilhã, Tel. +351 275 314 312, parquecampismopiao.pt
GPS: 40.2875, -7.527222
Einfaches Campingareal in 1050 m Höhe im Süden der Serra da Estrela mit zwar älteren, aber funktionierenden Einrichtungen. Viele Dauercamper. Zum Torre 10 km. Ganzjährig.

S 309 **Stellplatz Parque Santiago** (S. 177 E3)
N 345, 6250-076 Belmonte
GPS. 40.363611, -7.340833
Städtischer Platz für 4 Wohnmobile auf einem Parkplatz zentrumsnah in einem Wohnviertel. Frischwasser, Entsorgung der Chemietoilette, Abwasser nur mit Eimer. Maximal 2 Nächte. Ganzjährig.

S 310 **Stellplatz Sortelha** (S. 177 F3)
Rua Santa Catarina 22, 6320-530 Sortelha
GPS: 40.3325, -7.20333
Gemeindestellplatz auf sandigem Naturboden für 5 Wohnmobile, umgeben von Sträuchern und jungen Bäumen, am nördlichen Ortsende bei einer Kapelle gegenüber von Wohnhäusern. Servicestation. Zum Zentrum 1 km. Ganzjährig.

S 311 **Stellplatz Benquerença Praia Fluvial O Moinho** (S. 177 F4)
Praia Fluvial O Moinho, 6090-000 Benquerença bei Penamacor, Tel. +351 277 394 106, cm-penamacor.pt
GPS: 40.229444, -7.221110
Ausgewiesenes Areal hinter dem Parkplatz des kommunalen Flussschwimmbads am angestauten Ribeira da Meimoa etwa 4 km außerhalb des Ortes. Ver- und Entsorgungsstation, Sanitärgebäude mit Kaltwasserduschen, große Liegewiese unter Bäumen, Grillplätze, Restaurant mit Bar. Reger Betrieb an den Sommerwochenenden. Ganzjährig.

C 312 **Parque de Campismo Municipal de Idanha-a-Nova** (S. 177 F6)
N 354-1, km 8, 6060-192 Idanha-a-Nova, Tel. +351 277 201 029, cmcd.pt
GPS: 39.95045, -7.18702
Mittelhohe Laubbäume spenden teilweise Schatten auf diesem ruhig gelegenen Terrassenplatz im Naturpark Tejo Internacional in der Nähe des Idanha-Stausees. Auf der Anlage stehen unter anderem zur Verfügung: 229 Plätze für Touristen, ein 30 × 15 m großes Freibad, verschiedene Sportfelder und ein Restaurant. Ganzjährig.

C 313 **Parque de Campismo Municipal de Castelo Branco** (S. 181 E1)
N 18, 6000-113 Castelo Branco, Tel. +351 272 322 577, albigec.pt
GPS: 39.858123, -7.494609
Solide eingerichteter Stadtcampingplatz 2 km außerhalb des Zentrums. Januar bis Mitte November.

Die Schöne am Tejo

4

KÖNIGSPALÄSTE, KASTELLE UND KÜSTEN

Vom Großraum Lissabon zu den großartigen Stränden im Alentejo

Portugiesische Könige bauten ihre sündhaft teuren Sommerresidenzen bevorzugt in der kühlen Serra de Sintra. Wohlhabende Lissabonner zog es im späten 19. Jahrhundert ans Meer, besonders in das Fischerdorf Cascais. Der bis heute beliebte Badeort bildet zusammen mit Estoril, das im Zweiten Weltkrieg europäischen Königsfamilien sicheres Exil bot, die Portugiesische Riviera. Auch sollte niemand auf seiner Portugal-Tour Lissabon versäumen, die »Schöne am Tejo«. Die Stadt verbindet wie kaum eine andere Melancholie und Lebensfreude. Südlich schließen sich an: die Costa da Caparica und weitere Perlen am Atlantik.

Während im Jahr 1708 große Teile der Bevölkerung Portugals Hunger litten, ehelichte König Johann V. (Dom João V) die Erzherzogin Maria Anna von Österreich und gab ein rauschendes und kostspieliges Fest. Das Paar blieb zunächst kinderlos, weshalb der Monarch schwor: Falls er und seine Frau Nachwuchs bekämen, würde er zum Dank den Bau eines Franziskanerklosters in **Mafra** finanzieren. Wenig später gebar Maria Anna eine Tochter und Johann löste umgehend sein Gelübde ein. Der König und sein Architekt, der Regensburger Kirchenbaumeister Johann Friedrich Ludwig, hatten Großes im Sinn – das Geld dafür sollten die gigantischen Goldvorkommen in der Kolonie Brasilien liefern.
Auf der damals größten Baustelle Europas waren mehr als 45 000 Arbeiter beschäftigt. Sie schufteten, von 7000 Soldaten bewacht, unter extrem schwierigen Bedingungen; 1400 von ihnen starben während der Bauzeit. Der nach nur 13 Jahren fertiggestellte Palastkomplex übertraf am Ende mit 232 × 221 Meter Grundfläche sogar die Ausmaße der Schloss- und Klosteranlage El Escorial bei Madrid. Doch das Bauwerk war deutlich teurer geworden als geplant – und Portugal drohte vorübergehend der Staatsbankrott.

Mafra liegt eingebettet zwischen hohen Hügeln.

ROUTE 4

STARTPUNKT
Parque Intermodal do Alto da Vela Mafra

ENDPUNKT
Camping Villa Park

STRECKENLÄNGE
328 km

FAHRZEIT
8 bis 12 Tage

MAUTSTRECKEN
A 2, A 5 und Ponte 25 de Abril (Tejo-Brücke)

Start Mafra
N116 Klosterpalast Bibliothek
N9 Tapada-Naturpark
N16
27 km
Sintra
N375 Königspalast, naturhistorisches Museum
N247 Museo das Artes
N375 Regaleira-Palast
N247 maurische Burg
15 km
Cabo de Roca

GESAMMELTES WISSEN

Zwei massive Eckbauten flankieren die streng gegliederten Teile aus Abtei, Kirche und Königspalast. Im Kloster lebten bis zu 450 Mönche und Nonnen. Die 14 riesigen Heiligenfiguren aus Marmor in der Kirche fertigten größtenteils italienische Bildhauer. Der Palast verfügt über fast 900 Säle, die auf die meisten Besucher nicht einladend, sondern eher erdrückend wirken. Dafür endet ein Rundgang durch die Anlage in einer wunderschönen, lichtdurchfluteten **Bibliothek**. Diese enthält fast 40 000 Bände – darunter Handschriften, frühe Buchdrucke, eine dreisprachige Bibel von 1514 und weitere einzigartige Schriftstücke.

AUSFLUG

DIE JAGDHÖRNER SIND VERSTUMMT

Nördlich des Klosters von Mafra breitet sich ein botanischer Garten aus, der sich im Anschluss zu einem 800 Hektar großen Naturpark, der sogenannten Tapada de Mafra, weitet. Er entstand 1747 als königliches Jagdrevier. Der Park ist heute ein Wildparadies mit Rothirschen, Wildschweinen, Füchsen und Raubvögeln. Wander- und Reitwege durchziehen das Gelände. Es gibt darüber hinaus Sportangebote, wie etwa Bogen- oder Armbrustschießen (tapadademafra.pt).

Vom nahe gelegenen Wohnmobilstellplatz geht es weiter, vorbei an duftenden Zitronenhainen, ins 27 Kilometer entfernte **Sintra**. Die Stadt und ihr weißer **Königspalast** bestechen durch ihre außergewöhnlich schöne Lage rund um die Felsen am Nordrand der **Serra de Sintra**. Die Reichen bauten sich dort eine Sommerresidenz; den Nachmittag und Abend verbrachten sie in den Spielsälen im Ort. Der Palast ist der einzige vollständig erhaltene mittelalterliche Herrschersitz in Portugal. Faszinierend die Vielfalt seiner Baustile. Deren verbindendes Element sind Azulejos mit maurischen und gotischen Motiven sowie religiös geprägten Malereien der Renaissance. Ein Rundweg führt zu prächtigen Sälen wie **Elsternsaal** und **Schwanenhalle** mit reizenden Vogelmotiven an den Decken. Im Gefängniszimmer hielt König Pedro II. im Streit um die Krone seinen Bruder Afonso gefangen – unfassbare 16 Jahre lang. Im eindrucksvollen **Wappensaal** mit den Wappen von 72 Adelsfamilien eröffnet ein gotisches Fenster den Blick auf das Meer. Die **Schlosskapelle** schmücken Holzdecke und Fliesen im Mudejarstil; den **Arabischen Saal**, den ältesten, weiße und grüne Kacheln.

VON DER URZEIT ZUR MODERNE

Die Überreste des zinnenbestückten **Castelo dos Mouros**, einen Kilometer südlich, ließ Prinzgemahl Ferdinand im Zuge der Romantisierung im 19. Jahrhundert konservieren. Vom Weg auf der Mauer reicht der Blick bei klarer Sicht bis Mafra. Sehenswert ist auch das **Naturhistorische Museum** in Sintra mit spektakulären Dinosaurierfunden aus aller Welt. Das **MU.SA – Museu das Artes de Sintra**, zeigt eine großartige Sammlung zeitgenössischer Kunst. Den wundersamen **Regaleira-Palast** in der Altstadt, ein

↑ Cabo de Roca, lange Zeit »das Ende der Welt« ↓ Cascais mit schmucker Praça 5 de Outubro

Herrensitz aus dem 19. Jahrhundert, zeichnet sein extravaganter neugotischer Stil aus. Ungewöhnlich auch sein Garten: Neben höhlenartigen Gängen, die ihn durchziehen, führt eine Wendeltreppe hinunter in einen düsteren Brunnenschacht. Mit den Worten »Hier, wo das Land endet und das Meer beginnt …« besang vor mehr als 500 Jahren der Nationaldichter Luís de Camões das **Cabo da Roca**, den westlichsten Punkt Kontinentaleuropas. Das »Ende der Welt« stand in jener Zeit noch für Fahrten ins Ungewisse. Da die Portugiesen den Mut aufbrachten, diese anzutreten, steht das Kap heute symbolisch für den Aufstieg zur großen Seemacht. Der rot-weiße **Leuchtturm** wacht erhaben über einer 100 Meter hohen Steilküste, wo er seit 1772 selbst stärksten Orkanen trotzt. Man kann in der kleinen Info-Stelle vor Ort eine Urkunde erwerben, die belegt, dass man (neben zigtausend anderen) diesen magischen Flecken besucht hat. Einen Parkplatz für das Wohnmobil findet man in der Nebensaison direkt am Turm und im Sommer an der Zufahrtsstraße, möglicherweise weit außerhalb.

Cabo de Roca
N247 N9-1
westlichster Punkt Festlandeuropas
16 km
Cascais
N6 A5 IP7 IC20
Stadtstrand
Museo Condes de Castro Guimarães
Casa das Histórias Paula Rego
Estoril
Palácio Nacional de Queluz
38 km
Costa da Caparica bei Lissabon

Reusen am Strand in Cascais

BETUCHTE GÄSTESCHAFT

Nach dem verheerenden großen Erdbeben von 1755 schrieb Bruder Antonius aus dem Heilig-Geist-Orden, **Cascais** sei in »Schutt und Asche« gelegt und kein Haus unversehrt. Das Fischerdorf wurde rasch wieder aufgebaut. Seit Ende des 19. Jahrhunderts hat es sich zu einem beliebten Ferienort entwickelt – zuerst für reiche Lissabonner Bürger, die ihn als Sommersitz wählten, und später für gut situierte Deutsche und Engländer, die im eigenen Häuschen mit Meerblick hier einen Großteil des Jahres verbringen.

Im Sommer lockt ein feiner, von Felsen flankierter Badestrand, im Winter ein mildes Klima. Der Sprung in die klaren, türkisblauen Fluten wirkt auch im heißen August wohltuend erfrischend, während sich die Boutiquen-Betreiber und Juweliere im pittoresken Kern über gute Geschäfte freuen. Die Schleppnetzfischer dagegen mussten in den letzten Jahrzehnten wegen Überfischung ihre Arbeit aufgeben – oder wandten sich dem Oktopusfang mit Reusen oder traditionellen Fangtöpfen aus Ton zu. Jeder Fischer baut aus Draht und Netzen seine eigenen Korbkonstruktionen, die er nach und nach modifiziert, um das Fangergebnis zu verbessern. Die Reusen reihen sich fein säuberlich gestapelt an Pier und Strand entlang; sie sind ein beliebtes Fotomotiv.

Cascais verfügt über mehrere Museen, darunter das 1931 eröffnete **Museu Condes de Castro Guimarães**; es befindet sich in den Räumen einer prächtigen, um 1900 erbauten Villa im Mittelalterstil mit Turm und Türm-

Autorikschas erobern Lissabons Straßen.

chen. Das Museum entführt seine Besucher in die Welt der Adligen vor der bürgerlichen Revolution. Zu bewundern sind unter anderem edle Möbelstücke, eindrucksvolle Bilder im naturalistischen Stil, Deckengemälde, eine wunderbare Orgel, wertvolles Porzellan und eine bemerkenswerte Bibliothek mit einzigartigen Raritäten, darunter die illustrierte Chronik des Dom Afonso Henriques aus dem 16. Jahrhundert, verfasst von Duarte Galvão.

DERBER REALISMUS

In einem weiteren außergewöhnlichen Gebäude, der **Casa das Histórias Paula Rego**, erhält man einen Überblick über das Lebenswerk der bekanntesten portugiesischen Gegenwartskünstlerin, die in ihren farbintensiven Bildern immer wieder Tabuthemen wie häusliche Gewalt und sexuellen Missbrauch aufgegriffen und unverblümt dargestellt hat. Paula Rego starb 2022 im Alter von 87 Jahren. Zwei Pyramiden aus rot eingefärbtem Beton, angelehnt an die Kamine im Palast in Sintra, bestimmen den futuristisch gestalteten Museumsbau. Der vornehme Badeort **Estoril** weist im Gegensatz zu Cascais eine drei Kilometer lange Strandpromenade vor. Man erreicht Lissabons Küstenvororte im Übrigen auch schnell und bequem mit dem Zug von der Hauptstadt aus.

WOHNMOBILUNFREUNDLICH

Als gute Alternative zum stark frequentierten Lisboa Camping im Westen von Lissabon empfiehlt sich für einen Besuch der Hauptstadt Camping Costa de Caparica im gleichnamigen Badeort südlich der Tejo-Mündung. Lissabons Stadtverwaltung und ihre Marketingabteilung ignorieren leider seit Jahren die stark steigende Zahl der Wohnmobiltouristen. Ein zentrumsnaher Stellplatz ist zumindest mittelfristig nicht geplant. Dennoch sollte man »Die Schöne

Brunnen an der Praça Dom Pedro IV. (Rossio) im Baixa-Viertel

am Tejo« auf keinen Fall links liegen lassen. Die Straßen im Zentrum sind eng und holprig und die Zufahrten chronisch überlastet. Parkmöglichkeiten bestehen auf den gebührenpflichtigen Parkplätzen an der Avenida Infante Dom Henrique in der Nähe der Alfama (38.709773, -9.128607) und im Hafen an der Marina (38.70184, -9.170869) mit nahe gelegener S-Bahn-Station.
Tuk-Tuks, Autorikschas, sind zwar in Lissabon kein traditionelles Fortbewegungsmittel, stellen aber seit einigen Jahren die schönste Möglichkeit dar, in lediglich zwei bis vier Stunden – stets mit der Nase im Wind – einen ersten guten Überblick über die sehr unterschiedlichen Viertel zu erhalten. Meist junge, gut ausgebildete Frauen und Männer, die für ihre Stadt brennen, chauffieren die Urlauber zu den schönsten Ecken und Aussichtspunkten, großen und kleinen Sehenswürdigkeiten, urigen Läden, blumenumrankten Innenhöfen und vielen weiteren zauberhaften Orten, die man als Individualtourist niemals in so kurzer Zeit alle entdecken würde.

ZU DEN SCHÖNSTEN ECKEN LISSABONS

Die bunten Vehikel – mittlerweile soll es mehr als 400 geben, viele davon mit E-Antrieb – sind schmal und kommen daher gut durch die engen Gassen. Da es sich hierbei um Touren mit Einzelpersonen, Paaren oder Gruppen bis zu sieben Personen handelt, kann der Führer spontan auf spezielle Wünsche eingehen. Die Guides vermitteln jede Menge Wissen und fragen an jedem Haltepunkt nach, ob man hier aussteigen und verweilen oder lieber weiterfahren möchte. Im Angebot sind auch Thementouren, wie zum Beispiel Feinschmeckerrundfahrten. Die

Fahrpreise beginnen bei 55 Euro pro Stunde für einen Viersitzer inklusive Personen (Stand 2022). Startpunkt ist in der Regel in der Rua do Comércio, die erste Querstraße hinter der **Praça do Comércio**.
Dieser riesige rechteckige Platz, wo sich die Stadt zum Fluss und dem Meer öffnet, hieß früher Terreiro do Paço (Schlossplatz). Auf ihm stand die Königsresidenz, die beim Erdbeben 1755 zerstört wurde. Ein durch das Beben ausgelöster Tsunami überrollte schließlich die gesamte Unterstadt. Bei dieser Naturkatastrophe starben vermutlich bis zu 100 000 Menschen. Nur kurze Zeit später setzten König José I. und sein Premierminister Marquês de Pombal alles daran, die Stadt in neuem Stil wieder aufzubauen. Der Monarch, der die Tragödie selbst miterlebt hatte, sah sich jedoch zeitlebens nicht mehr in der Lage, in einem festen Haus zu wohnen. Er lebte fortan in einem Zeltpalast. Pombal ließ indes an drei Seiten des Platzes massive repräsentative **Arkadenhäuser** errichten, die im Sommer auch Flaneuren von heute eine angenehme Kühle bieten. Auf der vierten Seite, der Südseite, führt eine breite Marmortreppe hinunter zum Fluss.
An zentraler Stelle erhebt sich die imposante **Reiterstatue des Königs**.
Nördlich bildet der monumentale **Triumphbogen** mit kostenpflichtiger Aussichtsplattform (Ticketverkauf nebenan) das Eingangstor zur Hauptgeschäftsstraße **Rua Augusta**, die mit ihrem dekorativen Kopfsteinpflaster aus weißen Kalksteinen und dunklem Basalt zum genussvollen Schlendern verführt. Cafés und Restaurants säumen die Meile. Man findet zu ihnen in der Stadt freilich günstigere Alternativen.

Costa da Caparica bei Lissabon
Camping Costa da Caparica
Kathedrale
Castelo
Praça do Comércio
Elevador de Santa Justa
Museu Nacional de Arte Antiga
Torre de Belém
Jerónimus-Kloster
IC20 · A2 · N120 · IP8 · R261-5
156 km
Sines
Casa Vasco da Gama
Praia de São Torpes
Lagunen Melides und Santo André
IC4 · EM554
19 km
Porto Covo

KULTUR

GLANZ UND GLORIA

Den Palácio Nacional de Queluz im Nordwesten der Hauptstadt schmückt oft der Beiname »Versailles von Lissabon«. Mit kunstvoll gestalteter Fassade, Palastgarten mit Statuen und Formschnitthecken sowie riesigem Audienz- und Konzertsaal ist das Rokoko-Bauwerk ein weiteres Paradebeispiel für die prunkvolle portugiesische Architektur im 18. Jahrhundert (parquesdesintra.pt).

Kopflastig: Elevador de Santa Justa

Rua Augusta – schönes, aber teures Pflaster

MONSIEUR EIFFEL LÄSST GRÜSSEN

Im Nordwesten der Unterstadt (Baixa) ragt zwischen den Häusern der **Elevador de Santa Justa** empor – ein gusseiserner, kunstvoll verzierter Aufzug. Er verbindet seit 1902 die Unterstadt mit der etwa 45 Meter höher gelegenen Oberstadt (Bairro Alto). Die Eintrittskasse befindet sich am Fuß. Tipp: Auf- und Abfahrt sind mit dem 24-Stunden-Nahverkehr-Ticket gratis, erhältlich an allen U-Bahn-Stationen. Der Erbauer des Aufzugs war der französische Architekt Raoul Mesnier du Ponsard, ein Schüler von Gustave Eiffel. Eine schmale Wendeltreppe führt auf das Dachplateau des Aufzugsturms mit prächtigem Ausblick auf das Zentrum bis zum Burgberg gegenüber. Eine noch großartigere Aussicht über die gesamte Stadt bietet sich vom höher gelegenen **Miradouro de São Pedro de Alcântara** am Rand des Bairro Alto.

Mit seinen alten Läden und gemütlichen Cafés gilt der **Largo do Carmo** als der malerischste Platz im Viertel. Bestimmendes Gebäude ist die gleichnamige Kirche. Sie ist das einzige in Resten erhaltene gotische Gotteshaus in der Stadt – vorhanden sind noch die Seitenwände und ein paar Dachstreben; die Kirchenruine soll an die große Katastrophe erinnern. Besuchenswert auch das Traditionscafé **A Brasileira** mit der Bronzefigur des Nationalpoeten Fernando Pessoa davor und die **Livraria Bertrand** vis-à-vis, gegründet 1732 – und damit ältester Buchladen der Welt.

Auf dem Burghügel beginnt die Geschichte Lissabons vor mehr als 3000 Jahren mit der Gründung des Ortes Olisipo durch die Phönizier; diesen bewohnten später Griechen, Römer, Westgoten und Mauren. König Dinis ließ im 13. Jahrhundert am höchsten Punkt das **Castelo São Jorge** bauen, von dem heute nur noch Ruinen zeugen. Ein Rundgang durch die alte Anlage verspricht ebenfalls eine großartige Aussicht über das rote Ziegelmeer. Fast alle Häuser des umliegenden Castelo-Viertels sind aufwendig saniert. Besonders stimmungsvoll sind die Abende, wenn die Treppen zu Füßen im warmen Licht alter Laternen erstrahlen. Die Burg hat im Sommer bis 21 Uhr geöffnet.

WO ALLES BEGANN

Im Südosten des Kastells breitet sich die **Alfama** aus, die Urzelle der Stadt, in der Glanz und Zerfall oft dicht nebeneinanderliegen. Wer ihre Seele entdecken möchte, sollte sich einfach ohne Plan im Labyrinth der Gassen treiben lassen. Vom **Miradouro das Portas do Sol** unweit der **Kathedrale Sé** genießen Gäste aus aller Welt die bekannte Postkartenansicht auf die Alfama mit dem Tejo im Hintergrund. Nach dem Abriss der großen Moschee begann man 1147 mit dem Bau des Gotteshauses. Dessen Äußeres mit seinen beiden zinnenbewehrten Türmen erinnert stark an die romanischen Wehrkirchen in Nordfrankreich. Die **Sakristei** verwahrt die Reliquien des heiligen Vinzenz und weitere Kirchenschätze, weshalb die Kathedrale ein viel besuchtes Pilgerziel ist.

Der **Mercado da Ribeira** gilt als der »Bauch von Lissabon«. Die älteste noch bestehende Markthalle der Stadt – sie wurde 1892 eröffnet – befindet sich in Ufernähe im Süden des Bairro Alto. In ihr mischen sich der süße Duft backfrischer Törtchen mit den kräftigen Aromen von Knoblauch, Zwiebeln und Kräutern sowie den Früchten des Meeres. Nach wie vor liegt der Fischverkauf fest in den Händen der »peixeiras«, der traditionellen Fischfrauen. Das Altbewährte steht aber nicht im Widerspruch zur neuen Ära, die 2014 mit dem Einzug eines hippen »Foodcourts« mit einer Vielzahl von Restaurants inklusive eines Kulturzentrums eingeläutet wurde – die beiden Bereiche ergänzen sich.

Porto Covo
EM554 Ilha do Pessegueiro
CM1072 Fischerhafen
20 km
Vila Nova de Milfontes
CM1199 lange Dünenstrände
N393 Bucht Praia das Furnas
14 km
Almograve
N393 Strand Praia Grande
N393-1 23 km
Zambujeira do Mar
Camping Villa Park
Open-Air-Musikfestival MEO Sudoeste

↓ Ananassaftstand am Aussichtspunkt São Pedro ↘ Standseilbahn Bica

↑ Praia Grande in Almograve
↗ Rauer Küstenstrich um Porto das Barcas

PFUSCH AM BAU

Vom Markt ist es nicht mehr weit zu den großen Attraktionen im westlichen **Stadtteil Belém**: dem **Hieronymus-Kloster**, dem **Entdeckerdenkmal** und dem **Turm von Belém**. Die prächtige Abtei entstand ab 1502 unter der Leitung von fünf Baumeistern innerhalb von 70 Jahren. Sie spiegelt den Übergang von der Gotik zur Renaissance wider. Kirche und Kreuzgang glänzen mit opulenten, orientalisch beeinflussten Steinmetzverzierungen. Zu beiden Seiten des Sockels des 52 Meter hohen Denkmals mit Aussichtsplattform knien je 16 wichtige Figuren aus der Zeit der Entdeckungsfahrten mit Heinrich dem Seefahrer an der Spitze. Der Wachturm von 1521 schließlich ist ein Prunkstück des manuelinischen Baustils. Er sollte den Hafen bewachen, war aber nur schön und taugte nichts, weshalb der Turm zu Zollstation und Kerker umgebaut wurde.

Vasco da Gama (1469–1524) stammte aus **Sines**, etwa 150 Kilometer südlich der Hauptstadt. Der Entdecker des Seewegs um das Kap der Guten Hoffnung nach Indien stiftete aus Verbundenheit zu seinem Heimatort am Westrand des Ortes oberhalb des Hafens eine Kapelle. Darüber hinaus erinnert an ihn eine Gedenkstätte in der früheren Burg. An der ausgedehnten **Praia de São Torpes** bietet unter anderem eine Surfschule ihre Dienste an. Der von vielen geschätzte Stellplatz Lagoa de Santo André in wunderbarer Lagunenlandschaft steht aus Naturschutzgründen dagegen nicht mehr zur Verfügung.

ROCK AROUND THE CLOCK

In **Porto Covo** beginnt der **Naturpark Sudoeste Alentejano e Costa Vicentina**, der bis nach Sagres an der Algarve reicht. Vor der Küste liegt die Insel Pessegueiro, zu der wegen ihres schönen Strandes Boote verkehren. Die Karthager unterhielten angeblich auf dem Eiland einen Kriegshafen, die Festungsruine jedoch stammt aus dem 17. Jahrhundert. Der Badeort **Vila Nova de Milfontes** wirkt fröhlich mit seinen bunten, blumengeschmückten Häusern. Lange Dünenstrände auf der Flussseite gegenüber machen große Lust auf Baden und ausgedehnte Spaziergänge. Über einen reizenden Dorfstrand verfügt auch **Almograve**. Der Ort **Zambujeira do Mar** zeigt sich zwar weniger malerisch, überzeugt aber mit dem super ausgestatteten Campingplatz Villa Park und einem sommerlichen Musik-Event, dem Open-Air-Rock-Festival MEO Sudoeste – mit einem Hauch von Woodstock-Atmosphäre.

PRAKTISCHE HINWEISE

TOURISTINFORMATIONEN

Mafra
Avenida Movimento das Forças Armadas 28, 2640-491 Mafra, Tel. +351 261 818 347, cm-mafra.pt

Sintra
Praça da República 23, 2710-616 Sintra, Tel. +351 219 231 157, visitlisboa.com

Cabo da Roca
Cabo da Roca – Azóia, 2705-001 Colares, Tel. +351 219 238 543, visitsintra.travel

Cascais
Praça 5 de Outubro, 2750-320 Cascais, Tel. +351 912 034 214, visitcascais.com

Costa da Caparica
Avenida da República 18, 2825-395 Costa da Caparica, Tel. +351 212 900 071, cm-almada.pt

Lisboa
Praça do Comércio 78–81, 1100-148 Lisboa, Tel. +351 914 081 366, visitlisboa.com

Sines
Museu de Sines, Castelo, 7520 Sines, Tel. +351 269 860 095, sines.pt

Porto Côvo
Largo do Mercado Municipal, 7520-437 Porto Côvo, Tel. +351 269 959 120, jf-portocovo.pt

Vila Nova de Milfontes
Rua António Mantas, 7645-221 Vila Nova de Milfontes, Tel. +351 283 996 599, turismo.cm-odemira.pt

Almograve
Rua do Chafariz, 7630-017 Almograve, Tel. +351 283 647 643, turismo.cm-odemira.pt

Zambujeira do Mar
Rua Miramar, 7630-789 Zambujeira do Mar, Tel. +351 283 961 144, cm-odemira.pt

CAMPING- UND STELLPLÄTZE

S 400 **Parque Intermodal do Alto da Vela Mafra** (S. 182 B2)
N 116/Rua do Canal 3, 2640-497 Mafra, Tel. +351 261 810 100, cm-mafra.pt
GPS: 38.93388, -9.32637
Sieben ausgewiesene Plätze mit Ver- und Entsorgungsmöglichkeit am Rand des Besucherparkplatzes am Palast. Ganzjährig.

C 401 **Ericeira Camping** (S. 182 B2)
N 247, km 49,4, 2655-319 Eri-

Camping Costa de Caparica

ceira, Tel. +351 261 862 706, ericeiracamping.com
GPS: 38.97784, -9.418539
Campingplatz mit vielen schattigen Stellplätzen, manche bieten Meerblick. Die Lage ist trotz vorbeiführender Straße ruhig. Die Touristenparzellen sind vom Dauercamperbereich getrennt, zudem stehen separate Wohnmobilstellplätze bereit. Zentrum mit Markthalle zu Fuß erreichbar. Die Region gilt als Surfparadies. Ganzjährig.

C 402 **Orbitur-Camping Guincho** (S. 182 A4)
N 247-6, Rua da Areia, Lugar de Areia Guincho, 2750-053 Cascais, Tel. +351 214 870 450, orbitur.pt
GPS: 38.7217, -9.46613
Großer Campingplatz in Meernähe, aber ohne direkten Zugang zum Strand. Pool und kleiner Supermarkt. Günstige Bus- und Zugverbindungen nach Lissabon. Schwierige Stellplatzsuche für große Wohnmobile, da viele tief hängende Äste. Ganzjährig.

S 403 **ASA Santa Susana** (S. 182 B2)
Estrada Á-dos-Serrados, 2705-737 São João das Lampas, Tel. +351 219 608 860
GPS: 38.917778, -9.383056
Großer geschotterter Platz in abgeschiedener Lage an einer Sporthalle. Frischwasser, Entsorgung Grauwasser, Entsorgung Chemie-WC. Maximal 2 Nächte. Ganzjährig.

C 404 **Lisboa Camping** (S. 182 C4)
Estrada da Circunvalação, 1400-061 Lisboa, Tel. +351 217 628 200, lisboacamping.com
GPS: 38.7248, -9.20793
38 ha großer, stark frequentierter Stadtcampingplatz in Autobahnnähe, parkähnlich angelegt, mit älteren Einrichtungen. Alle Parzellen mit Tischen und Bänken. Fahrtdauer mit Linienbus ins Zentrum etwa 1 Stunde. Im Angebot auch organisierte Stadt-Touren. Großes Freibad (33 × 27 m; nur im Sommer geöffnet), der Laden hält nur das Nötigste bereit. Ganzjährig.

C 405 **Orbitur-Camping Costa de Caparica** (S. 182 C4)
Avenida Afonso de Albuquerque, 2825-450 Costa de Caparica, Tel. +351 212 901 366, orbitur.pt
GPS: 38.65397, -9.23847
Gut organisierter Ganzjahres-

Komfortabler Camping-Park in Zambujeira

platz mit ordentlichen sanitären Einrichtungen, günstig gelegen für Lissabon-Besuche. Zum Zentrum am besten mit dem Bus nach Trafaria und dort die Fähre über den Tejo nach Belém. Fahrtdauer etwa 40 Minuten, von Belém nochmals 15 bis 20 Minuten bis zur Innenstadt. WLAN nur im Bereich der Rezeption. Die meisten Stellplätze für die Wohnmobile liegen an der Straße, dort befindet sich auch die Servicestation. Neuwertige Waschmaschinen und Trockner. Es gibt aber keinen Pool und keinen direkten Zugang zum 800 m entfernten Strand. Betriebszeit des Restaurants: Juni bis September. Der Laden öffnet Mitte März.

C 406 **EcoParque do Outão** (S. 182 D6)
Rua Orlando Curto,
2900-182 Setúbal,
Tel. +351 265 423 890,
mun-setubal.pt
GPS: 38.50275, -8.9286
Wer mit seinem Camper in der ersten Reihe steht, genießt einen schönen Ausblick auf den Hafen und das Meer beziehungsweise am späten Abend auf Setúbals hell erleuchtete Skyline. Allerdings führt eine tagsüber viel befahrene Straße vorbei. Renoviertes Sanitärgebäude in der Platzmitte. Es gibt mehrere Strände, die sowohl zu Fuß als auch in wenigen Minuten mit dem Bus erreichbar sind. Ganzjährig.

Schwimmbad mit Schiebedach auf Camping Zambujeira

C 407 **Orbitur-Camping Sitava Milfontes** (S. 186 A5)
Brejo da Zimbreira, 7645-017 Vila Nova de Milfontes, Tel. +351 283 890 100,
orbitur.pt
GPS: 37.779874, -8.78387
Das ausgedehnte Areal mit 350 Stellplätzen erstreckt sich weitgehend naturbelassen in einem lichten Pinienwald und unter Eukalyptusbäumen. Nach etwa 20 Minuten zu Fuß erreicht man die feinsandige, von Felsen umrahmte Praia do Malhão. Das öffentliche Freibad ist von Ende März bis Ende September in Betrieb. Zufahrt über eine schmale Straße. Ganzjährig.

C 408 **Parque de Campismo de Milfontes** (S. 186 A6)
Estrada das Pousadas, 7645-300 Vila Nova de Milfontes, Tel. +351 283 996 140,
campingmilfontes.com
GPS: 37.7319, -8.783
Sandiges Gelände, relativ ruhig gelegen und dennoch nah am Ortskern. Großes Schwimmbad (kostet extra), gut sortierter Laden. Die Küste erreicht man nach einem kurzen Spaziergang. Ganzjährig.

C 409 **Camping Villa Park Zambujeira** (S. 189 G2)
M 502, 7630-740 Zambujeira do Mar, Tel. +351 283 958 407,
campingzambujeira.com
GPS: 37.52587, -8.77551
Die straff geführte, weitgehend schattige Anlage gehört zu den besten im Land. Der Platz befindet sich etwa 900 m vom nächsten Strand entfernt. Die sanitären Anlagen sind sehr gepflegt. Freibad mit Jacuzzi-Becken mit Glasschiebedach. Der kleine Supermarkt ist gut bestückt. Waschmaschinen, Grillstellen und vieles mehr. Die Restaurants im Ort sind gut zu Fuß erreichbar. Ganzjährig.

Natur-Camp Beirã-Marvão

5

WO DIE SONNE GOLDEN ÜBER DEN HÜGELN SCHEINT

Zu den weißen Dörfern zwischen Marvão und Monsaraz im Südosten

In der sanft welligen Landschaft des Alentejo – der Name bedeutet: jenseits des Tejo – wachsen Weizen und Korkeichen. Die Felder weiten sich bis zum Horizont, auf den Granitfelsen thronen kleine, mauerumringte Orte. Hier scheint die Zeit langsamer zu vergehen. Vieles reift länger, so wie ein guter Wein, den die Region ebenfalls hervorbringt. Diese bedeckt zwar ein Drittel des Landes, doch nur acht Prozent der Festlandportugiesen leben in ihr. Feine süße Backwaren und herzhafte Speisen stärken die Wanderer und Gassenschlenderer.

Palmeiras« und »Folhada de Maçã«, Blätterteigtaschen mit Puddingfüllung beziehungsweise Apfelscheiben, »Pastel de Nata« (Sahnetörtchen) und »Pão de Deus« (Kuchen mit Kokos), frisches Gemüse, Käse, Schinken und Fleisch – diese und andere Köstlichkeiten aus der Region liefert täglich auf Bestellung Camping Beirã-Marvão Alentejo im Dörfchen **Beirã**. Der Ort liegt fernab großer Gästeströme, einen Steinwurf von der Grenze zu Spanien entfernt. Überhaupt sind Steine jeder Art ein bestimmendes Thema in den Hügeln der Gegend, dem Naturpark **Serra de São Mamede** mit seinen markanten Felsformationen wie etwa dem **Penedo da Rainha** – oder in Form von 500 Jahre alten Natursteinmauern, die das stufige Campingterrain durchziehen. Der Penedo da Rainha (Felsen der Königin) zog bereits die Menschen in der Steinzeit an, wie Keramikfunde und Dolmen in Beirã und Umgebung vermuten lassen. Sein Name ist aber wahrscheinlich viel jünger: Er geht der Legende nach auf die angehende dritte Ehefrau von König Manuel I., Dona Leonor, zurück. Sie war im Übrigen die Schwester des späteren Habsburger Kaisers Karl V. Die Dame soll sich anno 1518 auf ihrer anstrengenden Reise zu ihrem Bräutigam im Schatten des Felsens ausgeruht haben.

Landhaus im Naturpark Serra de São Mamede

Als sich im 2. Jahrhundert vor Christus die Römer in diesem Landstrich niederließen, existierten gerade noch zwei Siedlungen aus der Castrokultur. Die neuen Bewohner betrieben intensive Landwirtschaft. Nach dem Zusammenbruch der römischen Provinz Lusitanien im 5. Jahrhundert – verursacht durch den Einfall germanischer Stämme – lösten sich die Strukturen schnell auf, sodass die Mauren bei ihrer Landnahme ab 711 hier keine großen Ortschaften mehr vorfanden.

ROUTE 5

STARTPUNKT
Stellplatz Stausee Póvoa e Meadas

ENDPUNKT
Stellplatz Monsaraz

STRECKENLÄNGE
189 km

FAHRZEIT
5 bis 8 Tage

Start
Marvão
Camping Alentejo, Serra de São Mamede
N359 Felsformation Penedo da
N246-1 Rainha
Kirche Santa Maria
13 km
Castelo de Vide

KRAXELN ÜBER STOCK UND STEIN

Der **São-Mamede-Naturpark** ist vor allem bei den internationalen Gästen touristisches Neuland. Bislang haben in erster Linie Wanderer und Mountainbiker ihr Herz für ihn entdeckt: Die Wege sind gut ausgeschildert und eröffnen immer wieder tolle Ausblicke. Über den Spitzen kreisen majestätisch Geier, Steinadler und die seltenen Spanischen Kaiseradler. Am ehesten erspäht man die Greifvögel morgens oder am frühen Abend. Eine herrliche Ruhe spannt sich über die Ländereien mit ihren Korkeichen und Ölbäumen.

Schmugglerrouten – manche Jahrhunderte alt – beginnen in der Nähe des Campingplatzes; des Weiteren verbinden uralte Eselspfade die Städte **Marvão** und **Castelo de Vide**. Marvão ist ein Ort wie kaum ein anderer weit und breit. Schon aus der Ferne beeindruckt das gewaltige Kastell, welches die Spitze eines 862 Meter hohen Granitfelsen krönt. Die Mauern aus dem 13. Jahrhundert – sie wirken, als seien sie mit dem Gestein verwachsen – machten es zu einer uneinnehmbaren Festung. Die mit großem Einsatz betriebene Kandidatur zum UNESCO-Weltkulturerbe ist zwar vorerst gescheitert, aber das mittelalterliche, rundum befestigte Städtchen gehört zweifelsfrei zu den romantischsten Orten, die Portugal vorzuweisen hat. Weiß getünchte Häuser säumen die engen gepflasterten Gassen; diese wiederum weiten sich zu stillen Plätzen. Das großartige Panorama reicht bei klarer Sicht über den Naturpark bis zur Serra da Estrela. Auch die Städte Castelo de Vide, Estremoz und die Dörfer jenseits der Grenze scheinen zum Greifen nah.

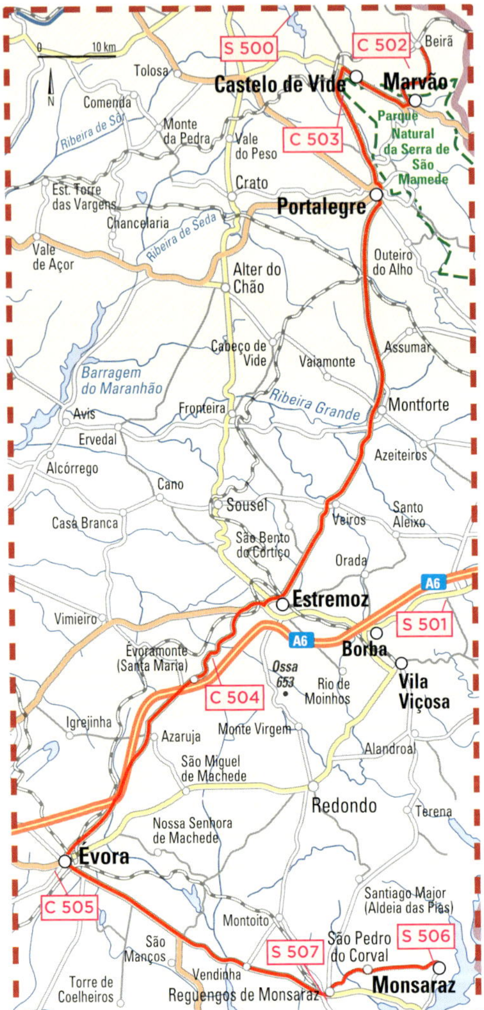

TREPPAUF, TREPPAB

Der Name Marvão rührt womöglich vom Maurenführer Marvan. Nach der christlichen Rückeroberung begannen die neuen Herrscher mit dem Bau des Kastells. König Dinis ließ es im 14. Jahrhundert zu der großzügigen Anlage erweitern, wie wir sie heute kennen. Der bis zu dreifache Mauer-

AUSFLUG

TOUR IN DIE STEINZEIT

Eine empfehlenswerte Rundstrecke zu Zeugnissen von der frühen Menschheitsgeschichte bis zum Mittelalter führt von Castelo de Vide über den Stausee Barragem da Póvoa und zurück über das Gräberfeld von Boa Morte (auf Deutsch: Schöner Tod) mit acht ungefähr 900 Jahre alten Begräbnisstätten. Den Weg bis dahin säumen Menhire (aufrecht stehende Steinblöcke, auch als Hinkelsteine bekannt), Cromlechs (Steinansammlungen) und Dolmen, wie man die Menhire mit Decksteinen bezeichnet (ca. 55 km; Infoblätter im Tourismusbüro).

Die Bäume im Alentejo trotzen der Trockenheit.

ring ist begehbar, auch der Bergfried lässt sich besteigen. Eine düstere Atmosphäre umgibt die beiden Zisternen, über Treppen steigt man zu ihnen hinab. Im Belagerungsfall reichte die Wasserreserve für höchstens sechs Monate. Das Stadtmuseum hat man in der früheren Kirche Santa Maria eingerichtet; vorhanden ist noch ihr Hauptaltar. Die Ausstellung präsentiert Fundstücke von der Frühgeschichte bis zu den Römern. Extra-Tipp: Im Dorf **Portagem** unterhalb ladt das dortige Flussschwimmbad dazu ein, sich im seichten Nass zu erfrischen.

Auch bei der Annäherung an Castelo de Vide mit seinen rund 3000 Einwohnern fällt einem sofort die **Burg** in 600 Meter Höhe ins Auge. Die Fertigstellung des Kastells datiert – wie man einer Inschrift entnehmen kann – auf das Jahr 1327. Unklar ist jedoch die Herkunft des Ortsnamens: Wurde nach dem Bau das bisherige Vide zum Castelo de Vide oder leitet sich dieser vom späteren Castelo Davide ab? So bezeichnete die lokale jüdische Gemeinde die Kleinstadt zu Beginn der Neuzeit. Von den maurischen Festungswällen ist einzig das Lüftungssystem erhalten. Trotz einiger Umbauten und Kriegsschäden hat die Festung ihr mittelalterliches Aussehen bewahrt. Im südöstlichen Teil erhebt sich der Bergfried. Zwei der vier Türme sind ebenfalls erhalten, der einstige Wohntrakt ist allerdings zerfallen. Die Wände der **Burgkapelle** sind vollständig mit Azulejos verkleidet.

Castelo de Vide im Schutz der Burg

ES BLÜHT RINGSUM

Viel Freude macht obendrein ein Spaziergang durch die gut erhaltene **Altstadt**. Um die romantische Atmosphäre zu steigern, stehen die Hausbesitzer in den verwinkelten, oft steilen Gässchen im Wettstreit um den prächtigsten Blumenschmuck. Besonders auffallend sind einige gotische Portale. Das frühere **Judenviertel** zieht sich von der Pfarrkirche an der zentralen, von ansehnlichen Bürgerhäusern eingefassten **Praça Dom Pedro V** zum Kastell hinauf. Umfassend renoviert zeigt sich die **alte Synagoge** in der Rua da Fonte. In ihren Räumen sind die jüdische Geschichte der Gegend und die bis heute bestehenden Traditionen anschaulich aufbereitet. Zu diesen zählt etwa der Verzehr von ungesäuertem Brot am Pessach-Fest.

Bekannt ist Castelo de Vide in erster Linie aber für sein gesundes Wasser, auch wenn die Zahl der Thermen deutlich zurückgegangen ist. Alten Berichten nach gab es im 18. Jahrhundert circa 300 Brunnen. Einige besonders schöne plätschern bis heute, wie etwa der **Stadtbrunnen** aus dem 16. Jahrhundert am Rand des Judenviertels; sechs Marmorsäulen tragen sein Dach. Eine umfangreiche Auswahl an Kuchen, feinen lokalen Süßigkeiten und frisch gepressten Säften sowie einen preiswerten Mittagstisch offeriert das **Café Doces & Companhia** am Marktplatz. Besonderer Clou: die rückseitige Terrasse mit herrlichem Talblick.
Am Westrand des Naturparks erhebt sich die eindrucksvolle Silhouette der kleinen Distrikthauptstadt **Portalegre** über einer weiten Ebene. Der rund 25 000 Einwohner zählende Ort verfügt in seiner Peripherie über etliche

Tipp

TRADITIONELLES ESSEN

Das ziemlich kleine Restaurant Solar do Forcado in der Rua Cândido dos Reis 14 überrascht in vielerlei Hinsicht: Es ist urig eingerichtet und die sehr freundlichen Servicekräfte kümmern sich liebevoll um die Gäste; alles ist schön angerichtet, das Fleisch ist auf den Punkt gebraten, die frischen Kräuter geben den Gerichten eine besondere Note. Die Portionen sind üppig, fein die Desserts – und groß ist die Weinauswahl. Reservierung empfohlen (Tel. +351 245 330 866).

Filialen bekannter Supermarktketten. Eine **mittelalterliche Mauer** umschließt die angenehm unspektakuläre Altstadt. Von ihren ursprünglich zwölf Türmen und sieben Toren sind jeweils drei erhalten. Von höchster Stelle grüßt die dreischiffige **Kathedrale** (16. Jh.). Ihr Innenraum birgt die landesweit größte Sammlung manieristischer Gemälde. Portale, Fassadendetails und der Kachelschmuck im Kirchenraum kamen im 17. und 18. Jahrhundert hinzu.

Castelo de Vide
N246-1 Judiaria
Synagogenmuseum
N246 historischer Marmorbrunnen
Festung
20 km
Portalegre
N359 Kathedrale
Café Alentejano
IP2 Teppichmuseum
57 km
Estremoz
IP2 Königspalast und Capela Rainha Santa Isabel
N4 Stadtmuseum
N18
16 km
Evoramonte

WERTVOLLE HANDARBEIT

Die Fertigung kostbarer Gobelins hat die Stadt im 16. Jahrhundert berühmt gemacht. Später ließ Sebastião José de Carvalho e Mello, 1769 zum ersten Marquês de Pombal ernannt, eine Teppichmanufaktur im früheren Jesuitenkolleg einrichten. Das hier untergebrachte **Teppichmuseum** gehört zu den glanzvollsten Museen in ganz Portugal. In

↓ Malerisches Gässchen in Marvão
↘ Turm der Pfarrkirche

Altehrwürdiges Portalegre an einem Ausläufer des Mameda-Gebirges

den 1940er-Jahren entwickelte Guy Fino, ein französischer Teppichfabrikant, zusammen mit dem ansässigen Textilfachmann Manuel do Carmo Peixeiro eine neue Webtechnik. Die Kunstwerke aus Wolle gehen seither als begehrtes Exportgut in die ganze Welt. Der feine Rohstoff stammt aus Australien und Neuseeland, das Spinnen der Fäden und das Färben in mehr als 7000 verschiedenen Tönen findet vor Ort statt. Die Herstellung von einem Quadratmeter Teppich benötigt zwei Monate. Die bis zu 15 Meter breiten Webstühle sind ebenfalls im Museum zu besichtigen.

OH, WELCH WUNDER!

Luxus prägt in **Estremoz** den Alltag. Beim Bau vieler Häuser kam dank der zahlreichen Steinbrüche im Umland reichlich Marmor zum Einsatz. Die Provinzstadt wurde im 14. Jahrhundert Königsresidenz, als König Dinis seiner Gemahlin Isabella von Aragón einen Palast an den Bergfried anbauen ließ. In der angrenzenden Kapelle aus dem 18. Jahrhundert zeigen Azulejos Szenen aus dem Leben der wundertätigen Isabella; sie wurde später heiliggesprochen. Der Legende nach hatte sie wie ihre Großtante, die heilige Elisabeth aus Marburg, die Gabe, Brot in Rosen zu verwandeln. Den Schlüssel zur Besichtigung der Kapelle erhält man in der **Hallenkirche Santa Maria** gegenüber (16. Jh.).
Der Audienzsaal des Königs beherbergt heute die **Galerie Desenho**, wo Werke zeitgenössischer Maler ausgestellt sind. Sie ist Teil des Stadtmuseums. Dort wiederum sind die sogenannten **Estremoz-Figürchen** zu bestaunen, eine Spezialität des lokalen Kunsthandwerks. Sie sind aus Ton hergestellt und bemalt und sie vermitteln ein Bild des früheren ländlichen und religiösen Lebens. Archäologische Grabungsfunde sowie Keramiken und Möbel ergänzen die Ausstellung. Nach einem Spaziergang durch die Gassen der Oberstadt erreicht man den städtischen Hauptplatz **Rossio** mit der **Klosterkirche der Franziskaner**, wo das Herz von König Pedro I. begraben ist; mit dessen Tod 1367 ging das Kloster in den Besitz des Ordens über.

PORTUGIESISCHER BRUDERKRIEG

Durch ein großes Portal in der Mauer gelangt man ins Dorf **Évoramonte.** In der einzigen Straße erinnert eine Türinschrift am Haus Nummer 41 daran, dass König Miguel am 26. Mai 1834 hier abdankte. Damit endete die zweijährige militärische Auseinandersetzung zwischen dem absolutistischen Herrscher Miguel und seinem Bruder, dem liberalen Dom Pedro IV.; sie ging als der »Krieg der zwei Brüder« in die portugiesische Geschichte ein. Das wuchtige, restaurierte **Castelo de Évoramonte** ist Ersatz für eine beim Erdbeben im Jahr 1531 zerstörte, 1306 errichtete Burg. Charakteristisch sind die Türme in zylindrischer Form an allen vier Seiten der Festung (Öffnungszeiten: Di–So 10–13 Uhr, 14–17 Uhr, letztes Wochenende im Monat geschlossen). Schöne Azulejobilder findet man unter anderem in der **Igreja da Misericórdia** im alten Ortskern.

Als lebendiges Freilichtmuseum präsentiert sich **Évora**; das historische Zentrum der Stadt wacht erhaben über der Alentejo-Ebene. Diese gilt übrigens als der Hitzespot Portugals. Laut den Wetteraufzeichnungen der letzten Jahrzehnte betrug dort im August die durchschnittliche Tageshöchsttemperatur

34,7 Grad Celsius. Évora war bereits zu Beginn unserer Zeitrechnung ein bedeutender Ort, wovon unter anderem ein gut erhaltener **römischer Tempel** zeugt (1./2. Jh.). Die Stadt hatte ihre Glanzzeit im Mittelalter. Adelspaläste, Kirchen und Klöster prägen die ehemalige Königsresidenz. Das weitläufige Häuserensemble besticht mit 365 denkmalgeschützten Gebäuden innerhalb des mittelalterlichen Mauerrings. Die Altstadt gehört seit 1986 zum Weltkulturerbe.

Frischer jugendlicher Wind zog ein, als 1979 die Universität wieder eröffnet wurde. Die erste Jesuiten-Hochschule war genau 200 Jahre in Betrieb, und zwar ab 1559. Sie galt als die zweitwichtigste im Land, musste aber schließen, als der Orden 1759 aus dem Land vertrieben wurde. Wissenschaft und Kunst genießen gleichwohl in Évora seit jeher ein hohes Ansehen. Die Straßen tragen blumige Namen wie »Allee des unrasierten Mannes« und »Straße des Schneiders der Gräfin«.

UNGLEICHMÄSSIGES ERSCHEINUNGSBILD

Mit dem Bau der festungsartigen **Kathedrale Santa Maria** wurde 1186 begonnen. Ihre Einweihung fand 1204 statt, die vorläufige Fertigstellung erfolgte 1250. Die Granitkirche vereint romanische und gotische Stilelemente und ist auffällig asymmetrisch gestaltet: Ein Turm etwa verfügt über Strebepfeiler, den anderen krönt ein blaues Kegeldach. Eine wunderschöne Plastik der Apostel

Castelo de Évoramonte; 1531 zerstörte ein Erdbeben die Vorgängerburg.

↑ Giraldo-Platz mit Schatten spendenden Arkaden in Évora ↗ Spätantike römische Stadtmauer

(14. Jh.) schmückt das Portal. Johann Friedrich Ludwig, der Architekt des Palácio de Mafra, schuf im 18. Jahrhundert den Hochaltar und die Marmorkanzel. Das Renaissanceportal zum nördlichen Querschiff ist hingegen ein Werk des französischen Bildhauers Nicolas (Nicolau) Chantereine. Die Schatzkammer des Gotteshauses verwahrt wertvolle sakrale Kunstgegenstände.

Die mit gastronomischen und kulturellen Höhepunkten reich gesegnete Metropole eignet sich ohne Frage für einen mehrtägigen Aufenthalt. Das Wohnmobil muss aber außerhalb der Stadtmauern parken; drinnen gibt es so gut wie keine Parkplätze, dazu viele Einbahnstraßen und verkehrsberuhigte Zonen. Der städtische Stellplatz an der Avenida Sanches de Miranda befindet sich in einer wenig vertrauenerweckenden Gegend. Daher ist es sicher ratsam, auf dem 2,5 Kilometer außerhalb gelegenen Campingplatz Quartier zu beziehen.

Tipp

KOSTBARES NASS

Seit alters ist Wasser ein begehrtes Gut im Alentejo. Ein schöner Spaziergang durch Évora passiert schmale Gassen, grüne Innenhöfe und schattige Arkaden und endet am »Aquädukt des silbernen Wassers« (Aqueduto da Água de Prata) im Nordwesten der Stadt. Adlige Bürger finanzierten die 18 km lange Wasserleitung. Schmucke Häuschen füllen ihre etwa 25 m hohen Steinbögen.

MIT SCHLAGKRAFT UND TÜCKE

Der Abenteurer Geraldo Geraldes – besser bekannt unter dem Namen Geraldo »Sem-Pavor«, der »Furchtlose« – gründete im Jahr 1162 eine Privatarmee mit dem Ziel, mehrere Städte im Süden des Landes im Rahmen der christlichen Rückeroberung von der maurischen Herrschaft zu befreien. Seine Taktik bestand darin, die Angriffe stets in der Nacht oder bei schlechtem Wetter durchzuführen. Sie war erfolgreich, so gelang ihm und seiner

Dorfplatz mit Pranger in Monsaraz

Truppe zum Beispiel 1167 die Einnahme des weißen Wehrdorfs **Monsaraz** auf einem Berg oberhalb des heutigen Alqueva-Stausees an der Grenze zu Spanien. Vom einfachen Übernachtungsplatz an der Burgmauer genießt man einen weiten Ausblick über die wasserreiche Hochebene bis hinüber zum einstigen Feind. Geraldo Sem-Pavor übergab damals den Ort sogleich an die Tempelritter; dieser war danach zahlreichen Attacken der Spanier ausgesetzt. Die Bewohner mussten auch von anderer Seite Gewalt erleiden: Die alliierten Truppen des Grafen von Cambridge rächten sich in Monsaraz dafür, dass die Verlobung des Grafen mit Beatriz, der Tochter Fernandos I., aufgelöst und das Strafgeld nicht bezahlt worden war.

Man betritt den durch eine Ringmauer umschlossenen Kern durch die wuchtige Porta da Vila. Ein paar Cafés, Andenken- und Delikatessenläden säumen dahinter die Hauptgasse Rua Direita, die zum **Kastell** (13. Jh.) hinaufführt, das als Grenzschutz diente.

Ein kunsthistorischer Schatz verbirgt sich im **Museu do Fresco** neben der Pfarrkirche. Eine Wandmalerei dort aus dem 15. Jahrhundert mit Namen »O Bom e o Mau Juiz« zeigt links einen guten und rechts einen schlechten Richter. Letzterer nimmt vom Teufel beobachtet seine Bestechungsgaben entgegen. In den stillen Dorfgassen herrscht nur im Juli reges Treiben, wenn die Festwoche mit Theateraufführungen, Konzerten und Ausstellungen stattfindet. Des Weiteren stieß man am Fuß des Berges auf viele Zeugnisse, die auf eine frühe Besiedlung hindeuten – darunter etwa drei Kilometer nördlich im **Dorf Outeiro** auf einen 5,60 Meter hohen Menhir. In der dünn besiedelten Ebene im Osten von Évora spielt überdies seit jeher der Weinbau eine wichtige Rolle.

↑ Von Templern erbaute Ringmauer
↗ Wenn alte Häuser erzählen könnten
↓ Stolzer Burgfried

PRAKTISCHE HINWEISE

TOURISTINFORMATIONEN

Marvão
Rua de Baixo 12, 7330-111 Marvão, Tel. +351 245 909 131, cm-marvao.pt

Castelo de Vide
Praça de Dom Pedro V, 7320-113 Castelo de Vide, Tel. +351 245 908 227, castelodevide.pt

Portalegre
Rua Guilherme Gomes Fernandes 22, 7300-186 Portalegre, Tel. +351 245 307 445, visitalentejo.pt

Estremoz
Rossio Marquês de Pombal, 7100-513 Estremoz, Tel. +351 268 339 227, cm-estremoz.pt

Évoramonte
Rua de Santa Maria, 7100-314 Évoramonte, Tel. +351 268 959 227

Évora
Praça do Giraldo 73, 7000-842 Évora, Tel. +351 266 777 071, cm-evora.pt

Reguengos de Monsaraz
Rua António José de Almeida 11, 7200-372 Reguengos de Monsaraz, Tel. +351 266 508 052, cm-reguengos-monsaraz.pt

CAMPING- UND STELLPLÄTZE

S 500 **Stellplatz Stausee Póvoa e Meadas** (S. 181 E4)
M 1007, 7320-011 Póvoa e Meadas, Tel. +351 245 968 500, povoaemeadas.freguesias.pt
GPS: 39.483859, -7.54719
Einfacher Übernachtungsplatz am Ufer eines beliebten Badesees in malerischer Landschaft aus Korkeichen und Granitfelsen. Ringsum führen Wanderwege. Service: Trinkwasser, Abwasser- und Chemietoiletten-Entsorgung, öffentliches (ungepflegtes) Sanitärgebäude mit Kaltduschen. Von Westen kommend muss man eine schmale Staumauer überqueren, weshalb es sich mit großen Fahrzeugen empfiehlt, aus der entgegengesetzten Richtung anzureisen. Ganzjährig.

S 501 **Stellplatz Terrugem** (S. 185 F3)
Largo Joaquim Cordeiro Vinagre, 7350-491 Terrugem, Tel. +351 268 656 183
GPS: 38.8456568, -7.3485916
Ruhig gelegener Übernachtungs- und Tagesplatz für 20 Wohnmobile mit Servicestation auf einer Parkfläche am Ortsrand mit weitem Ausblick über die herbschöne Alentejo-Landschaft. Der Stellplatz ist auch für große Wohnmobile geeignet. Nebenan befindet sich ein kleines Restaurant, das Zentrum mit kleinen Läden und Handwerksbetrieben ist zu Fuß erreichbar. Ganzjährig, außer an Markttagen (Mittwoch).

C 502 **Camping Beirã-Marvão Alentejo** (S. 181 F4)
Estrada de Castelo de Vide, 7330-013 Marvão, Tel. +351 935 041 588, campingbeiramarvao.com
GPS: 39.42777, -7.38561
Straff geführter, malerisch gelegener Platz für Naturfreunde. Alte Steinmauern gliedern das in Stufen angelegte Gelände an einem ehemaligen Bauernhof. Obst- und Olivenbäume spenden etwas Schatten, die Landstraße nebenan ist wenig befahren. Von den oberen Plätzen bietet sich ein prächtiger Ausblick auf die umliegenden Granjas (Gutshöfe) und niedrigen Bergkämme. Die Betreiber Annik und Rood, ein niederländisches Paar, geben Tipps für Ortsbesichtigungen, Wanderungen und Mountainbike-Touren (auch in Form einer umfangreichen Broschüre).

Pflaster mit Seeblick in Monsarez

Ergänzende Angebote: Kiosk, Bar, Frühstücksservice, Salzwasserpool (April–Oktober), Waschmaschine, Trockner, Auto- und Fahrradverleih. Ganzjährig.

C 503 **Camping Quinta do Pomarinho** (S. 181 E5)
N 246, km 16,5, 7320-421 Castelo de Vide,
Tel. +351 965 755 341,
pomarinho.com
GPS: 39.39806, -7.48722
Kleiner Platz im Naturpark Serra de São Mamede unter Steineichen und Olivenbäumen mit schöner Aussicht, guten Sanitäranlagen, kleinem Schwimmbad und WLAN. Lohnenswerte Wander- und Fahrradwege. Nach Castelo de Vide 7 km. Ganzjährig.

C 504 **Camping Alentejo** (S. 184 D3)
N 18/IP 2, km 236,
7100-300 Evoramonte,
Tel. +351 936 799 249,
campingalentejo.com
GPS: 38.79216, -7.688818
Von Stille und Einsamkeit abgesehen, fehlt es hier an nichts: Der Stellplatz/Mini-Campingplatz erstreckt sich – umgeben von Korkeichen – entlang der Schnellstraße Estremoz–Évora und verfügt über 30 große, gekieste Parzellen mit vereinzelt Schatten durch hohe Bäume. Es gibt saubere Toiletten, Duschen, Geschirrspülbecken, Waschmaschine und einen Brötchen- und Pizzaservice. Ein Pool sorgt für Abkühlung. Eigenbau-Servicestation am Platz. An- und Abreise zwischen 9 und 22 Uhr. Ganzjährig.

C 505 **Orbitur-Camping Évora** (S. 184 C5)
Estrada das Alcáçovas – Herdade da Esparragosa, 7005-206 Évora,
Tel. +351 266 705 190,
orbitur.pt
GPS: 38.55735, -7.92605
Dieser gut ausgestattete Stadtcampingplatz unter hohen Eukalyptusbäumen liegt dicht an einer Ein- und Ausfallstraße. Er punktet mit schönem Freibad (25 × 12 m, geöffnet von Mitte März bis Ende September) und großen, durch Hecken begrenzten Stellplätzen. Der hintere alte Teil wirkt vernachlässigt. Wer ohne Fahrzeug die Altstadt besuchen möchte, läuft immer nur geradeaus an der Straße entlang (Gehdauer ca. 30 Minuten). Ganzjährig.

S 506 **Parkplatz Monsaraz** (S. 185 F6)
Rua das Parreiras,
7200-175 Monsaraz,
cm-reguengos-monsaraz.pt
GPS: 38.442497, -7.379970
Eine blaue Tafel mit einem Wohnwagensymbol markiert die Auffahrt zur ausgewiesenen Stellfläche unterhalb der Burg und historischen Altstadt mit Aussicht auf den Stausee Alqueva. Steile, rampenartige Auffahrt auf grobem Pflaster. Gelegentlich kommt ein Bäcker vorbei. Ver- und Entsorgung auf dem Stellplatz im benachbarten Hauptort Reguengos de Monsaraz. Erlaubt sind drei Übernachtungen. Ganzjährig.

S 507 **Stellplatz Reguengos de Monsaraz** (S. 188 A1)
Campo 25 de Abril 33, 7200-368 Reguengos de Monsaraz, Tel. +351 266 502 228,
cm-reguengos-monsaraz.pt
GPS: 38.41975, -7.53583
Einfache Übernachtungsmöglichkeit auf großem Parkplatz an der Arena. Eine großzügig angelegte Versorgungs- und Entsorgungsstation befindet sich hinter der Feuerwache. Der Schlüssel dafür ist im dortigen Büro gegen Gebühr erhältlich. Ganzjährig.

Felsen in der Brandung am Cabo de São Vicente

6

SONNE, SAND UND VIEL MEE(H)R

Über die Südwestspitze entlang der Algarve zum Rio Guadiana

Vom Fernweh geplagte Reisemobilfahrer zieht es häufig an die Algarve, die traumhaft schöne Südküste von Portugal. Von dort brachen einst Seefahrer auf, um neue Länder zu entdecken. Ockergelb- bis feuerfarbene Felsklippen mit kleinen türkis leuchtenden Buchten, aber auch hellen, langen und feinen Sandstränden prägen den Küstenstrich und die Berge im Hinterland laden zu herrlichen Wandertouren ein. Quirlige Städte, Kulturdenkmäler und Museen bieten reichlich Abwechslung, Fangfrisches aus dem Meer erfreut die Gaumen der Feinschmecker.

Die Algarve ist berühmt für ihr warmgemäßigtes Klima mit durchschnittlich rund 300 Sonnentagen im Jahr. Frische Brisen vom Atlantik sorgen unter anderem dafür, dass die Temperaturen im Sommer in einem schmalen Streifen entlang der Küste selten über 32 Grad Celsius ansteigen – während sie zur selben Zeit am **Cabo de São Vicente**, der exponierten Südwestspitze des europäischen Festlands, um bis zu 10 Grad niedriger liegen. Wenn sich das Meerwasser im August auf angenehme 22 Grad Celsius erwärmt hat, übersteigt die Nachfrage nach strandnahen Stellplätzen regelmäßig das Angebot. Dagegen schließen nur wenige Kilometer landeinwärts einige Betreiber wegen zu geringer Auslastung von Juni bis August ihre Anlagen, andere werben im Hochsommer mit Sonderpreisen um jeden Gast. Ab September füllen sich überall in der Region sowohl die Stellplätze als auch Campingplätze mit Langzeitgästen, die das milde Winterklima anlockt. Nicht kleckern, sondern klotzen heißt die Devise an der gesamten Algarve, wenn es um die Errichtung neuer Stellplätze geht; 16 sind angeblich in Planung.

ROUTE 6

STARTPUNKT
Monchique

ENDPUNKT
Castro Marim

STRECKENLÄNGE
380 km

FAHRZEIT
10 bis 14 Tage

ALTERNATIVE
Aufteilung in 2 Touren: West- und Ostalgarve

Start
Monchique
Altstadt
Igreja Matriz
Thermen
EN266-3
N267
31 km
Aljezur
maurische Burg
Igreja Matriz
Barmherzigkeitskirche
Museu Municipal
N1003
7 km
Praia de Monte Clérigo

Keramik- und Andenkenladen in Monchique

Mitverantwortlich für die oft lang andauernden Schönwetterphasen ist die **Serra de Monchique**, ein Gebirgszug, der vor Tiefausläufern aus Nordwesten schützt. Die höchsten Berge sind **Fóia** und **Picota** mit 902 beziehungsweise 774 Meter Höhe; auf dem Fóia-Gipfel trüben leider viele Antennenmasten das Landschaftserlebnis. Durch die Wälder streifen unter anderem Füchse, Wildkatzen und Wildschweine – hin und wieder sogar die seltenen Iberischen Luchse. Die Berggemeinde **Monchique** wurde einst durch ihre handgewebten Textilien bekannt. Heute schätzen sie viele wegen ihrer Läden, in denen man zum Beispiel delikate Würste, aromatischen Medronho-Schnaps – gewonnen aus der Frucht des Erdbeerbaums – oder allerlei Kunsthandwerk erwerben kann. Der Schreinermeister Salvador fertigt als Letzter nach alter örtlicher Tradition zusammenklappbare Scherenhocker (Cadeira de tesoura) aus dem Holz der Schwarzerle. Römische Kaiser und Feldherren benutzten ähnliche Modelle.

GEGEN MANCHE ZIPPERLEIN

Gegründet wurde die Kleinstadt vermutlich vor sehr langer Zeit. Doch viele ihrer ursprünglichen Gebäude hielten dem schweren Erdbeben von 1755 nicht stand. Unbeschädigt blieb beispielsweise das manuelinische, mit Schiffstauen verzierte Portal der **Pfarrkirche Igreja Matriz** (15./16. Jh.). Südlich des Ortes laden die Heilquellen **Caldas de Monchique** zum Bade. Die einzige Therme an der Algarve war schon in der Antike bekannt. Die ersten Badehäuser der Neuzeit entstanden im 17. Jahrhundert. Das Wasser ist reich an Bicarbonat, Fluor und Natrium und verspricht Linderung bei Atemwegs-, Muskel- und Gelenkerkrankungen. Beliebt sind daneben Wanderungen von Caldes nach Nave – auf teils schmalen Pfaden mit wunderbaren Ausblicken.
Wie so oft im ländlich geprägten Südportugal verläuft das Leben im Städtchen **Aljezur** am Westrand der Serra in ruhigen Bahnen. Zwar beleben Surfer das Ortsbild und etliche Deutsche haben sich seit den 1980er-Jahren hier am westlichen Fortsatz der Algarve, der **Costa Vicentina**, niedergelassen, doch vom Trubel der kaum mehr als 30 Kilometer entfernten Algarve-Hochburgen ist wenig zu spüren. Der wilde Küstensaum lockt mit weiten, unverbauten Abschnitten. Die Bauern leben vom Anbau von Süßkartoffel und Erdnüssen. Diese Produkte bilden die Hauptzutaten für den in der Region beliebten Kartoffelkuchen und den nicht weniger geschätzten Kartoffelpudding (Torta bzw. Pudim de batata-doce). Über dem oberen Ortsteil wachte einst eine maurische Burg, von deren Ruinen sich ein weiter Blick ins Land und auf das Monchique-Gebirge eröffnet.

Tipp

FÜR LESERATTEN

Falls unterwegs der Lesestoff ausgehen sollte, finden Lesehungrige in Aljezur sogar eine Leihbücherei vor. Die portugiesische und deutsche »Biblioteca Rogil Aljezur« in der Rua de Lisboa 10 verfügt über eine überraschend große Bücherauswahl mit über 4000 deutschsprachigen Titeln (bibliotecaaljezur.com).

Wellen und Weite an der Praia de Amado

BESTE BADESTRÄNDE UND SURFSPOTS

Als der schönste der vorgelagerten Strände gilt die nordwestlich gelegene **Praia do Monte Clérigo**. Das Wohnmobil parkt mit anderen Fahrzeugen an der Zufahrtsstraße. Ein Bohlenweg führt über die Dünen zum makellosen Bilderbuchstrand. Farbenfrohe Ferienhäuschen und Fischlokale ziehen sich einen Felshang hinauf. Auf dem Weg zur Algarve folgen weitere attraktive Strände, wie etwa die **Praia da Arrifana** oder die **Praia do Penedo**. Mit einer Besonderheit wartet die **Praia da Bordeira** auf, da neben dem Strand ein kleiner Fluss mündet, der sich bei niedrigem Pegel zu einer Lagune aufstaut, wo das Wasser allmählich im Boden versickert. Auf einem großen Parkplatz oberhalb reihen sich unabhängig von der Jahreszeit täglich mindestens 20 Wohnmobile. Das Nächtigen im Fahrzeug ist leider nicht gestattet, was viele aber nicht davon abhält.

Einer der bekanntesten Strände an der Costa Vicentina ist die **Praia do Amado**; die windige Sandmeile erstreckt sich rund einen Kilometer zwischen zwei Felsen. Mehrere Surfschulen bieten Unterricht, denn das Meer ist an dieser Stelle besonders gut für Anfänger geeignet: Die Wellen brechen früh und rollen lang aus. Sportlich Aktive, die festen Boden unter ihren Füßen bevorzugen, begeben sich stattdessen auf einen ausgedehnten Strandspaziergang oder eine herausfordernde Mountainbike-Tour. Ein Becher Kaffee und ein belegtes Sandwich (Sanduíche) gibt es nachher zur Stärkung am Schnellimbiss mit Strandblick am Parkplatz oder selbst zubereitet in der Bordküche.

BLUMEN AM WEGESRAND

An der Küste entlang windet sich im Übrigen die **Rota Vicentina** mit abschnittsweise anspruchsvoller Streckenführung. Der Fernwanderweg besteht aus einem Netz von 750 Kilometern Wanderrouten, darunter 24 Rundkurse, der **Historische**

Weg und der **Fischerpfad**. Alle folgen den schönsten Buchten, Bachtälern und Bergen (rotavicentina.com). Im Anschluss an den Amado-Strand verläuft die **Praia do Castelejo**, ein Naturstrand mit bis zu 135 Meter hohen schiefergrauen Klippen. Gleitschirmflieger nutzen diese als Basis. Im Frühjahr überzieht ein pinkfarbenes Meer von blühenden Hottentottenfeigen die Dünen. Zu erreichen ist der Strand über einen Fahrweg, der bei der Gemeinde **Vila do Bispo** nach Westen abzweigt. Auf halber Strecke beginnt an einem Picknickplatz der Rundwanderweg **Trilho Ambiental do Castelejo**; er führt durch einen Pinienwald zur Klippe **Torre de Aspa** mit einem alten, geheimnisumwehten Wachhäuschen. Man munkelt, dass hier im Zweiten Weltkrieg aufgebrachte Bürger Bispos einen aufgedeckten Spion über den Klippenrand gestoßen hätten.

Das »Bischofsdorf« war einst eine Schenkung von König Manuel I. an den Bischof von Faro. Heute wirkt der Ort, obwohl Sitz der Kreisverwaltung, immer noch ausgesprochen ländlich. Ein Grund dafür ist, dass er im **Naturpark Costa Vicentina** liegt und sich zum Schutz der Natur nur eingeschränkt ausbreiten darf – zum Missfallen vieler Bewohner. Im Zentrum von Bispo mit seinen weiß getünchten Häusern trifft man auf Einrichtungen, die anderswo längst verschwunden sind, wie etwa einen öffentlichen Waschplatz. Ein paar Windmühlen ringsum – teils zerfallen, teils restauriert – erzählen von früheren, goldenen Zeiten, als das Dorf die Kornkammer der Algarve war.

An der Markthalle am Ortsrand vorbei führt der **Wanderweg GR 11** durch eine raue, weitgehend menschenleere Klippenlandschaft zum 13 Kilometer entfernten, eingangs erwähnten Cabo de São Vicente. Nach etwa sechs Kilometern folgt eine Gabelung, wo sich mit dem in Richtung Meer abzweigenden Fischerpfad (grün-blau markiert) eine reizvolle Variante eröffnet. Allerdings ist dieser aussichtsreiche Weg zwischen Wacholderbüschen und Zistrosen oberhalb der Praia do Telheiro sehr steinig.

AM ENDE GEHT'S UM DIE WURST

Die Spitze des Kaps markiert der stärkste Leuchtturm auf dem Kontinent; dank Spiegel und Prismen sind seine Lichtsalven noch in maximal 33 Seemeilen auszumachen. Ringsum ragen senkrechte, bis zu 60 Meter hohe Klippen aus dem Meer. Drunten klatschen Riesenwellen Gischt sprühend gegen winzige Felseninseln. Fast das ganze Jahr über herrscht Andrang rund um den Leuchtturm mit seiner roten Kuppel; man darf mittwochs zwischen 14 und 17 Uhr zu ihr kostenfrei hinaufsteigen.

Händler bieten auf dem Parkplatz davor unter anderem Schafwollpullover an. Über einem Imbisswagen prangt der Schriftzug »Letzte Bratwurst vor Amerika«. Ein Paar aus Franken betreibt den Grill seit 1996. Seine Spezialität: Original Nürnberger und Thüringer Würste.

Tipp

GRANDIOSE AUSSICHTEN

Nach dem Picknickplatz am Weg zum Castelejo-Strand biegt rechts eine sandige Piste zum Aussichtspunkt Miradouro do Castelejo ab; von dort hat man eine großartige Aussicht auf die beiden Buchten des Strandes, den Wachposten und die Klippe Torre de Aspa.

Praia de Monte Clérigo
N1003 – Strand
N120 – Fischrestaurants
N268
N1134 – 28 km
Praia do Bordeira
N1134 – Sanddünen
N68 – Klippen am Cabo Pontal
21 km
Praia do Castelejo
N268 – bizarre Felsformationen
20 km
Sagres

Tief durchatmen: Strandspaziergang an der Praia do Castelejo

Die schroffe Landzunge zieht die Menschen seit alters magisch an; das belegen 5000 Jahre alte Hünensteine. In der Antike war sie unter anderem Saturn geweiht, dem römischen Fruchtbarkeitsgott. Gut erkennbar sind auch die Mauerreste eines **Klosters des Hieronymus-Ordens**, das bis zum 16. Jahrhundert bestand. Einer Überlieferung nach wirkte Vicente, der Namensgeber des Kaps, im 4. Jahrhundert als Diakon in Saragossa, bis ihn der römische Statthalter in Valencia im Jahr 304 zum Tod verurteilte und grausam auf glühendem Eisen hinrichten ließ. Die Gebeine des Märtyrers strandeten, begleitet von zwei schwarzen Krähen, angeblich 400 Jahre später in einem Boot am Kap. Sie wurden später dort in einer Grabkapelle bestattet. Diese zerstörten die Mauren im 12. Jahrhundert, woraufhin König Afonso Henriques die sterblichen Überreste nach Lissabon überführen ließ. So wurde der heilige Vicente schließlich zum Schutzpatron der Hauptstadt; sein Sarg ist in der Kathedrale von Lissabon zu besichtigen. Bis heute zieren Boot und Krähen das Stadtwappen.

Sagres
Camping Sagres
Fischereihafen
Fortaleza
N68 Steilküste
N125 Cabo de São Vicente

33 km

Lagos
Meia Praia
Felsenküste
Ponta da Piedade
Stadtmuseum
N125 Sklavenmarkt
EM531-1 Igreja de São Sebastião
Forte da Ponta da Bandeira

21 km

Alvor

SEEFAHRTEN INS UNGEWISSE

Weiteren Schilderungen zufolge war die Festung in **Sagres** eine Art Seefahrerschule mit dem Prinzen von Sagres als Lehrherrn, besser bekannt unter dem Namen **Heinrich der Seefahrer** (1394–1460). Hinter ihren Mauern wurde maßgeblich der Grundstein für die Seemacht Portugal gelegt. Von den ursprünglichen Gebäuden ist keines erhalten. Die Anlage in ihrer heutigen Form mit Kanonen und Schießtürmen stammt aus dem Jahr 1793. Auch gibt es ein paar Merkwürdigkeiten, die bislang niemand erklären konnte, wie etwa: Wozu diente der Steinkreis neben der Pforte mit 43 Metern Durchmesser und 42 ungleich großen Feldern? Windrosen haben normalerweise höchstens 32. Sicher weiß man nur, dass der Gelehrte ein Navigationssystem auf Basis der alten arabischen Wissenschaft der Astronomie unterrichtete, was die Entdeckung ferner Länder erst möglich machte – und dass von dort viele Schiffsmannschaften ihre Reise zu unbekannten Ufern starteten. Reisende heute sollten beachten, dass entgegen anderslautenden Berichten das Übernachten im Wohnmobil auf dem Parkplatz an der **Fortaleza de Sagres** nicht erlaubt ist. Camping Sagres hat dagegen, wie fast alle Plätze im Süden des Landes, ganzjährig geöffnet. Wie man im Hinblick auf die gemäßigten Sommertemperaturen nicht vermuten würde, sind die Monate von November bis März ums Kap herum im Allgemeinen erstaunlich windarm, mild und sonnig.

Mit spektakulären Felssäulen wartet die Küste vor **Lagos** auf: An der **Ponta da Piedade**, der »Spitze des Erbarmens«, ragen gelb-rot schattierte Sandsteintürme aus türkisfarbenen Buchten. Treppenwege führen zu winzigen Strandflecken; der kleinste Strand heißt übrigens Praia Grande (Großer Strand). Motorboote bringen die Besucher zu Grotten, Höhlen und ausgewaschenen Bögen. Wind und Wellen haben aus den Felsen im Meer riesige Skulpturen geformt. Bei deren Anblick glauben die einen, die Gestalt eines Elefanten zu erkennen, die anderen sehen einen Katzenkopf gleich nebenan. Wieder andere meinen, an einem Höhleneingang einen Gorilla auszumachen – kurz gesagt: Die Ponta da Piedade erscheint wie eine von Geisterhand modellierte Zauberküste.

HISTORISCHES HANDELSZENTRUM

Schon die Phönizier suchten Schutz in der Bucht von Lagos. Die Römer nannten ihre Siedlung »Lacobriga«. Heinrich der Seefahrer ließ seine Schiffe in den Werften der Stadt bauen. Die Einfuhr exotischer Pflanzen und Gewürze und auch der Sklavenhandel machten die Hafenmetropole später zu einem wichtigen Umschlagplatz. 1444 fand der erste Sklavenmarkt statt. Heute zählt der Kreis Lagos mit 31 000 Einwohnern zu den größten Zentren an der Algarve, weshalb es auch schwierig ist, in Altstadtnähe einen Parkplatz für das Wohnmobil zu finden. Chancen dazu bestehen in der Avenida dos Descobrimentos.

Häufiger Ausgangspunkt für einen Stadtbummel ist die **Praça Gil Eanes** – benannt nach jenem Seefahrer, der 1434 als Erster das Kap Bojador in der Westsahara umsegelte. Zahlreiche Restaurants säumen die vom Platz abgehende **Rua 25 de Abril**. Auf der **Praça do Infante Dom Henrique** erhebt sich das Denkmal von Heinrich dem Seefahrer. In ihrer Nordwestecke erinnert ein Arkadenbau mit Museum an den ersten Sklavenmarkt. Als größtes kulturelles Highlight der Stadt gilt die **Igreja de Santo António** (18. Jh.). Die Kapelle ist innen vollständig mit Azulejos, Putten und Engeln, einem mit Blattgold überzogenen Barockaltar sowie Gemälden mit Szenen aus dem Leben des heiligen Antonius geschmückt. Sie ist über das neu gestaltete **Stadtmuseum Dr. José Formosinho** zugänglich, das mit archäologischen Fundstücken, sakralen Kunstwerken

Fischerboot wartet im Hafen von Sagres auf seinen nächsten Einsatz.

↑ Die Forteleza im Hintergrund
↗ Souvenirgeschäft an der Straße zum Kap ↓ Alter Hafen in Alvor

und Alltagsgegenständen interessante Einblicke in die Geschichte der Region gewährt. Vom mächtigen Glockenturm der schlichten weißen **Igreja de São Sebastião** eröffnet sich indes eine wunderbare Aussicht über die Dächer der Stadt und die Bucht. Auch die Mauern der einstigen Befestigungsanlage **Ponta da Bandeira**, eine der am besten erhaltenen Festungen an der Algarve, gewähren einen weiten Ausblick auf Stadt und Küste. Lagos längster Strand ist die hellsandige **Meia Praia**. Sie erstreckt sich von der anderen Seite der Flussmündung des Bensafrim in einem Bogen über vier Kilometer bis zur **Ria de Alvor**, einem Delta kleinerer Flüsse aus der Serra de Monchique.

GEPFLEGT AUSGEHEN

Laut Gästebefragungen gehört **Alvor** zu den liebenswertesten Orten an der Algarve. Seinen Hafen säumen eine Reihe empfehlenswerter Restaurants. Überall duftet es nach herzhaft Gegrilltem. Wenn die Sonne glutrot über dem Wasser versinkt, beleben sich rasch seine Gässchen, die mit Geschäften und Boutiquen zum ausgiebigen Bummel verführen. Gemütliche Bars sorgen nach dem Essen für einen perfekten Ausklang eines erlebnisreichen Urlaubstags. Die an der Küste sonst häufig grassierende Bauwut ist hier vergleichsweise gering ausgeprägt.
Alvor geht vermutlich ebenfalls auf eine Maurengründung mit Namen Albur zurück. Auf einem Hügel erhebt sich die in Weiß und Gelb getünchte **Pfarrkirche Igreja Matriz**. Sie ist zwar erst rund 500 Jahre alt, weist aber im Inneren bemerkenswerte manuelinische Elemente auf, wie etwa ein gedrehtes Steinband über dem Altar. Ein auf Stelzen errichteter Holzweg verläuft am Südrand der Ria de Alvor. In dieser geschützten Zone vermischen sich Salz- und Süßwasser, wodurch ein einzigartiges Biotop aus Salzwiesen entstanden ist. Wenn das Meerwasser bei Ebbe zurückgeht, bleiben Kleinstlebewesen zurück, die Reihern und Störchen als Nahrung dienen. Stelzenläufer und Flamingos lassen sich ebenfalls gut beobachten. Darüber hinaus streifen bei Ebbe Muschelsucher durch das glitzernde Marschland.
Die zunächst nicht besonders attraktiv erscheinende Stadt **Portimão** überrascht ihre Besucher mit einem ansprechend gestalteten Flussuferbereich mit Marina und einem mehrfach ausgezeichneten **Stadtmuseum**. Es zeigt in einer alten Fischkonservenfabrik unter anderem alte Maschinen zur Eindosung, Fischfangutensilien und Werkzeug für den Bootsbau. Antike Fundstücke wie römische Amphoren kann man in der Dauerausstellung ebenfalls bewundern (museudeportimao.pt). Eine schöne Ruheoase im geschäftigen Zentrum ist der kleine Garten **Largo 1° de Dezembro** mit Azulejogemälden, die Portugals geschichtliche Entwicklung darstellen. Im Süden der Stadt

AUSFLUG

ZU DEN MEGALITHEN

Bereits in prähistorischer Zeit siedelten Menschen auf dem Gebiet des heutigen Alvor. Ein Abstecher führt im Hinterland zum restaurierten Megalithkomplex Alcazar Monumentos Megalíticos. Dieser liegt etwa 8 km nördlich des Städtchens und datiert aus dem 3. Jahrtausend vor Christus; der Zufahrtsweg an der EN-125 ist ausgeschildert. Ganzjährig Dienstag bis Samstag geöffnet (monumentosdoalgarve.pt).

verläuft die **Praia da Rocha**, die mit ihren eindrucksvollen Felsformationen zu den schönsten Stränden im Land zählt – trotz dichter, darüber liegender Bebauung. Von der **Fortaleza de Santa Catarina** genießt man einen schönen Rundblick, unter anderem auf die Mündung des **Rio Arade** und den Jachthafen.

FAST ALLES NOCH SO WIE FRÜHER

Auf einem Uferhügel gegenüber strahlt das blendend weiße **Ferragudo**, ein beschaulicher Fischerort, der seine Ursprünglichkeit bewahren konnte. Im Hafen flicken die Fischer wie früher ihre Netze. Der Fang geht sofort an die lokalen Restaurants. Immer wieder Bestnoten von ihren Gästen erhalten zum Beispiel das **Fim do Mundo** oder das **O Velho Novo**. Blumenumrankte Gassen und Treppenwege führen kreuz und quer, auf und ab durch das Häuserlabyrinth. Oben vom Vorplatz der schönen Barockkirche aus genießt man eine wunderbare Aussicht auf den Arade und die Marina der Praia da Rocha. Sehr schade ist jedoch, dass der zumindest zeitweise geduldete, inoffizielle Stellplatz mit Blick auf Wasser und Dorf nicht mehr zur Verfügung steht.

Ein Stück flussaufwärts erhebt sich auf einem Hügel, umringt von Orangenhainen, die früher ziemlich bedeutende Stadt **Silves**. Sie stieg zwischen dem 8. und 11. Jahrhundert vom Zentrum der Mauren zur Hauptstadt der Algarve auf. Ihr Name damals war Xelb. Das Ortsbild bestimmen nach wie vor die fünfbögige Brücke am Fuß und das riesige **Castelo dos Mouros** aus rotem Sandstein über den Dächern sowie die weiß gekalkte **Alte Kathedrale Sé** daneben. Die mittelalterliche **Ponte Velha**, auch **Ponte Romana** genannt, fußt vermutlich auf den Überresten einer römischen Brücke. Sehr alt ist auch die Burg; mit ihrem Bau festigten die arabischen Invasoren ihre Macht. Das dreischiffige Gotteshaus wurde im 13. Jahrhundert auf

Ferragudo: Die Zeit scheint stehen geblieben.

Top Trio: Kathedrale, Kastell und Alte Brücke in Silves

den Grundmauern der ehemaligen Moschee errichtet. Es wurde 1755 Opfer des großen Erdbebens. Der Wiederaufbau erfolgte im gotischen Stil. Auch das Kastell erlitt durch die Naturkatastrophe schwere Schäden; seine Instandsetzung dauerte bis 1940.

DAS ÜBERLEBENSWICHTIGE NASS

Im Burghof fällt der Blick sofort auf die Bronzestatue von König Sancho I., der das Kastell 1189 für zwei Jahre zurückerobern konnte. Erst 1242 gelang es den christlichen Truppen, die nordafrikanischen Herrscher endgültig aus Silves zu vertreiben. Die Burg verfügte über zwei Zisternen, wobei die größere von beiden die Stadt bis 1880 mit Trinkwasser aus 60 Meter Tiefe versorgte. Beim Umbau eines Stadthauses in den 1980ern, aus dem das **Archäologische Museum** entstanden ist, stieß man darüber hinaus auf einen Wasserspeicher aus der Zeit der Almohaden-Dynastie (12. Jh.). Die sehenswerten Ausstellungsobjekte reichen von diversen Fundstücken aus keltiberischer Zeit über römische Amphoren und Jupiterstatuen bis zu maurischen Öllampen und Gefäßen.

Das frühere Fischerdorf **Carvoeiro** zeichnet sich durch seine malerische Lage über schroffen, ockergelbfarbenen Klippen aus. Dazwischen blinken kleine Sandbuchten. Schmal auch die Gassen, weshalb man mit dem Wohnmobil am besten zuerst den **Miradouro** im Osten ansteuert. Eine Parkmöglichkeit mit Meerblick besteht des Weiteren an der Kapelle **Nossa Senhora da Encarnação**. Carvoeiro ist wie das besagte Aljezur bei deutschen Residenten sehr beliebt. Zwei Kilometer östlich liegt die **Algar Seco**, bizarr verwitterte Felsengebilde und Grotten aus Muschelkalk. Zwischen der

Carvoeiro
N124-1, N125
Höhlen Algar Seco
Küstenwanderweg Rota dos 7 Vales Suspensos
Felsenkapelle Nossa Senhora da Rocha

27 km

Albufaira
EN526, N125, IC4
Stellplatz Parque da Galé
Katamaran-Touren
Miradouro do Pátio
Praia Galé
Praia da Falésia

28 km

Almancil
IC4, EN125-4
Igreja São Lourenço

8 km

Loulé

Megabunt: Hafen von Albufeira, auch »Legoland-Marina« genannt

Praia do Vale de Centeanes und der **Praia da Marinha** verläuft der **Percurso dos Sete Vales Suspensos**; diese Wanderstrecke zählt zu den schönsten an der Algarve. Der Name rührt von sieben tiefen Kalksteineinschnitten. Für den gut elf Kilometer langen Hin- und Rückweg benötigt man mindestens vier Stunden. Der Pfad ist anspruchsvoll, weist jedoch keine großen Höhenunterschiede auf. Gutes Schuhwerk ist in jedem Fall empfehlenswert.

Die **Felsenkapelle Nossa Senhora da Rocha** gehört ohne Frage zu den kulturellen Glanzlichtern an der Algarve. Seit dem 16. Jahrhundert trotzt die bekannte Wallfahrtsstätte auf einer 35 Meter hohen, schmalen Felszunge allen Unbilden der Natur. Einige Teile, wie etwa die Säulen, sind deutlich älter (6.–8. Jh.); einzelne Steine stammen sogar aus der Antike. Unter der einzigartigen achteckigen Kuppel kann man das feine Bildnis der Schutzheiligen der Fischer bewundern, Ziel Tausender Pilger alljährlich am 12. August.

VERHEERENDE VORKOMMNISSE

Die Araber nannten **Albufeira** »Al-Buhera«, was sich mit »Lagune« übersetzen lässt. Der Handel mit Nordafrika war auch der Grund, weshalb sich die Hafenstadt bis Mitte des 13. Jahrhunderts prächtig entwickeln konnte. Urplötzlich zum Erliegen kamen die jahrhundertealten Beziehungen nach der Erobe-

Tipp

URIGE EINKEHR

In der Rua da Bateria 6 am Rand der Altstadt von Albufeira befindet sich die Bar Portas da Vila, eine sehenswerte Kuriosität. Außen-, Innenwände und Decke sind mit großen, kleinen, naturfarbenen oder bemalten Muscheln besetzt. Dazwischen hängen uralte Werkzeuge beziehungsweise stehen Schreibmaschinen oder Bügeleisen.

rung der Stadt durch die Ritter des Santiago-Ordens. Eine Flutwelle, ausgelöst durch das große Erdbeben von 1755, riss viele Häuser weg. Heute durchzieht den Ortskern eine große, mit Mosaiken gepflasterte Fußgängerzone. Mehr als 20 Strände säumen den Küstenabschnitt um Albufeira. Als die schönsten gelten unter anderem die zentrale **Praia dos Pescadores, Galé** und **Falésia** mit ihren roten Sandfelsen im Westen der Stadt.

In der farbenfroh gestalteten Marina starten im Sommer täglich Katamaran-Törns zur berühmten **Benagil-Meeresgrotte**. Im Inneren der etwa 20 Meter hohen, glockenförmigen Höhle, auch Kathedrale genannt, ist es überraschend hell. Licht dringt hier nicht nur durch die bogenförmige Felsenpforte ein, sondern auch durch ein gewaltiges Loch in der Decke, das man auch als Auge bezeichnet. Die Entstehungsgeschichte der Grotte begann vor etwa 20 Millionen Jahren. Seinerzeit sank über Jahrtausende der Meeresspiegel, während die Klippen gleichzeitig nach oben wanderten. Durch Witterungseinflüsse brach später die Decke ein. Falken und Seemöwen nisten und brüten in den Wänden. Der Ausflug zur Höhle ist mit drei Stunden Fahrzeit so bemessen, dass Badestopps auf dem Meer mit eingerechnet sind. Tickets erhält man unter anderem auf dem Stellplatz in Galé.

PRÄCHTIGE PFLANZENMOTIVE

Selbst Kunstmuffel staunen, wenn sie am Ortsrand von **Almancil** die von außen unscheinbare **Igreja de São Lourenço** betreten. Der Kirchenraum ist über und über mit blau-weißen Kachelbildern ausgeschmückt. Sie zeigen beispielsweise Blumengirlanden oder Granatäpfel und erzählen aus dem Leben des heiligen Laurentius. Laut Überlieferung verteilte er als Erzdiakon in Rom wertvolle Kirchenschätze an die Armen – in den Augen der Oberen ein böses Verbrechen, für das der Spender im Jahr 258 als Märtyrer auf dem Scheiterhaufen sterben musste. Der gänzlich vergoldete Hochaltar eines unbekannten Künstlers bildet einen angenehmen Kontrast zum kühlen Blau der Azulejos (paroquia-almancil.pt).

Ein Lorbeerbaum, lateinisch »laurus«, gab der Kleinstadt **Loulé** vermutlich ihren Namen. Er soll am Kastell gestanden haben, von dem

Loulé
N270 · N125-4 · IC4
Markthalle
Museu Municipal
Pfarrkirche São Clemente
Praça da República

8 km

São Brás de Alportel
R270 · N2
Motorhome Eco Park
Trachtenmuseum
Korkfabrik

18 km

Faro
N125
Altstadt
Kathedrale
Stadtmuseum
Museu Etnográfico

11 km

Olhão

São Lourenço: Das schlichte Äußere täuscht.

heute nur noch Reste bestehen. Es ist ohnehin wenig bekannt über die Ursprünge des charmanten Ortes im Hinterland der Algarve – auch ist ungeklärt, ob Karthager oder Römer den Ort gründeten. Beinahe großstädtisch wirken die Avenidas, Plätze und verkehrsberuhigten Einkaufszonen. Großer Trubel herrscht vor allem am Samstagvormittag in und um die wunderschöne **Markthalle** im neomaurischen Stil; sie wurde 2006 umfassend renoviert. Lebhaftes Zentrum ist die lang gestreckte **Praça da República**. Im Gewölbe des ehemaligen arabischen Verwaltungssitzes, der Alcaidaria, ist das **Archäologische Museum** untergebracht. Dieses zeigt überwiegend Alltagsgegenstände aus früheren Jahrhunderten, darunter eine rekonstruierte typische Landküche. Die gotische **Pfarrkirche Matriz de São Clemente** (13. Jh.) wirkt recht unspektakulär, wartet aber mit einer grünen Parkoase daneben auf.

Olhão
Kirche
Nossa Senhora do Rosário
Markthalle
Kubenhäuser
R125
22 km
Tavria
Igreja da Misericórdia
Igreja Santa Maria do Castelo
Kastell
Ponte Romana
R125
25 km
Vila Real de Santo António

NATÜRLICHER, NACHWACHSENDER ROHSTOFF

Eher unauffällig erscheint auch das Landstädtchen **São Brás de Alportel**, wenngleich es sich seit dem 19. Jahrhundert zu einem wichtigen Zentrum der Herstellung und des Vertriebs von hochwertigen Korkprodukten entwickelt hat. Das ökologisch wertvolle Material wird nicht nur zu Wein- oder Champagnerkorken, sondern auch zu Modeartikeln wie Handtaschen verarbeitet. Im **Museu do Traje do Algarve**, dem regionalen Heimatmuseum, sind unter anderem Trachten und Kunsthandwerk zu bewundern. Die Museumsräume befinden sich im prächtigen Palais eines früheren Korkfabrikanten. Im Hof sind alte Kutschen zu sehen. Eine Ausstellung in den ehemaligen Stallungen widmet sich den Techniken der Korkverarbeitung.

Das Herz von **Faro**, der größten Stadt der Algarve (ca. 46 000 Einwohner), schlägt in der Altstadt, der Vila Adentro. Vor mehr als 2000 Jahren bauten die Römer eine Siedlung mit Namen Ossonoba, die mutmaßliche Keimzelle von Faro. An den südlichen Stadtrand grenzt unmittelbar das Lagunengebiet des **Naturparks Ria Formosa**, weshalb auch im Zentrum viele Weißstörche leben. Durch das alte Stadttor Arco da Vila gelangt man auf historischem Pflaster zur mächtigen **Kathedrale Sé**; sie ist seit 1577 Bischofssitz. Ihr Grundstein wurde vermutlich im Spätmittelalter gelegt. Feuersbrünste, Plünderungen und Erdbeben richteten einst große Schäden an. Diese boten Anlässe für umfangreiche Renovierungen, die in goldenen Altären gipfelten.

GEHEIMNISVOLLE GEBEINE

Eine Treppe mit 70 Stufen führt zur Spitze des Glockenturms, wo sich eine prächtige Aussicht auf den Naturpark eröffnet. Im Garten der Kathedrale befindet sich eine **Knochenkapelle**. Eine größere mit 1200 Totenschädeln (Capela dos Ossos) liegt außerhalb der Stadtmauer; sie gehört zur **Igreja do Carmo**. In den Räumen des ehemaligen Klosters **Nossa Senhora da Assunção**, einem schönen Renaissance-Bau, ist das Stadtmuseum untergebracht. Es präsentiert teils sehr beeindruckende Zeugnisse der Geschichte und Kunstgeschichte, darunter ein großes römisches Mosaik. Das kleine **Ethnografische Museum** zeigt, wie das Leben an der Algarve in vortouristischer Zeit aussah.
Lagunen und Inseln umgeben die Stadt **Olhão**. Ihr Fischereihafen ist bis heute einer der bedeutendsten an der Algarve. Sehenswert ist die **barocke Pfarrkirche** (17./18. Jh.)

↑ Sehen und gesehen werden an der Promenade in Olhão ↓ Kleider- und Körbestand bei den Markthallen

AUSFLUG

ZUM LEUCHTTURM SANTA MARIA

Seit 1851 ragt mitten aus dem Sand auf der Laguneninsel Farol am südlichsten Punkt des portugiesischen Festlands – schneeweiß und schlank – der 50 Meter hohe Leuchtturm Santa Maria. Die Leuchtturmwärter empfangen mittwochs von 14 bis 17 Uhr Besucher und erklären die Technik. Eine vierstündige Bootstour steuert von Olhão aus neben Farol auch die Inseln Culatra und Armona an (passeios-ria-formosa.com).

mit angegliederter Votivkapelle. Charakteristisch für das ungewöhnliche, von Nordafrika beeinflusste Stadtbild sind unter anderem die ebenfalls in jener Zeit erbauten weißen Kubenhäuser, die das **Uferviertel Barreta** säumen. Auf ihren Flachdächern trocknet wie ehedem der Fisch neben der Wäsche, auch hielten dort früher die Fischersfrauen Ausschau nach ihren vom Meer heimkehrenden Männern. Ebenso untypisch für diese Region: das Hallen-Duo aus **Fischmarkt** und **Bauernmarkt** aus rotem Ziegelstein – verziert mit Rundtürmen mit Spitzkuppeln. Die Gebäude liegen neben einem Park auf der Promenade. Errichtet wurden sie in den Jahren vor und während des Ersten Weltkrieges; trotz Renovierungen blieb ihr Baustil unverändert.

DIE SCHÖNE IM OSTEN

In **Tavira** spannt sich die weiße, gedrungen wirkende **Ponte Romana** in sieben Bögen über das breite Bett des Rio Gilão. Bevor der Fluss sie passiert, trägt er den Namen Rio Séqua. Die heutige Brücke stammt aus dem 17. Jahrhundert. Ihre Vorgängerbauten reichen bis in die Zeit der Römer zurück, daher der Name. Tavira mit ihren bröselnden Fassaden einstiger Herrenhäuser, lauschigen Gassen und Innenhöfen gilt als die schönste Stadt an der Ostalgarve. Ein guter Ausgangspunkt für einen Stadtbummel ist die neu ge-

Tavira mit Ponte Romana über den Rio Gilão

↑ Gut behütet in Tavira
↗ Lecker Fisch im Restaurant Pavilhao da Ilha

pflasterte **Praça da República**, wo vornehmlich an lauen Sommerabenden ein lebhaftes Treiben herrscht.

Vom einstigen Wohlstand erzählen die zahlreichen typischen Walmdächer; Tavira war durch den Handel mit Salz, Trockenfisch und Wein reich geworden. Die Phönizier waren die ersten, die den von der **Ilha de Tavira** geschützten Naturhafen nutzten. Der maurische Ortsname Tabira bedeutet in etwa »verborgen«. Die arabischen Invasoren führten die Stadt erstmals zu hoher Blüte. 1242 nahmen die Ritter des Santiago-Ordens die Stadt ein und machten sie aus Rache für sieben getötete Ritter dem Boden gleich. Deren Grab befindet sich in der wuchtigen **Igreja de Santa Maria do Castelo**, errichtet auf den Grundmauern der früheren Moschee. Doch das große Erdbeben an Allerheiligen 1755 zerstörte die Stadt ein weiteres Mal; allmählich versandete auch der Hafen. Von den ehemals 37 Gotteshäusern sind 22 erhalten. Als das schönste gilt die **Igreja da Misericórdia** mit ihren Kachelgemälden und ihrem Renaissanceportal. Zwischen Stadt und Insel herrscht im Sommer ein reger Schiffsverkehr; das Hauptziel vieler Ausflügler ist die **Praia do Barril**, ein hinreißend schöner Dünenstrand mit breitem Wassersportangebot.

KÖNIGLICHE STADT

Hinter der Gründung von **Vila Real de Santo António** 1774 in einem damals von Spaniern dominierten Landstrich steckten drei Hauptziele: Zum einen wollten die Portugiesen den Warenverkehr über den **Grenzfluss Guadiana** kontrollieren und den Fisch-

Vila Real de Santo António
Praça do Marquês de Pombal
N122
Igreja Matriz
Avenida da República

5 km

Castro Marim
Castelo
Castelo Novo (Forte de São Sebastião)
Igreja de Nossa Senhora dos Mártires

Guadiana-Flusspier in Vila Real de Santo António

fang unter die Aufsicht des Königs stellen, zum anderen gegenüber Spanien eine starke Präsenz zeigen. Die Stadt wurde innerhalb weniger Monate schachbrettartig um den Hauptplatz angelegt; er trägt den Namen ihres politischen Förderers **Marquês de Pombal** (1699–1782). Der riesige Obelisk in der Mitte symbolisiert die Macht des Königs José I. und seines Ersten Ministers Pombal. Zahlreiche Geschäfte rund um den Platz und entlang der Fußgängerzone verkaufen in erster Linie Textilien, die besonders bei spanischen Tagestouristen sehr begehrt sind. Dazwischen laden Cafés und Restaurants zu einem Päuschen. Die **Igreja Matriz** gehörte zu den ersten Bauwerken in der neuen Stadt. Ihr Innenraum birgt unter anderem fünf Seitenaltäre im Rocaille-Stil; dieser bezeichnet eine verspielte Darstellungsform im Rokoko mit Muschelornamenten. Am Flussufer verläuft die **Avenida da República** mit ansehnlichen Bürgerhäusern, Jachthafen, Altem Zollhaus (1774) und großem Wohnmobilstellplatz. Zwischen Salinen und dem kleinen **Naturreservat Sapal** ragen die beiden Burghügel des weißen Dorfes **Castro Marim** hervor. Das rund 400 Jahre alte **Forte São Sebastião** ist für die Besucher nicht zugänglich, die Mauern und der Turm des **Castelo** aus dem Spätmittelalter dagegen schon; König Afonso III. veranlasste im 13. Jahrhundert den Ausbau des maurischen Ursprungsbaus. Die Festungen zeigen, wie wichtig auch dieser Ort für die Grenzüberwachung und Verteidigung war. Im 14. Jahrhundert wurde das Kastell zum Sitz des Christusordens, einer Nachfolgeorganisation der Tempelritter. Das **Burgmuseum** präsentiert Funde aus allen Epochen. Auffälligstes Baudenkmal im Dorf ist die von einer weißen Kuppel gekrönte **Igreja de Nossa Senhora dos Mártires** (18./19. Jh.), ebenfalls von den Christusrittern errichtet. Im Salzmuseum **Casa do Sal** erfährt man alles über die jahrtausendealte Meersalzgewinnung in der Region.

Tipp

SALINEN-SPA

Ein Badevergnügen der außergewöhnlichen Art verspricht ein Aufenthalt im »SPA Salino – Água Mãe« in Castro Marim. Das Salzbad ist ein Ort, wo man sich entspannen und verwöhnen lassen kann. Man planscht in Naturbecken in Lauge, Schlamm oder Sole (37.213611, -7.435278).

PRAKTISCHE HINWEISE

TOURISTINFORMATIONEN

Turismo Algarve
Avenida 5 de Outubro 18–20, 8000-076 Faro, Tel. +351 289 800 400, turismodoalgarve.pt

Monchique
Largo de São Sebastião, 8550-374 Monchique, Tel. +351 282 911 189, cm-monchique.pt

Aljezur
Rua 25 de Abril 62, 8670-054 Aljezur, Tel. +351 282 998 229, cm-aljezur.pt

Sagres
Rua Comandante Matoso 75, 8650-357 Sagres, Tel. +351 282 624 873, visitalgarve.pt

Lagos
Praça Gil Eanes 17, 8600-657 Lagos, Tel. +351 282 763 031, cm-lagos.pt

Alvor
Rua Dr. Afonso Costa 51, 8500-016 Alvor, Tel. +351 282 457 540, visitalgarve.pt

Praia da Rocha
Avenida Tomás Cabreira, 8500-802 Praia da Rocha, Tel. +351 282 419 132, visitalgarve.pt

Portimão
Largo 1° de Dezembro, Edificio do TEMPO, 8500-538 Portimão, Tel. +351 282 402 487, cm-portimao.pt

Silves
N 124 (Picknick-Park), 8300-184 Silves, Tel. +351 282 098 927, cm-silves.pt

Carvoeiro
Praia do Carvoeiro, 8400-517 Lagoa, Tel. +351 282 357 728

Armação de Pêra
Avenida Marginal, 8365-101 Armação de Pêra, Tel. +351 282 312 145, visitalgarve.pt

Albufeira
Rua 5 de Outubro, 8200-109 Albufeira, Tel. +351 289 585 279, visitalgarve.pt

Loulé
Avenida 25 de Abril 9, 8100-506 Loulé, Tel. +351 289 463 900, visitalgarve.pt

São Brás de Alportel
Largo de São Sebastião 23, 8150-107 São Brás de Alportel, Tel. +351 289 843 165, visitalgarve.pt

Faro
Rua da Misericórdia, 8–11, 8000-269 Faro, Tel. +351 289 803 604, visitalgarve.pt

Olhão
Largo Sebastião Martins Mestre 3 B, 8700-349 Olhão, Tel. +351 289 713 936, visitalgarve.pt

Tavira
Praça da República 5, 8800-329 Tavira, Tel. +351 281 322 511, visitalgarve.pt

Castro Marim
Mercado Local, Rua de São Sebastião, 8950-121 Castro Marim, Tel. +351 281 531 232, visitalgarve.pt

CAMPING- UND STELLPLÄTZE

S 600 **Parque Rural Vale da Carrasqueira** (S. 189 H4)
Barracão 190, 8550-213 Monchique, Tel. +351 282 911 502, campingvaledacarrasqueira.com
GPS: 37.276711, -8.543908
Stellplatz in abgeschiedener Lage im Monchique-Naturpark mit Blick auf bewaldete

Hügel. Alle 14 Parzellen verfügen über Frisch- und Abwasseranschlüsse sowie Klapptische. Die Parzellen sind für große Fahrzeuge zu knapp bemessen. Das Angebot umfasst sanitäre Einrichtungen, überdachten Grillplatz, Pool und Bar mit Billardtisch. Eigene Trinkwasserquelle. Beschilderte Abzweigung an der N 266, der Zufahrtsweg ist schmal und nicht asphaltiert. Ganzjährig.

C 601 **Parque de Campismo do Serrão** (S. 189 G3)
Herdade do Serrão, 8670-121 Aljezur, Tel. +351 282 990 220, parque-campismo-serrao.com
GPS: 37.3396, -8.81295
Ebenes, nicht parzelliertes Gelände mit etwa 800 Touristenplätzen in einem hochstämmigen Eukalyptuswald. Café, Grillplatz, Minishop und Spielplatz. Das Schwimmbad (400 m²) hat nur im Sommer geöffnet, außerhalb der Badesaison bietet der Platz viel Ruhe. Ganzjährig.

Stellplatz im Monchique-Naturpark

C 602 **Orbitur-Camping Sagres** (S. 189 F5)
Cerro das Moitas, 8650-998 Sagres, Tel. +351 282 624 371, orbitur.pt
GPS: 37.02313, -8.94555
Weitgehend naturbelassenes Gelände unter Bäumen mit soliden sanitären Einrichtungen auf einer Anhöhe in Nähe der Steilküste (1,5 km). Boden meist sandig, zum Teil uneben. Integriertes Surfcamp, Restaurant und Laden, WLAN nur im Eingangsbereich. Zum Zentrum 2 km, zum Kap São Vicente 4 km. Ganzjährig.

S 603 **Figueira Caravan Park** (S. 189 G5)
Rua da Fonte 6 A, 8650-161 Figueira, Tel. +351/914 404 284, figueiracaravanpark.com
GPS: 37.073136, -8.845304
Privater Stellplatz für 41 Wohnmobile auf umzäuntem geschottertem Areal am Ortsrand. Durch Hecken unterteilt, kein Schatten, nachts beleuchtet. Bodeneinlass im Eingangsbereich, konisch zulaufend, Euro-Relais Mini. Zufahrt durch enge Dorfgasse. Anreise 9–20/21 Uhr, Abreise bis 12 Uhr. Zur Haltestelle 500 m, zum Strand 1,5 km, zur Praia do Zavial 5 km. Ganzjährig.

C 604 **Salema Eco-Camp Surf & Nature** (S. 189 G5)
Praia da Salema, 8650-196 Budens, Tel. +351 282 695 201, salemaecocamp.com
GPS: 37.07517, -8.83127
Ein Bach teilt die weitläufige, naturbelassene Anlage mit vielen Schattenplätzen und separatem FKK-Bereich. Neben Rezeption und Bio-Restaurant, das auch Frühstück anbietet, befindet sich ein schöner Spielplatz. Kleiner Ökoladen vorhanden, ebenso Grillplätze. Die Parzellen sind mit großen Fahrzeugen nur schwer zugänglich. Eng und steil auch die Zufahrt. Die Parkplätze für die Anmeldung liegen hinter der Rezeption. Wer zum Strand möchte, muss 1 km an der Straße entlanggehen oder den kostenpflichtigen Shuttlebus nehmen. Ganzjährig.

C 605 **Yelloh! Village Algarve-Turiscampo** (S. 189 G5)
N 125, km 17 Espiche, 8600-109 Lagos, Tel. +351 282 789 265,

Im Schatten von Windflüchtern

turiscampo.com
GPS: 37.10142, -8.73245
Stattliche Palmen säumen die Zufahrt dieses sehr komfortabel ausgestatteten Ganzjahresplatzes auf einem Hügel 4,5 km westlich von Lagos. Er ist Mitglied der Leading Campings. In Stufen angelegtes Gelände mit teils hohen Laubbäumen. Erstklassige sanitäre Einrichtungen, Kinderbad, Waschsalon, große Badelandschaft mit Hallenbad. Spa-Zentrum mit Sauna, Türkischem Bad, Beautycenter, Massage und Fitnessraum. Spielplatz, Animation, Restaurant, Fado-Musik- und Kabarettabende. Zum Strand 2,5 km.

C 606 **Orbitur-Camping Valverde** (S. 189 G5)
Estrada da Praia da Luz, 8600-148 Lagos, Tel. +351 282 789 211, orbitur.pt
GPS: 37.099823, -8.71772
Ruhig gelegener Platz in Strandnähe (2 km) mit freundlichem Personal 5 km außerhalb von Lagos. Eher einfache Einrichtungen mit großem öffentlichen Freibad. 192 Touristenplätze, Restaurant und Laden (Juli–September), Bushaltestelle vor dem Tor. Ganzjährig.

C 607 **Camping Alvor** (S. 189 H5)
Rua Serpa Pinto, 8500-053 Alvor, Tel. +351 282 459 178, campingalvor.com
GPS: 37.13506, -8.59053
Einfach ausgestatteter Ganzjahresplatz am Ortsrand mit moderaten Übernachtungsgebühren – besonders in der Nebensaison. Das kostenpflichtige Freibad ist öffentlich. Insgesamt stehen 500 Parzellen in drei Zonen zur Verfügung, die Stellplätze auf Kies für Wohnmobile liegen im zentralen Bereich. Zufahrt für große Fahrzeuge schwierig, Hunde nur angeleint erlaubt. Gut sortierter Supermarkt direkt vor dem Eingang. Strände in 1,5 und 3 km Entfernung. Ganzjährig.

S 608 **Algarve Motorhome Park Silves** (S. 190 A4)
N 124, Lugar da Tapada, 8300-038 Silves,

Palmenallee zum Village Algarve-Turiscampo

algarvemotorhomepark.com
GPS: 37.187218, -8.451583
Stellplatz für 50 Mobile am westlichen Ortsrand zwischen Wiesen entlang der Straße. Ebene Parzellen auf Schotter auf zwei Platzteilen beiderseits der Einfahrt und Rezeption. Kein Schatten, videoüberwacht, auch für große Fahrzeuge geeignet. Ver- und Entsorgung. Aktuelle Belegung ist auf der Internetseite ersichtlich. Zum Supermarkt 200 m, zum Zentrum mit Haltestelle 500 m. Ganzjährig.

C 609 **Camping Armação de Pêra** (S. 190 B5)
N 269-1, Parque de Campismo de Armação de Pêra, 8365-184 Armação de Pera, Tel. +351 282 312 260, camping-armacao-pera.com
GPS: 37.10902, -8.35337
Weitläufiges, unparzelliertes Campinggelände mit Bäumen an einer Straße, naturbelassen, durch Hecken aufgelockert. 560 Stellplätze, großes schönes Schwimmbad mit Liegewiese, zum Strand 15 Minuten zu Fuß. Kleiner Kiosk und Restaurant. Ganzjährig.

C 610 **Camping Canelas** (S. 190 A5)
Sítio de Canelas, 8365-181 Armação de Pera, Tel. +351 282 312 612, camping-canelas.com
GPS: 37.11938, -8.35115
Gut geführte, auch bei Langzeitgästen beliebte Anlage an einer Straße im Hinterland. Teils ebenes, teils geneigtes Areal mit Eukalyptus- und Obstbäumen, stellenweise auch ohne Bewuchs. 500 Plätze. Einige Parzellen speziell für Wohnmobile. Schwimmbad mit 3 Pools (in HS kostenpflichtig), Bar und Minimarkt. Zum Strand 2,2 km. Ganzjährig.

S 611 **Algarve Motorhome Park Falésia** (S. 190 C5)
Estrada do Alfamar, 8200-593 Albufeira, algarvemotorhomepark.com
GPS: 37.090358, -8.160443
Gepflegtes geschottertes Gelände unter hochstämmigen Pinien für 55 Wohnmobile außerorts am berühmten Falésia-Sandstrand. Großzügig angelegte Servicestation für 3 Fahrzeuge gleichzeitig, Strom, je 2 Warm- und Kaltduschen. Aufgrund hoher Nachfrage vor der Schranke oft lange Warteschlangen. Die Zahl der aktuell freien Plätze ist auf der Internetseite ersichtlich. Nachbarplatz angrenzend. Zum Strand 400 m über eine Holztreppe. Zu Restaurants und zur Haltestelle 100 m. Ganzjährig

S 612 **Parque da Galé** (S. 190 C5)
Rua do Barranco 2, 8200-408 Vale Rabelho, Tel. +351 927 211 030, parquedagale.com
GPS: 37.09258, -8.31138
Gepflegtes, ummauertes Areal für 40 Wohnmobile mit einzelnen Palmen und beheiztem Pool in locker bebauter Vorortsiedlung, 7 km von Albufeira und 2,5 km vom weitläufigen Galé-Strand entfernt. Parzellen durchweg eben, geschottert, teils mit Festanschlüssen ausgestattet, jedoch mitunter eng. Eigenbau-Servicestation und Duschen, aber kein WC. Der engagierte Platzwart vermittelt Katamaran-Ausflüge zur Benagil-Grotte. Eine Apotheke und ein großer Supermarkt liegen um die Ecke. Ganzjährig.

C 613 **Camping Albufeira** (S. 190 C5)
Estrada de Ferreiras, 8200-555 Albufeira, Tel. +351 289 587 629, campingalbufeira.pt
GPS: 37.10643, -8.25335
Das 19 ha große Gelände wirkt durch die vielen Bäume sehr aufgelockert. Es erstreckt sich auf einer Anhöhe mit Terrassen und in einer Mulde am nördlichen Stadtrand. Badelandschaft, Restaurant und Laden. Nicht erlaubt: übernachten im selbst ausgebauten Mini-Van. Ältere Sanitäranlagen, aber sauber. Ins Zentrum und an den Strand über einen Rad- und Spazierweg. Zwei Supermärkte sind ebenfalls gut mit dem Rad erreichbar. Ganzjährig.

S 614 **Parque da Palmeira** (S. 190 C5)
Rua da Palmeira 29, 8200-049 Albufeira, Tel. +351 289 502 205, turismodealbufeira.com
GPS: 37.09828, -8.24393
Stellplatz für 95 Wohnmobile am Ortsrand an der Mauer des Fußballstadions. Geeignet für Fahrzeuge bis 8 m Länge. Parzellen mit Bordsteinen begrenzt. Gelände umzäunt und bewacht. Kein Schatten, liegt zudem in einer Senke. Ältere sanitäre Einrichtungen, Waschmaschinen und Trockner. Zum Busbahnhof 300 m, zur Altstadt und zum Strand 3 km. Ganzjährig.

S 615 **Sul Park Albufeira Motorhome** (S. 190 C5)
Beco da Torre, Mosqueira, 8200-562 Albufeira-Ferreiras, Tel. +351 918 112 835, sulpark.com
GPS: 37.119348, -8.226606
Stellplatz auf Sand und Schotter für 90 Mobile auf einer von Bäumen umrahmten Geländestufe am Ortsrand. Umzäunt, nachts beleuchtet. Auch für große Fahrzeuge geeignet. Rezeption von 9 bis 19 Uhr geöffnet. Waschmaschine, Trockner, Sitzgarnituren. Zum Strand und Zentrum 2 km. Kleinbus-Shuttle. Ganzjährig.

S 616 **Mikki's Place to Stay** (S. 190 C5)
Areias de Pêra 700 A, 8365-201 Pêra, Tel. +351 913 700 302, mikki-place-to-stay.com
GPS: 37.12831, -8.32261
100 verschieden große Stellplätze auf von Künstlern gestaltetem Gelände in unterbauter Landschaft mit Naturschwimmbad. Bürozeit: 9–17 Uhr. Ganzjährig.

S 617 **Parque Fonte Santa** (S. 190 C5)
M 527-2 621 A, 8125-020 Quarteira, Tel. +351 289 093 856, jf-quarteira.pt
GPS: 37.0733, -8.07695
Das parkplatzähnliche ge-

Riesige Pinien sorgen für Abkühlung im Park Falésia.

Abendstimmung im Galé-Wohnmobilpark

schotterte Areal für circa 240 Wohnmobile ist während des Wochenmarktes am Dienstag und Mittwoch nur eingeschränkt nutzbar. Bodeneinlass mit getrennter Wassersäule, abgedeckter Fäkalieneinlass, 60 Stromanschlüsse (6 A). Ein Ausweichplatz ist vorhanden (ohne Strom). Restaurants befinden sich gegenüber. Der Aufenthalt ist unbegrenzt. Ganzjährig.

C 618 Camping Olhão
(S. 191 E5)
Pinheiros de Marim, Apartado 300, 8700-912 Olhão, Tel. +351 289 700 300, sbsi.pt
GPS: 37.0352, -7.82203
10 ha großes, lang gestrecktes Dünenareal unter Pinien am Stadtrand. Zeitweise Lärmbeeinträchtigung durch Flughafen. Großes Freibad (kostet extra), Restaurant, Bar, Supermarkt und vieles mehr sind vorhanden. Angrenzend ein Fitnesspark und eine Spielwiese für Hunde. Eine Personenfähre fährt zum Strand auf vorgelagerter Insel. Zur Altstadt 25 Minuten zu Fuß. Ganzjährig.

C 619 Caravanas Algarve
(S. 191 E6)
Sítio da Cabeça,
8700 Moncarapacho,
Tel. +351 964 235 050
GPS: 37.09502, -7.77438
Campingplatzähnliches Gelände für 17 Wohnmobile mit Bungalow- und Dauercamperbereich auf einem Landgut im Hinterland. Stellenweise weiter Blick über die Landschaft. Unparzelliert, teils geneigt, umzäunt, Schatten durch einzelne niedrige Bäume. Tor nachts verschlossen. Überfahrbarer Bodeneinlass für Abwasser, separater Ausguss für Kassettentoiletten am Sanitärcontainer, Einzelbäder. Enge, 500 m lange Zufahrt mit Kurven. Zum Zentrum mit Supermarkt und Restaurant 3 km. Ganzjährig.

S 620 Motor Home Eco Parc
(S. 190 D4)
M1203, Sítio do Farrobo, 8150-032 São Brás de Alportel, Tel. +351 961 699 515, camperdream.weebly.com
GPS: 37.168377, -7.908256
Den engagierten Betreibern ist es gelungen, die Anlage zwischen alten Pinien und Korkeichen naturnah zu integrieren. Stellplatz für 85 Mobile. Überwiegend ebenes, teilweise schattiges Gelände. 2 Bodeneinlässe, Frischwasser, Ausguss Chemietoiletten, Stromanschlüsse (6 A). Zum Restaurant und Supermarkt 3 km, nach Faro 17 km. Ganzjährig geöffnet außer von Juni bis August.

S 621 **Faro Camper Van Park** (S. 190 D6)
Rua Aquilino Ribeiro 2, 8005-177 Montenegro, Tel. +351 920 014 028, farocampervanpark.com
GPS: 37.0296936, -7.9707134
Stellplatz für 27 Wohnmobile in einem Vorort in Faro in Flughafennähe. Wenig Schatten, befestigter und geschotterter Untergrund. Videoüberwacht. Bodeneinlass, Ausguss für Chemie-WC, Sanitärgebäude. Bürozeit: 8–20 Uhr. Auf Schild an der Straße achten, sonst übersieht man leicht die Einfahrt. Abreise bis 12 Uhr. Ganzjährig.

C 622 **Camping Ria Formosa** (S. 191 F5)
Quinta da Gomeira, 8800-591 Cabanas, Tel. +351 281 328 887, campingriaformosa.com
GPS: 37.14512, -7.60218
Gärtnerisch gestaltetes Gelände mit 300 ziemlich kleinen Stellplätzen. Man kann aber einen weiteren Platz hinzubuchen. Sehr schöner großer Pool, viele Langzeitgäste. Waschmaschinen, Restaurant und Minimarkt, vorbildliche Ver- und Entsorgungsstation für Wohnmobile. Ganzjährig.

S 623 **Algarve Motorhome Park Tavira** (S. 191 F5)
Vale de Caranguejo, 8800-228 Tavira, algarvemotorhomepark.com
GPS: 37.132692, -7.631120
Stellplatz für 120 Wohnmobile mit Sanitärgebäude außerhalb von Tavira. Untergrund überwiegend eben, kein Schatten. Mitunter Lärmbelästigung durch Zugverkehr. Mehrere Spülbecken, Duschen, Waschmaschine, Trockner, WLAN, keine Toiletten. Supermarkt und Fahrradweg in der Nähe. Brötchenservice. Zum Zentrum 30 Minuten zu Fuß. Aktuelle Auslastung auf der Website ersichtlich. Ganzjährig.

S 624 **Parque Autocaravanas Muralha** (S. 191 G4)
Avenida da República, 8900-316 Vila Real de Santo António, Tel. +351 916 553 188, cm-vrsa.pt
GPS: 37.19933, -7.41555
Großer Stellplatz für rund 150 Mobile auf ehemaligem Betriebsgelände neben Fischereihafen am Ufer des Rio Guadiana. Unterteilt in zwei Bereiche mit separaten Zufahrtsschranken. Auch für große Wohnmobile geeignet. Gepflasterter Bodeneinlass, Euro-Relais Junior, Strom (48 Anschlüsse; 6 A). Zur Marina mit Fähranlegestelle 300 m, zum Zentrum 800 m. Ganzjährig.

S 625 **Parking Castro Marim** (S. 191 G4)
Avenida Dr. José Afonso Gomes, 8950-138 Castro Marim, Tel. +351 281 510 740
GPS: 37.220278, -7.444722
Stellplatz für etwa 25 Mobile auf ausgewiesenem Areal auf Sand und Schotter zwischen Altstadt und Stadion unterhalb des Castelo Novo. Ebene, unparzellierte Fläche entlang der Straße für Fahrzeuge bis 9 m Länge. Nicht umzäunt, unbewacht, nachts beleuchtet. Zur Haltestelle 200 m. Ganzjährig.

Riesengelände in Vila Real

Hafen Sagres; er zählt zu den schönsten an der Algarve.

REISEINFOS VON A BIS Z

Einreise, Maut und mehr – hier finden Sie das Wichtigste zum Reisen in Portugal auf einen Blick.

Burg in Porto de Mós mit ihren glasierten Turmdächern

ANREISE

Die kürzeste Entfernung von Frankfurt am Main oder von Wien nach Lissabon beträgt etwa 2390 Kilometer beziehungsweise 3040 Kilometer. Alle Wege von Deutschland, Österreich oder der Schweiz nach Portugal führen durch Frankreich und Spanien. Rund drei Viertel der französischen Autobahnen sind privat geführt, ihre Nutzung ist daher kostenpflichtig. Oft autobahnähnlich und dennoch mautfrei verlaufen die besonders bei Fernfahrern beliebten Europastraßen E 62, E 603 und E 606 in Richtung Bordeaux – zu erreichen unter anderem über die A 7 Ausfahrt Mâcon. Seit 2021 müssen in Frankreich an allen Fahrzeugen mit einem zulässigen Gesamtgewicht über 3,5 Tonnen mindestens drei Tote-Winkel-Aufkleber (Angles Morts) angebracht sein. Bei Missachtung der Vorschrift drohen hohe Strafen. Auf Landstraßen gilt ein verschärftes, generelles Tempolimit von 80 km/h.

Während die AP 7 an der spanischen Mittelmeerküste seit 2020/2021 mautfrei zu befahren ist, sind die Autobahnen im Baskenland weiterhin kostenpflichtig. Welche Route man nach Portugal wählt, hängt, neben dem zur Verfügung stehenden Zeitrahmen, sowohl von der Jahreszeit als auch vom genauen Ziel ab. Im Winter ist es sicher angenehm, die Variante über den Osten und Süden Spaniens zu wählen, wo meist frühlingshafte Temperaturen herrschen. Bevorzugte Reiseziele in den kühlen Monaten sind ohnehin der Alentejo und die Algarve im Süden Portugals. Schneefrei ist in der Regel auch die Anfahrt durch die spanische Extremadura. In den nördlichen Regionen um Burgos oder Salamanca trifft man aufgrund der Höhenlage hingegen häufiger auf winterliche Straßenbedingungen. Im Sommer empfehlen sich in den Norden Portugals eine Reihe weiterer Einreisemöglichkeiten. Grenzübergänge bestehen zum Beispiel von Verín nach Chaves oder von Zamora nach Miranda do Douro.

AUTOVERKEHR

Im Land wie auch beim Transit durch Spanien ist zu beachten, dass Ladungen oder auch nur unbenutzte Fahrradträger, die hinten über das Wohnmobil hinausragen, mit einer rot-weiß gestreiften Warntafel gekennzeichnet sein müssen. Zudem ist das Überholen in Spanien 100 Meter vor Kuppen und auf Straßenabschnitten mit weniger als 200 Metern überschaubare Strecke verboten. Es besteht Warnwestenpflicht. Fahrzeuge im Kreisverkehr haben stets Vorfahrt. Bei Kreisverkehren mit mehreren Spuren darf man die äußere Spur nur benutzen, wenn man ihn bei der ersten Ausfahrt wieder verlässt. Bußgelder müssen oft vor Ort beglichen werden. Falls man die Zahlung verweigert, kann die Polizei das Fahrzeug beschlagnahmen. Das Tempolimit beträgt innerorts generell 50 km/h, für Wohnmobile bis 3,5 Tonnen gelten außerorts maximal 90 km/h, auf Schnellstraßen 100 km/h, auf Autobahnen 110 km/h und bei Fahrzeugen über 3,5 Tonnen jeweils 10 km/h weniger. Die Promillegrenze liegt bei 0,5. Telefonieren während der Fahrt ist nur mit Freisprechanlage gestattet, auf allen Sitzen gilt Gurtpflicht.

DIPLOMATISCHE VERTRETUNGEN

Bei schwerwiegenden Problemen ist es empfehlenswert, sich mit der Botschaft des Heimatlandes in Verbindung zu setzen:
Deutsche Botschaft, Campo dos Mártires da Pátria 38, 1169-043 Lisboa, Tel. +351 218 810 210, lissabon.diplo.de
Deutsches Honorarkonsulat Porto, Avenida Sidónio Pais 379, 4100-468 Porto, Tel. +351 226 108 122
Deutsches Honorarkonsulat Lagos, Rua António Crisógno dos Santos 29, Bloco 3, Escritório I, 8600-678 Lagos, Tel. +351 282 799 668
Österreichische Botschaft, Avenida Infante Santo 43, 1399-046 Lisboa, Tel. +351 213 943 900, bmeia.gv.at/oeb-lissabon/
Schweizerische Botschaft, Travessa do Jardim 17,1350-185 Lisboa, Tel. +351 213 944 090, eda.admin.ch/lisbon

Praia do Martinhal in Sagres

EINREISE

Portugal gehört zu den Schengen-Staaten, das heißt, dass Grenzkontrollen in der Regel nicht mehr stattfinden. Personalausweis, Reisepass beziehungsweise Kinderreisepass sind dennoch stets mitzuführen. Für deutsche Minderjährige in Begleitung nicht erziehungsberechtigter Erwachsener ist zudem eine amtlich beglaubigte Einverständniserklärung erforderlich. Bei verheirateten Eltern reicht die Erklärung eines Elternteils aus, bei nicht verheirateten ist die Erklärung beider Sorgeberechtigter Pflicht. Reist nur einer der Sorgeberechtigten mit Kind, ist auch die Erklärung des anderen nötig. Der Nachweis der Verwandtschaft bei Eltern und Kindern mit unterschiedlichen Nachnamen ist durch eine internationale Geburtsurkunde, erhältlich bei den portugiesischen Konsulaten, zu belegen. Deutscher Führerschein und Fahrzeugschein sind ebenfalls unerlässliche Dokumente, dazu empfiehlt sich die Grüne Versicherungskarte. Wer seine Vierbeiner mit an Bord hat, benötigt einen gültigen EU-Heimtierausweis mit Nachweis der Tollwutimpfung. Hunde und Katzen müssen mit einem implantierten Mikrochip gekennzeichnet sein. Für Hunde wie Pitbull Terrier und Rottweiler sowie sechs weitere Rassen besteht Maulkorb- und Anleinpflicht.

FEIERTAGE

Banken, Behörden und die meisten Geschäfte und Museen haben an diesen Tagen geschlossen beziehungsweise verkürzte Öffnungszeiten: 1. Januar: Neujahr (Ano Novo); März/April: Karfreitag (Sexta-Feira Santa), Ostersonntag (Domingo de Páscoa), Ostermontag (Segunda-Feira de Páscoa); 25. April: Jahrestag der Revolution 1974 (Dia 25 de Abril); 1. Mai: Tag der Arbeit (Dia do Trabalhador); Juni: Fronleichnam (Corpo de Deus); 10. Juni: Nationalfeiertag (Dia de Portugal); 13. Juni: Dia de Santo António (Lissabon); 17. Juni: Gedenktag für die Todesopfer der Waldbrände 2017 (Dia Nacional em Memória das Vítimas de Incêndios Florestais); 23./24. Juni: Festa de São João (Porto); 15. August: Mariä Himmelfahrt (Assunção de Maria); 5. Oktober: Tag der Republik (Dia da República); 1. November: Allerheiligen (Todos os Santos); 1. Dezember:

Hier geht's zum Stellplatz in Monchique.

Granitfelsen an den Hängen des Torre

Unabhängigkeitstag (Dia da Restauração da Independência); 8. Dezember: Mariä Empfängnis (Imaculada Conceição); 25. Dezember: Weihnachten (Natal).

GAS

Zwei 11-kg Flaschen reichen normalerweise im Süden für einen drei- bis vierwöchigen Urlaub. Auch im Winter muss man an der Algarve nur selten heizen. Langzeitgäste achten am besten auf Gas-Füllstationen, die mit einem »blauen Elefanten« gekennzeichnet sind. Dort kann man die deutschen Flaschen nachfüllen lassen, sie müssen allerdings im Flaschenkasten verbleiben. Weitere gute Tipps zum Thema erhält man in der Regel, wenn man den Stellplatznachbarn befragt, der womöglich schon längere Zeit im Land unterwegs ist. Für die Autogasbetankung ist ein Adapter, ein sogenannter Dish-Anschluss, notwendig.

GESUNDHEIT

Bei Notfällen wendet man sich entweder an eines der staatlichen Gesundheitszentren (Centros de Saúde) oder an eines der öffentlichen Krankenhäuser (Hospitais Públicos). Beide Einrichtungen akzeptieren die Europäische Gesundheitskarte (EHIC). An der Algarve praktizieren viele deutsche oder deutschsprachige Ärzte und Zahnärzte. Zahnbehandlungen in Portugal muss man grundsätzlich selbst bezahlen. Portugiesische Apotheken sind leicht an einem blinkenden grünen Kreuz zu erkennen. Sie sind auch die ersten Ansprechpartner bei geringfügigen

Stellplatz am Ortsrand von Sortelha

Beschwerden oder leichten Verletzungen. Nicht verschreibungspflichtige Medikamente gibt es häufig auch in Supermärkten zu kaufen. Für Antibiotika etwa benötigt man jedoch ein Rezept eines Arztes vor Ort.

INFORMATIONEN

Allgemeine Auskünfte zum Reiseland Portugal in Deutschland erteilt das Portugiesische Fremdenverkehrsamt, Zimmerstraße 56, 10117 Berlin, Tel. +49 30 25 41 06 71, visitportugal.com. Spezielle Infos zur Algarve findet man beispielsweise unter algarve.guide/tag/fremdenverkehrsamt/.

MAUT

Die Autobahnen sind in der Regel gebührenpflichtig. Das portugiesische Mautsystem ist jedoch sehr unübersichtlich, zumal fast alle Zahlhäuschen verschwunden sind und die Fahrzeuge und Streckenkilometer nur noch wie von Geisterhand elektronisch erfasst werden. Fast jede Betreiberfirma verwendet ein anderes System. Die Kennzeichnung der Strecken erfolgt mit einem blauen, leicht zu übersehenden Schild mit Euro-Symbol und dem Zusatz »electronic toll only«. Am einfachsten ist es, nach der Grenze, etwa an der Algarve, den »Welcome Point« an der A 22 anzusteuern, um Nummernschild und Kreditkarte am Automaten zu registrieren. Manchmal helfen auch freundliche Damen und Herren dabei. Die Quittung bitte unbedingt aufbewahren! Weitere Welcome-Point-Zahlstellen gibt es nach den Grenzübergängen an der N 13, A 24, A 25 und A 28. Bleibt man maximal 30 Tage im Land, so geschieht alles Weitere automatisch und die Abrechnung erfolgt über die Kreditkarte. Doch auch bei dieser Methode lauern Tücken: Die erhobenen Mautgebühren gelten immer nur für zwölf Stunden. Wer länger auf einer Strecke unterwegs ist, etwa weil er auf dem Autobahnparkplatz übernachtet, muss die doppelte Maut bezahlen – wobei die längstmögliche Entfernung zugrunde gelegt wird. Wohnmobile werden nicht nach Gewicht, sondern nach der Anzahl ihrer Achsen berechnet. Kleine »Mautvergehen« indes müssen einem nicht den Schlaf rauben, denn Mahnbescheide werden in Regel erst ab einer Höhe von 70 Euro nach Hause geschickt. Eine nachträgliche Begleichung der Straßengebühr etwa bei der Post ist bei den

rein elektronisch erfassten Abschnitten nicht möglich.
Weitere Registrierungsmöglichkeiten bestehen über TOLLService (ctt.pt), Via Verde Visitors (viaverde.pt) oder TOLL-Card (tollcard.pt). Für Aufenthalte über 30 Tage gibt es »Easy Toll Cards«, quasi Prepaidkarten zu 20 oder 40 Euro, die ein Jahr gültig sind. Man muss auf der Karte den Code freirubbeln und ihn zusammen mit dem Kfz-Kennzeichen per SMS an den Mautbetreiber schicken. Wichtig ist, dessen Bestätigung abzuwarten, bevor man weiterfährt. Das klingt nicht nur kompliziert, sondern ist es auch. Am bequemsten fährt man etwa mit der »ADAC Mautbox« für alle Fahrzeugklassen oder mit dem »Bip&Go-Transponder«, gültig für Frankreich, Spanien, Portugal und Italien – bei bis zu drei Meter Fahrzeughöhe (abnehmbare Teile wie Dachboxen und Antennen zählen nicht) und bis zu 3,5 Tonnen zulässigem Gesamtgewicht (bipandgo.com).

MIET-WOHNMOBILE

Camperdays (camperdays.de), McRent (mcrent.de) und Tui Camper (tuicamper.com) sind beispielsweise beliebte Wohnmobilvermietungen in Deutschland, die mit Mietstationen und Agenturen in Portugal zusammenarbeiten.

PANNE/UNFALL

Nicht nur für eine Reise nach Portugal empfiehlt sich ein Auslandsschutzbrief. Es gibt leider auch einige portugiesische Autofahrer, die aus Kostengründen ihr Fahrzeug nicht versichert haben. Bei einem Unfall sollte man unbedingt die Polizei rufen und ein Protokoll erstellen lassen. Ein mehrsprachiger europäischer Unfallbericht ist kostenlos auf den Internetseiten von ADAC und ÖAMTC sowie vielen Versicherungen erhältlich. Die Notrufnummer lautet 112. Mitglieder des ADAC, ÖAMTC und TCS haben Anspruch auf kostenlose Pannenhilfe.

SERVICESTATIONEN

Die Zahl der Adressen im Land, die Ver- und Entsorgung für Wohnmobile anbieten, steigt stetig. Die mit Parkplätzen ausgestatteten Stationen heißen »Área de Serviço de Autocaravanas«, die ohne Parkplätze »Estação de Serviço de Autocaravanas«. Man findet sie sowohl an Autobahntankstellen als auch an Intermarché-Supermärkten im ganzen Land, hauptsächlich aber im Süden.

WASSER

Leitungswasser in Portugal ist in der Regel trinkbar, schmeckt aber oft nach Chlor. Daher empfiehlt sich, etwa zum Kaffee- oder Teekochen, der Kauf von 5-Liter-Flaschen; sie sind in allen Lebensmittelläden erhältlich.

ZEIT

In Portugal gilt die Westeuropäische Zeit (Greenwich Mean Time GMT = MEZ -1 Stunde), das heißt, dass Besucher aus der mitteleuropäischen Zeitzone die Uhren um eine Stunde zurückstellen müssen. Die Umstellung Sommer-/Winterzeit erfolgt zeitgleich.

ZOLL

Bürger aus EU-Staaten dürfen Waren für den persönlichen Gebrauch zollfrei ein- und ausführen. Über die erlaubten Höchstmengen für die Mitnahme von Alkohol und Tabak informiert die offizielle Website der Europäischen Union (europa.eu). Sobald die mitgeführte Bargeldmenge 10 000 Euro übersteigt, muss der Betrag bei der Ein- und Ausreise deklariert werden.

Rosa Moment am Tejo

PACK- UND CHECKLISTEN

Ein bisschen Organisation erleichtert das Reisen mit dem Wohnmobil. Die Pack- und Checklisten helfen, unterwegs für alles gerüstet zu sein.

CAMPING-PACKLISTE

ALLGEMEIN

DIE BORDAPOTHEKE

- ◯ Persönliche Medikamente
- ◯ Sonnenschutz und After-Sun
- ◯ Mücken- / Zeckenschutz
- ◯ Erste-Hilfe-Set / Wundpflege
- ◯ Ohrstöpsel

HYGIENE AN BORD

- ◯ Toilettenpapier
- ◯ Kosmetikartikel
- ◯ Handwaschmittel
- ◯ Hand- und Duschtücher

DER KLEIDERSCHRANK

- ◯ Kleidung für alle Einsätze
- ◯ Badesachen
- ◯ Wetterfeste Regenkleidung
- ◯ Schuhe

DIE AUSSTATTUNG ZUM WOHNEN AUF DEM CAMPINGPLATZ

- ◯ gemütliche Campingmöbel
- ◯ Sonnenschutz (verspannbar)
- ◯ Windlichter und evtl. Lichterkette
- ◯ Kuscheldecke für kühle Abende
- ◯ Wäscheleine und -klammern
- ◯ Grill und Feuerschale
- ◯ Hängematte
- ◯ Strandtuch

ESSENZIELLES

- ◯ Reisepass nach Bedarf
- ◯ Kfz-Schein
- ◯ Grüne Versicherungskarte
- ◯ Schutzbrief eines Automobilclubs oder Versicherung
- ◯ Bargeld in kleinen Scheinen
- ◯ Personalausweis
- ◯ EC- und Kreditkarten

NOTIZEN

CHECKLISTE

CAMPERKÜCHE

GRUNDAUSSTATTUNG

- ◯ Teller, Schüsseln und Schalen
- ◯ Besteck und Küchenmesser
- ◯ Trinkgefäße
- ◯ Pfannen & Töpfe
- ◯ Schneidebrett aus Holz
- ◯ Korkenzieher, Flaschen- und Dosenöffner, Schere
- ◯ Küchenpapier, Alufolie
- ◯ Aufbewahrungsdosen in verschiedenen Größen (stapelbar)
- ◯ Mülltüten (kleine und große)
- ◯ Spülschüssel, Geschirrtücher, Spülmittel
- ◯ Handfeger für den Innenraum
- ◯ Feuerzeug, Streichhözer
- ◯ Ökologisches Putzmittel

GRUNDAUSSTATTUNG NAHRUNGSMITTEL

- ◯ Kaffee und Tee
- ◯ Gewürze, Salz, Pfeffer, Zucker
- ◯ Trinkwasser

PACKLISTE KÜCHE KOMFORTABEL

- ◯ Topflappen
- ◯ Schneebesen
- ◯ Sieb: klein und feinmaschig
- ◯ Reibe: grob und fein
- ◯ Backpinsel
- ◯ Küchenwaage
- ◯ Knoblauchpresse
- ◯ Pfeffermühle
- ◯ Teigschaber für Bäcker/innen
- ◯ Gemüseschäler

NOTIZEN

PACKLISTEN FÜR ALLE FÄLLE

KINDER | WERKZEUG | BELEUCHTUNG

MIT KINDERN UNTERWEGS – WICHTIGER KINDERKRAM

- ◯ Schnorchelzeug und Flossen und / oder Schwimmhilfen, Sonnenschutz
- ◯ Neoprenanzüge bei kalten Wassertemperaturen
- ◯ Fahrräder, Roller, Skateboards und andere Sportgeräte
- ◯ Kleine Boxen zum Sammeln von Fundstücken
- ◯ Großes Reisetagebuch, in dem alle mitschreiben und malen, Stifte
- ◯ Hängematte mit Mückennetz ist fast ein Garant für Mittagsschlaf
- ◯ Musik, Bücher und Hörspiele
- ◯ Taschenlampen, Stirnlampen (für jedes Kind eine eigene)
- ◯ Fernglas, Kompass, Taschenmesser
- ◯ Reisespiele und Tablet mit Spielen und Filmen

IMMER DABEI: WERKZEUG-GRUNDAUSSTATTUNG

- ◯ Ein Multitool / Bitkasten mit vielen verschiedenen Schraubenziehern, Inbus- und Steckschlüsseln
- ◯ Dose WD40 oder Ballistol Universalspray: Diese »Geheimwaffen« lösen verrostete Schrauben, schmieren die quietschende Markise oder verhindern das Vereisen der Türgummis u. Ä.
- ◯ Panzertape (gewebeverstärktes Universalklebeband)
- ◯ Kfz-Sicherungen aller Art
- ◯ Sekundenkleber
- ◯ Universalzange
- ◯ Klappspaten (Befreiung aus sandigen, tiefschotterigen Untergründen)
- ◯ Hammer
- ◯ Kabelbinder und stabile Schnüre

BELEUCHTUNG ALLER ART ZUM WOHLFÜHLEN

- ◯ Lichterketten
- ◯ Leselampen
- ◯ Kerzen bzw. Windlichter

NOTIZEN

PACKLISTEN FÜR ALLE FÄLLE

BEHÄLTER | SAUBERKEIT

TIPP: VERSCHIEDENE BEHÄLTER AN BORD

- ○ Ein kleiner Rucksack für die Fährfahrt, den Tagesausflug zum Sightseeing
- ○ Ziploc-Beutel, mit denen man beispielsweise das Handy gut gesichert an den Strand nehmen kann
- ○ Kleine Müllbeutel für den täglichen Müll
- ○ Große Müllbeutel für das schnelle Aufbewahren von nassem Badezeug oder noch feuchter Wäsche. Außerdem auch gut, um gesammeltes Feuerholz aufzubewahren.

SAUBERKEIT SCHAFFT FRIEDEN

- ○ Faltschüssel zum Abspülen und Wäschewaschen in den manchmal nicht so sauberen Sanitäranlagen der Campingplätze. Damit kann man außerdem gut das Geschirr transportieren.
- ○ Öko-Allzweckreiniger und Öko-Spülmittel
- ○ Schwämme
- ○ Küchenrolle
- ○ Fußmatte (für den größten Schmutz, kann schnell ausgeschüttelt werden)
- ○ Handwaschmittel
- ○ Waschmittel in Einzelportionen

NOTIZEN

CHECKLISTE

FÜR EIN GEMIETETES WOHNMOBIL

Da die Kaution für ein Mietmobil nicht unerheblich und schon im kleinsten Schadensfall verloren ist, sollte das Fahrzeug vor der Übernahme genauestens überprüft werden. Vor allen Dingen der Wohnmobil-Neuling sollte sich die Funktionen ganz genau erklären lassen, um für den Urlaub gut gerüstet zu sein. Empfehlenswert ist es, folgende Checkliste mitzunehmen, Punkt für Punkt abzuhaken und vom Vermieter unterschreiben zu lassen.

AUSSEN

- ◯ Beschädigungen an Karosserie, Stoßfängern, unter den Stoßfängern, auf Scheiben
- ◯ Reifenzustand, evtl. einseitige Abnutzung, Luftdruck
- ◯ Dach, Einschläge durch herabfallende Teile
- ◯ Gepäckträger bzw. Fahrradträger auf dem Kugelkopf auf Funktion prüfen
- ◯ Warntafel vorhanden
- ◯ Umweltplaketten vorhanden
- ◯ Markise, Abspannbänder vorhanden
- ◯ Unterlegkeile

INNEN

- ◯ Gereinigter Zustand
- ◯ WC und Bad in Ordnung, WC-Kassette geleert
- ◯ Küche sauber, Kochfeld
- ◯ Besteck auf Vollständigkeit prüfen
- ◯ Töpfe und Pfannen, Gläser, Geschirr
- ◯ Kühlschrank auf Funktion prüfen bei a) Landstrom, b) Gas, c) Lichtmaschine automatische Umschaltung
- ◯ Heizung bzw. Warmwasseraufbereitung prüfen, Boiler füllen und entleeren, Funktion des automatischen Ablasses erklären lassen
- ◯ Auslasshähne in Bad, Küche auf Funktion Warm-/Kaltwasser prüfen, inkl. Duschkopf
- ◯ Elektro-Sicherung und Fehlerschalter prüfen
- ◯ Sitze und Möbel auf Abnutzung, bzw. Beschädigung oder Verunreinigung prüfen
- ◯ Matratzen auf Sauberkeit prüfen
- ◯ Campingstühle und Tisch

TECHNIK

- ◯ Motoröl
- ◯ Kühlflüssigkeit
- ◯ Scheibenwaschwasser
- ◯ Bremsflüssigkeit
- ◯ 2 volle Gasflaschen
- ◯ Frischwassertank
- ◯ Abwassertank, Ablassventil
- ◯ Funktion der Scheibenheber, Spiegeleinstellung und Rückfahrkamera
- ◯ Reparaturkit für Reifen
- ◯ Warndreieck, Warnwesten, Verbandskasten
- ◯ Werkzeug
- ◯ Kompletter Schlüsselsatz, am besten zweifach
- ◯ CE-Stecker und Kabeltrommel

CHECKLISTE

BEI VERLASSEN DES CAMPINGPLATZES

AUSSEN

- ◯ Ist der Stromstecker gezogen?
- ◯ Ist die Kabeltrommel verstaut?
- ◯ Ist die Trittstufe eingefahren?
- ◯ Wurde die Fußmatte schon hineingeräumt?
- ◯ Liegt das Solarpaneel schon im Kofferraum?
- ◯ Ist die Wäscheleine eingepackt?
- ◯ Sind alle Campingmöbel im Fahrzeug verstaut?
- ◯ Wurde aller Müll vom Platz geräumt?

OBEN

- ◯ Ist die TV-Schüssel eingefahren?
- ◯ Sind die Dachboxen fest verschlossen?
- ◯ Ist das Aufstelldach geschlossen und verriegelt?

UNTEN

- ◯ Ist man von den Auffahrkeilen heruntergefahren?
- ◯ Sind die Keile auch wirklich eingepackt?
- ◯ Liegen vielleicht noch die Gummitiere unter dem Auto?

INNEN

- ◯ Fest verriegelt?
- ◯ Ist der Kühlschrank verriegelt? Bei Bedarf schon auf 12 V umgestellt?
- ◯ Sind wirklich alle Schränke und Schubladen geschlossen?

NOTIZEN

Endlich ein schattiges Plätzchen

REGISTER

Neuer Tag, neues Abenteuer

PS: DA FÄLLT MIR NOCH WAS EIN!

MIT DER LIEBE IST ES …

… so eine Sache: Manchmal benötigt man zwei, drei Anläufe, bis man das Liebenswerte hinter einer rauen Schale erkennt. Die erste Portugal-Reise führte meine Frau Gabriele und mich vor gut drei Jahrzehnten mit einem Wohnwagen am Haken an die Algarve. Die Brücke über den Grenzfluss Guadiana war gerade erst eröffnet und mit kaum jemand konnten wir uns auf Spanisch verständigen. Wir fuhren zum Cabo de São Vicente. Der Wind blies so heftig, dass wir uns nur knapp auf den Beinen halten konnten. Woran ich mich auch erinnere: Der Campingplatz in Albufeira besaß als einer der ersten in Europa eine riesige Badelandschaft – und der Boden war schon im Frühsommer so hart und trocken, dass es unmöglich war, Heringe einzuschlagen.

WENIGE JAHRE SPÄTER …

… weilte ich im Auftrag einer Bildagentur in Lissabon. Am ersten Morgen auf dem Stadtcampingplatz wurde ich von einem fahrenden Musikanten geweckt, der in seinem Zirkuswagen ein Stück auf der Hammondorgel übte. Der Platz war damals ein beliebtes Winterquartier für Lebenskünstler. Jedoch: Der Liebreiz, den viele der Stadt nachsagten, wollte sich mir nicht erschließen. Es war Februar, durchweg sonnig und 17 Grad warm. Aber in den Häuserschluchten der Unterstadt und besonders in den Gassen der Alfama hielt sich die feuchte Kühle des Atlantiks. Die sonnenbeschienenen Straßencafés waren gut besucht, doch Fotos von ihnen mit Gästen in Steppjacken entsprach nicht dem Geschmack der Agentur.

GANZ ANDERS DIE SITUATION, …

… als ich für dieses Buch hier in dieser wunderbaren Stadt im sonst heißen August unterwegs war: Vom Meer wehte stets eine frische Brise und mit ihr eine Leichtigkeit, die ich bislang vermisst hatte. Überall sah ich lächelnde Menschen – der Funke war übergesprungen.
Bleiben Sie immer offen für neue Einsichten und scheuen Sie nicht den weiten Weg nach Portugal – er lohnt sich!

Ihr
Thomas Cernak

UNSER NACHHALTIGKEITSKODEX

Die Welt birgt viele Wunder, Abenteuer und spektakuläre Aussichten, die wir gerne erkunden möchten. Doch sie ist auch leicht aus dem Gleichgewicht zu bringen. Hier ein paar Tipps, wie wir unsere Welt nachhaltig entdecken können:

- **Abfall wieder mitnehmen:** Plastikverpackungen jeglicher Art, Dosen, Flaschen und Papiertaschentücher (es dauert Jahre, bis sich ein einzelnes Taschentuch vollständig abgebaut hat!) gehören nicht in die Natur, sondern artgerecht entsorgt. Dazu zählen natürlich auch Toilettenpapier und der Inhalt von (Chemie-) Toiletten. Entsprechende Entsorgungsstationen finden sich überall.

- **Ressourcen gewissenhaft nutzen:** Manche Umweltressourcen sind bereits knapp, endlich sind auf jeden Fall alle. Um sie zu schonen, sollten wir sparsam mit ihnen umgehen, gerade in Gegenden, in denen zum Beispiel Wasser oder Strom nicht im Überfluss vorhanden sind.

- **Ein guter Gast sein:** Nachhaltig unsere Umgebung zu erkunden bedeutet auch, der hiesigen Flora und Fauna mit Respekt zu begegnen. Pflanzen sollten auf keinen Fall gepflückt werden, aber sie stehen uns bestimmt gerne Modell für das eine oder andere Foto. Das Gleiche gilt für wilde Tiere: Wir füttern sie nicht, halten Abstand und beobachten sie aus der Ferne.

- **Lokal kaufen:** Dadurch lernen wir nicht nur Land und Leute besser kennen und unterstutzen die regionale Wirtschaft, sondern können auch so unsere Campingküche mit frischen Produkten nachhaltig gestalten.

- **Flexibel bleiben:** Camper sind keine Rudeltiere. Wir schonen die Natur auch, indem wir einen Ort nicht geballt belasten. Einen tollen Stellplatz entdeckt? Wir behalten es für uns und teilen ihn am besten nicht mit der Öffentlichkeit. Übrigens gibt es inzwischen vielerorts auch nachhaltige Campingplätze.

- **Umweltbewusst fahren:** Reisen mit dem Auto oder Womo sind grundsätzlich umweltfreundlicher als mit dem Flugzeug, dennoch können wir noch mehr tun und zum Beispiel den Kraftstoffverbrauch minimieren, indem wir vorausschauend fahren, so wenig Last wie möglich mit uns führen und die Umgebung vor Ort mit dem Fahrrad oder zu Fuß erkunden.

- **Nur dort parken und campen, wo es erlaubt ist:** Selbst wenn wir uns noch so vorbildlich verhalten und unseren Aufenthaltsort so hinterlassen, wie wir ihn vorgefunden haben, stören wir den Lebensraum von Wildtieren und hinterlassen Spuren und Gerüche. Auch Lagerfeuer entzünden wir ausschließlich an den dafür vorgesehenen Stellen und achten dabei auf Waldbrandstufen und Naturschutzgebiete.

So wie wir die Umwelt respektieren, wollen wir auch unseren Mitmenschen und deren Kultur Respekt entgegenbringen, gerade im Hinblick auf deren Traditionen, Religion oder typische Gebräuche. So können ein Lächeln oder ein paar Worte in der Landessprache Berge versetzen!

Über Serpentinen hinauf
zum Torre, Portugals
höchstem Festlandsberg

STRASSEN-ATLAS

Die vorgestellten sechs Portugal-Routen auf der Karte – samt Übernachtungsmöglichkeiten mit dem Wohnmobil auf Stell- oder Campingplatz

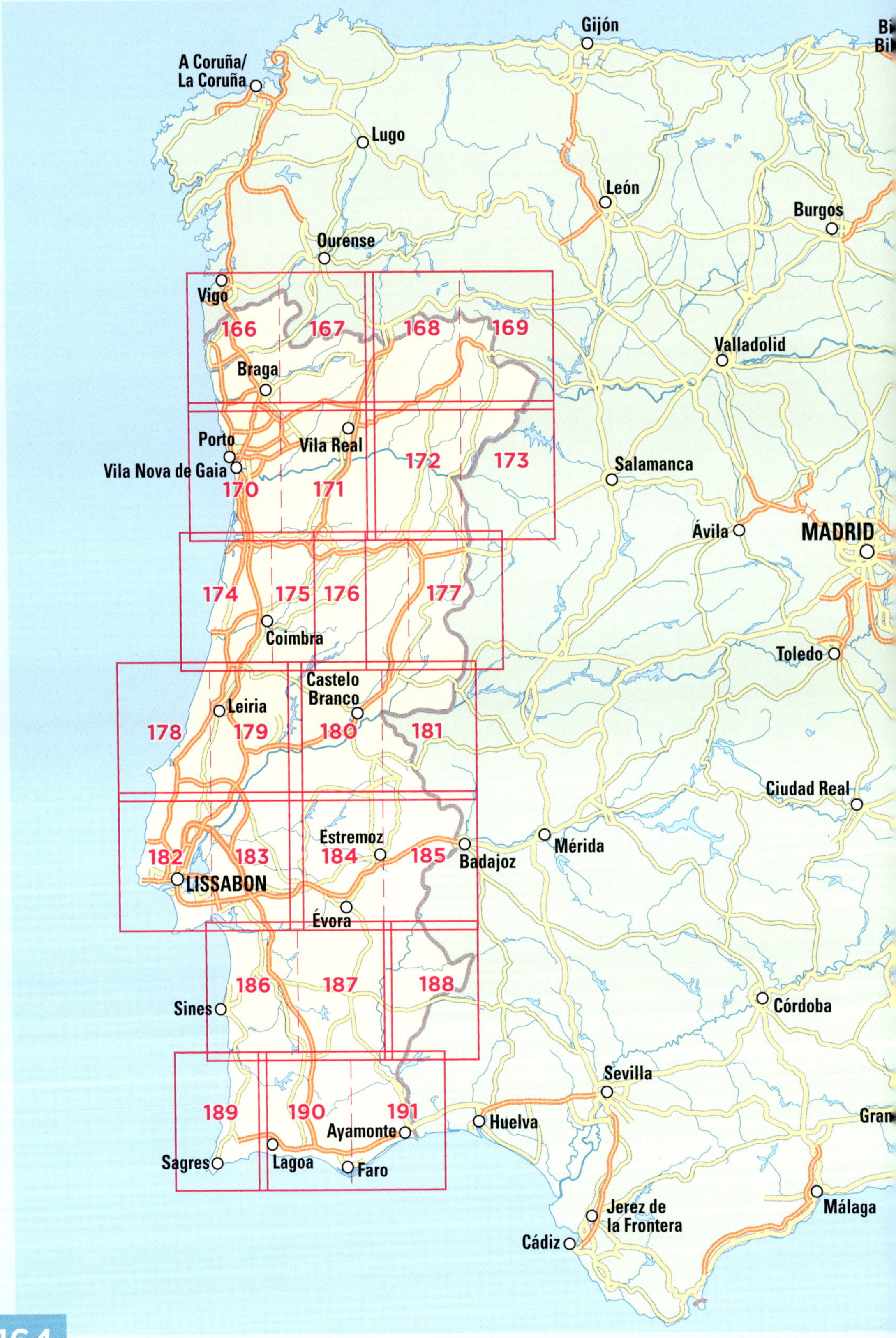
A Coruña/
La Coruña
Gijón
Lugo
León
Burgos
Ourense
Vigo
166
167
168
169
Braga
Valladolid
Porto
Vila Real
Vila Nova de Gaia
172
173
170
171
Salamanca
Ávila
MADRID
174
175
176
177
Coimbra
Toledo
Castelo
Branco
Leiria
178
179
180
181
Ciudad Real
Estremoz
Mérida
182
183
184
185
Badajoz
LISSABON
Évora
186
187
188
Sines
Córdoba
Sevilla
189
190
191
Ayamonte
Huelva
Sagres
Lagoa
Faro
Málaga
Jerez de
la Frontera
Cádiz

LEGENDE

Route 1 - ZWISCHEN KNABBERNDEN ZIEGEN UND SCHILLERNDEM LIFESTYLE

Route 2 - ZU DEN WELTERBESTÄTTEN IN PORTUGALS MAGISCHER MITTE

Route 3 - WALLFAHRT, WEINBAU UND WUNDERBARER WELTGEOPARK

Route 4 - KÖNIGSPALÄSTE, KASTELLE UND KÜSTEN

Route 5 - WO DIE SONNE GOLDEN ÜBER DEN HÜGELN SCHEINT

Route 6 - SONNE, SAND UND VIEL MEE(H)R

A7 Autobahn mit Anschlussstelle

75 Schnellstraße

Fernstraße

Nebenstraße

Sonstige Straße

Fahrweg

Eisenbahn

Flüsse

See

Bebauung

Natur-, Nationalpark

Staatsgrenze

C 10 Campingplätze

S 10 Stellplätze

Sehenswürdigkeit – Kultur

Sehenswürdigkeit – Natur

Kirche, Kloster

Klosterruine

Schloss

Schlossruine

Museum

Höhle

Windmühle

Leuchtturm

Hünengrab

Aussichtspunkt

Flughafen

HUBER KARTOGRAPHIE

N

0 10 km

1 : 360.000

A
B
C
D
1
2
3
4
5
6
Baiona
Monterreal
Cabo Silleiro
Punta Centinela
Gondomar
Parque Natural Monte Aloia
Tui
Valença do Minho
Salvaterra do Miño
Monção
As Neves
Mazedo
Longos Vales
Museu do Vinho Alvarinho
Igreja de Penso
Ponte romano
Santa Maria dos Anjos
Areas
Lousado 613
Arrabal (Oia)
Playa do Muiño
Sanxián
Calvario (Rosal)
Playa Fedorento
Playa da Guarda
A Guarda
Castro de Sta. Tegra
Ruinas Celtas
Serra de Argallo
O Seixo (Tomiño)
Vila Meã
Sobrada
Cerdal
Gândara
Pias
Tangil
Merufe
Rio Minho
Vila Nova de Cerveira
Paredes de Coura
Penedo das Vistas
Paisagem Protegida do Corno de Bico
Rio Frio
Caminha
Covas
Moledo
Praia de Moledo
Vila Praia de Âncora
Praia de Âncora
Praia da Arga
Serra de Arga
Afife
Arcos de Valdevez
Ponte da Barca
Vila Nova de Muía
Moreira do Lima
Arcozelo
Refóios do Lima
Ponte de Lima
Gandra
Lavradas
Santa Luzia 552
Elevador de Santa Luzia
Pousada Monte Santa Luzia
Viana do Castelo
Praia do Cabedelo
Darque
Meadela
Portuzelo
Lanheses
Serreleis
Santa Leocádia
Vitorino dos Piães
Facha
Souto
Anais
Duas Igrejas
Vila Verde
Caldelas
Vila de Punhe
Alvarães
Capareiros
Castelo do Neiva
Parque Natural do Litoral Norte
Praia de Cepães
Marinhas
Esposende
Fão
Fonte Boa
Barcelos
Termas de Eirogo
Sta. Maria do Bouro
Pousada
Braga
Bom Jesus do Monte
Sameiro
Citânia de Briteiros
Palmeira
Taipas (Caldelas)
Praia da Apúlia
Apúlia
Barqueiros
Rio Cavado
Costa Verde
Vila Nova de Famalicão
Citânia
Pousada N. Sa. da Oliveira
170

E
F
G
H
1
2
3
4
5
6
Melgaço
Igreja de Fiães
Celanova
San Salvador
Xinzo de Limia
Lagoa de Antela
Bande
Ponte Romana
Parque Peneda-Gerês
Serra de Laboreiro
Serra da Peneda
Serra Amarela
Serra do Gerês
Serra de Xurés
Serra de Pisco
Serra de Pena
Serra do Larouco
Serra do Barroso
Serra de Leiranco
Serra da Cabreira
Serra de Santa Eufemia
Reserva de la Biosfera Transfronteriza Gerês-Xurés
Embalse das Conchas
Embalse de Lindoso
Embalse de Salas
Lindoso
Espigueiros
Fontefria
Pitões das Júnias
Montalegre
Ecomuseu de Barroso
Barragem de Paradela
B. do Alto Cávado
Barragem do Alto Rabagão
Barragem de Vilarinho das Furnas
Portela do Homen
Caldas do Gerês
Miradouro Pedra Bela
Ponte de Misarela
Ruivães
Venda Nova
Pousada de São Bento
Cornos das Alturas
Boticas
Museu Rural de Boticas
Carvalhelhos
Vieira do Minho
Salto
Cabeceiras de Basto
Refojos de Basto
Arco de Baúlhe
Ribeira de Pena
Vila Pouca de Aguiar
Fafe
S 104
S 103
C 108
C 106
C 107
C 105
C 102
C 101
168
171

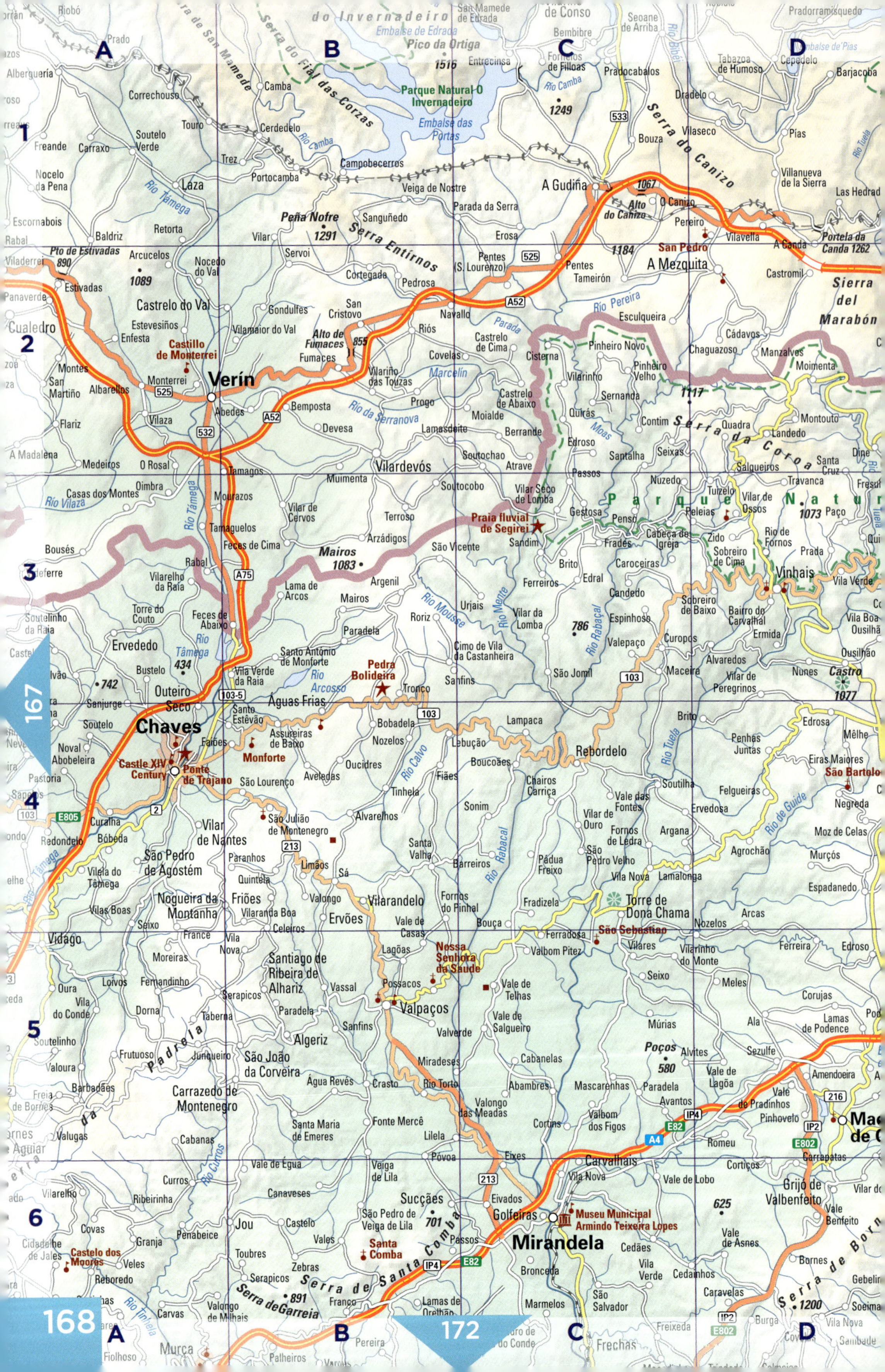

A
B
C
D
1
2
3
4
5
6
Embalse de Edrada
Pico da Órtiga
1516
Parque Natural O Invernadeiro
Embalse das Portas
Serra do Fial das Corzas
Serra de San Mamede
Camba
Correchouso
Cerdedelo
Touro
Soutelo Verde
Freande
Carraxo
Trez
Portocamba
Campobecerros
Nocelo da Pena
Laza
Río Támega
Veiga de Nostre
Parada da Serra
A Gudiña
Alto do Canizo
1067
O Canizo
Pereiro
Vilavella
A Canda
Portela da Canda 1262
Serra do Canizo
Fornos de Filloas
1249
Río Camba
Pradocabalos
Bouza
Dradelo
Vilaseco
Tabazoa de Humoso
Cepedelo
Barjacoba
Pías
Villanueva de la Sierra
Las Hedradas
Entrecinsa
Escornabois
Baldriz
Retorta
Peña Nofre
1291
Sanguñedo
Serra Entírnos
Erosa
Rabal
Pto de Estivadas
890
Arcucelos
Noceda do Val
Vilar
Servoi
Pentes (S. Lourenzo)
Pentes
Tameirón
1184
San Pedro
A Mezquita
Castromil
Sierra del Marabón
Viladerrei
Estivadas
1089
Cortegada
Pedrosa
A52
Panaverde
Castrelo do Val
Gondulfes
San Cristovo
Navallo
Río Pereira
Esculqueira
Cualedro
Estevesiños
Enfesta
Castillo de Monterrei
Vilamaior do Val
Alto de Fumaces
855
Fumaces
Ríos
Castrelo de Cima
Cádavos
Chaguazoso
Manzalvos
Moimenta
Montes
San Martiño
Albarellos
Monterrei
Verín
Abedes
Vilariño das Touzas
Covelas
Cisterna
Pinheiro Novo
Pinheiro Velho
Vilarinho
Sernanda
1117
Bemposta
Río da Serranova
Progo
Castrelo de Abaixo
Moialde
Quirás
Contim
Serra da Coroa
Quadra
Landedo
Montouto
Flariz
Vilaza
Devesa
Lamasdeite
Berrande
Edroso
Santalha
Seixas
Dine
A Madalena
Medeiros
O Rosal
Tamagos
Vilardevós
Soutochao
Atrave
Passos
Salgueiros
Santa Cruz
Travanca
Fresulfe
Casas dos Montes
Oimbra
Mourazos
Muimenta
Soutocobo
Vilar Seco de Lomba
Nuzedo
Tuizelo
Vilar de Ossos
1073
Paço
Río Vilaza
Vilar de Cervos
Terroso
Praia fluvial de Segirei
Gestosa
Penso
Peleias
Parque Natural
Tamaguelos
Arzádigos
Sandim
Frades
Cabeça de Igreja
Zido
Rio de Fornos
Bousés
Feces de Cima
Mairos
1083
São Vicente
Sobreiro de Cima
Prada
Rabal
Brito
Caroceiras
Vinhais
Vila Verde
Vilarelho da Raia
Lama de Arcos
Argenil
Ferreiros
Edral
Candedo
Mairos
Urjais
Vilar da Lomba
Sobreiro de Baixo
Bairro do Carvalhal
Soutelinho da Raia
Torre do Couto
Feces de Abaixo
Paradela
Roriz
Rio Mouse
Rio Mente
786
Espinhoso
Ermida
Vila Boa de Ousilhão
Ervededo
Rio Tâmega
Santo António de Monforte
Cimo de Vila da Castanheira
Rio Rabaçal
Valepaço
Curopos
Ousilhão
434
Bustelo
Vila Verde da Raia
Rio Arcosso
Pedra Bolideira
São Jomil
Alvaredos
Maceira
Nunes
Castro
1077
742
Outeiro
Tronco
Sanfins
103
Vilar de Peregrinos
Sanjurge
Seco
Águas Frias
103-5
Santo Estêvão
Bobadela
Lampaca
Brito
Edrosa
Soutelo
Chaves
Assureiras de Baixo
Nozelos
Lebução
Rebordelo
Penhas Juntas
Mêlhe
Noval
Abobeleira
Faiões
Monforte
Oucidres
Rio Calvo
Boucoães
Rio Tuela
Eiras Maiores
São Bartolomeu
Castle XIV Century
Ponte de Trajano
Avelelas
Fiães
Chairos
Carriça
Soutilha
Pastoria
São Lourenço
Tinhela
Vale das Fontes
Felgueiras
Negreda
E805
Curalha
São Julião de Montenegro
Alvarelhos
Sonim
Vilar de Ouro
Ervedosa
Rio de Guide
Moz de Celas
Redondelo
Bóbeda
Vilar de Nantes
213
Fornos de Ledra
Argana
Agrochão
Murços
Vilela do Tâmega
São Pedro de Agostém
Paranhos
Santa Valha
Barreiros
Rio Rabaçal
Pádua Freixo
São Pedro Velho
Vila Nova
Lamalonga
Espadanedo
Quintela
Limãos
Sá
Nogueira da Montanha
Friões
Valongo
Vilarandelo
Fornos do Pinhal
Fradizela
Torre de Dona Chama
Arcas
Vilas Boas
Vilaranda Boa
Ervões
Vale de Casas
Bouça
Seixo
Celeiros
Ferradosa
São Sebastião
Nozelos
Vidago
France
Vila Nova
Lagoas
Nossa Senhora da Saúde
Valbom Pitez
Vilares
Vilarinho do Monte
Ferreira
Edroso
Moreiras
Santiago de Ribeira de Alhariz
Possacos
Vale de Telhas
Seixo
Meles
Oura
Loivos
Fernandinho
Vassal
Valpaços
Corujas
Vila do Conde
Serapicos
Paradela
Vale de Salgueiro
Múrias
Ala
Lamas de Podence
Dorna
Taberna
Sanfins
Valverde
Poços
580
Alvites
Soutelinho
Padrela
Algeriz
Sezulfe
Frutuoso
Junqueiro
São João da Corveira
Mirandes
Cabanelas
Vale de Lagôa
Amendoeira
Valoura
Água Revés
Crasto
Rio Torto
Abambres
Mascarenhas
Paradela
Avantos
Vale de Pradinhos
Barbadães
Carrazedo de Montenegro
Valongo das Meadas
IP4
Pinhovelo
216
Freixo de Borres
Santa Maria de Emeres
Fonte Mercê
Cortiços
Valbom dos Figos
E82
A4
Romeu
IP2
Macedo de Cavaleiros
Valugas
Cabanas
Lilela
E802
Carrapatas
Rio Curros
Póvoa
Eixes
Carvalhais
Vale de Égua
Veiga de Lila
Vila Nova
Vale de Lobo
Grijó de Vilar do Monte
Curros
213
Valbenfeito
Vilarelho
Ribeirinha
Canaveses
Succões
Eivados
625
Vale Benfeito
Covas
Jou
Castelo
São Pedro de Veiga de Lila
701
Golfeiras
Museu Municipal Armindo Teixeira Lopes
Penabeice
Granja
Vales
Santa Comba
Passos
Mirandela
Vale de Asnes
Cidadelhe de Jales
Castelo dos Mouros
Veles
Toubres
Zebras
Serra de Santa Comba
Cedães
Vila Verde
Bornes
Reboredo
Serapicos
IP4
E82
Bronceda
Cedainhos
Gebelim
891
Serra de Garreira
Franco
Lamas de Orelhão
Marmelos
São Salvador
Caravelas
Serra de Bornes
1200
Soeima
Carvas
Valongo de Milhais
Murça
Pereira
Frechas
Freixeda
Burga
Vila Nova
Sambade
Rio Tinhela
Fiolhoso
Palheiros
Vale de Conde
IP2
E802
Covas

167

172

E
F
G
H
1
2
3
4
5
6
Puebla de Sanabria
Bragança
Miranda do Douro
Alcañices
Vimioso
Trabazos
Argozelo
Izeda
Morais
S a n a b r i a
V a l l e d e
Sierra de la Culebra
de Montesinho
Parque
T e r r a
Sierra de la Gamoneda
Serra de Montezinho
Sierra Segundera
Cabril 1850
Portillo del Padornelo 1360
1419
1311
1318
1243
Peña Mira
974
969
El Castro
Miño Cuevo 1211
808
653
610
771
Lago de Sanabria
Embalse de Puente Porto
Embalse de Cernadilla
Embalse de Valparaiso
Río Negro
Río Aliste
Río Sabor
Río de Onor
Río Maçãs
Rio Vale de Moinhos
Ribeira de Angueira
Arroyo del Regato
Barragem de Miranda
Cidadela
Museu Militar De Bragança
Pousada São Bartolomeu
Ruínas préhistóricas
Santo António
São Sebastian
São Fransisco
Castelo de Algoso
Grutas
Senhora das Dores
Senhora do Monte
São Roque
A52
525
912
A4
IP4
E82
E802
218
217
219
218-2
N122
IC5
221
216
125
San Martín de Castañeda
Murias
Rábano de Sanabria
Doney de la Requejada
Carbajalinos
Villarejo de la Sierra
Donado
Quintanilla
Villalverde
Muelas de los Caballeros
Ribadelago de Franco
Trefacio
Galende
Villarino de Sanabria
Santiago de la Requejada
Monterrubio
Espadañedo
Letrillas
Donadillo
Molezuelas de la Carballeda
Sotillo de Sanabria
Bouzas
San Juan de la Cuesta
Anta de Rioconejos
Dornillas
Peque
Avedillo de Sanabria
San Miguel de Lomba
El Puente
Ferreros
Rosinos de la Requejada
Lanseros
Palacios de Sanabria
Santa Colomba de Sanabria
Triufé
Lagarejos de la Carballeda
Manzanal de los Infantes
Otero de los Centenos
Otero de Sanabria
Asturianos
Entrepeñas
Cernadilla
Mombuey
Santa Eulalia del Río Negro
Ungilde
Requejo
Pedralba de la Pradería
Robledo
Sandín
Anta de Tera
Rionegro del Puente
Fresno de la Carballeda
Valparaiso
Manzanal de Arriba
Sagallos
Codesal
Manzanal de Abajo
Pedroso de la Carballeda
Folgoso de la Carballeda
Conal
Villanueva de Valrojo
Baños de Calabor
Santa Cruz de Abranes
La Tejera
Calabor
Rihonor de Castilla
Villardeciervos
Montezinho
Rio de Onor
Santa Cruz de los Cuérragos
Linarejos
Boya
Portelo
Guadramil
Riomonzanas
San Pedro de las Herrerías
França
Vilarinho
Cova da Lua
Aveleda
Villarino de Manzanas
Figueruela de Arriba
Mahide
Cabañas de Aliste
Soutelo
Rabal
Carragosa
Varge
Petisqueira
Figueruela de Abajo
Pobladura de Aliste
Meixedo
Baçal
Labiados
Deilão
Las Torres de Aliste
Oleiros
Sacoias
Moldones
Oleirinhos
Gallegos del Campo
Palazuelo de las Cuevas
Campogrande de Aliste
Donai
Vila Nova
Vila Meã
Grandais
São Julião
Babe
Vega de Nuez
Palácios
San Cristóbal de Aliste
Castro de Avelãs
San Vicente de la Cabeza
Villariño de Cebal
Gimonde
San Blas
El Poyo
Gostei
Refega
Nuez
Samil
Viñas
Milhão
San Vitero
Nogueira
Ribas
Grisuela
Alfaião
San Juan del Rebollar
Rabanales
São Pedro de Serracenos
Quintanilha
Rábano de Aliste
Tola
Ufones
Rebordãos
Sarzeda
Rio Frio
San Martín del Pedroso
Sejas de Aliste
Faílde
Freixiedo
Alcorcillo
Matellanes
Mós de Rebordãos
Grijó de Parada
Passô
Paradinha Velha
Sortes
Paredes
Latedo
Santa Ana
Arcillera
Vivinera
Ceadea
Pacô de Sórtes
Outeiro
Vilarino Tras la Sierra
Santa Comba de Rossas
Pinela
Parada
Avelanoso
Moveros
Coelhoso
Vale de Frades
São Martinho de Angueira
Cicouro
Garçãozinho
Salsas
Vila Boa
Pinelo
Serapicos
Constantim
Estação Fermentãos
Paradinha Velha
Paradinha Nova
São Joanico
Angueira
Vila Franca
Calvelhe
Especiosa
Ifanes
Sendas
Carção
Maceda do Mato
Frieiras
Póvoa
Valdrez
Santulhão
Caçarelhos
Vinhas
Bagueixe
Genísio
Malhadas
Pena Branca
Salselas
Gralhos
Campo de Víboras
Vale de Águia
Castro Roupal
Talhinhas
Vila Chã da Ribeira
Granja
Vilar Seco
Limãos
Avinhó
Sobrêda
Matela
Silva
Vale de Algoso
Uva
Águas Vivas
Vale de Mira
Talhas
Duas Igrejas
Paradinha de Besteiros
Junqueira
Algoso
Mora
Cércio
Lombo
Palaçoulo
Badilla
Lagoa
Macedo do Peso
Teixeira
Cozcurrita
Valcerto
Fonte de Aldeia
Freixiosa
Argañín
Peredo
Sampaio
Peso
São Martinho do Peso
Atenor
Prado Gatão
Vila Chã de Braciosa
Fariza
Vilarinho
Vidueda
Granja
Mámoles
Picote

173

166

A
B
C
D
1
2
3
4
5
6
Póvoa de Varzim
Vila do Conde
Nau Quinhentista
Costa Verde
OCEANO
ATLÂNTICO
Santo Tirso
Matosinhos
PORTO
Vila Nova de Gaia
Espinho
Santa Maria de Feira
São João da Madeira
Oliveira de Azeméis
Ovar
Mercado Bolhão
Clérigos Church
Sé
Rotunda do Catulo
Museu de Chapelaria
Alto Douro Wine Region
Pousada da Ria
Reserva Natural das Dunas de S. Jacinto
Praia do Funtão
Praia de Boa Nova
Praia Miramar
Praia da Aguda
Praia da Granja
Praia da Baía
Barrinha de Esmoriz
Praia de Esmoriz
Praia de Cortegaça
Praia de São Pedro de Maceda
Praia de Furadouro
Praia de Torreira
Ria de Aveiro
Canal de Ovar
Rio Douro
Rio Leça
Rio Sousa
Rio Arda
Rio Caima
Sobreiros 470
384
S 111
C 110
S 112
A1
A3
A4
A28
A29
A32
A41
A25
A7
IC1
IC2
IC5
IC23
IC24
IC25
IC29
IP1
IP4
IP5
E01
E80
E82
Vila Nova de Famalicão
Paços de Ferreira
Valongo
Gondomar
Maia
Ermesinde
Rio Tinto
Leça da Palmeira
Senhora da Hora
São Mamede de Infesta
Valbom
Avintes
Canelas
Pedroso
Grijó
Esmoriz
Arrifana
Estarreja
Murtosa
Albergaria-a-Velha
Vale de Cambra
Sever do Vouga
Pessegueiro do Vouga
Valmaior
Ribeira de Fráguas
Branca
Macinhata do Vouga

174

167
172
175
176
E
F
G
H
1
2
3
4
5
6
Amarante
Vila Real
Peso da Régua
Lamego
Castro Daire
Viseu
Felgueiras
Mosteiro Pombeiro
Torrados
Varziela
Várzea
Refontoura
Airães
Borba de Godim
Vila Cova da Lixa
Telões
Figueiró
Agilde
Fervença
Arnoia
Castelo
Moreira do Castelo
Codeçoso
Rebordelo
Canadelo
Chapa Fridão
Olo
Corvelo do Monte
Pousada de São Gonçalo
Lufrei
Sanche
Aboadela
Madalena
de Basto
Paradança
Ponte de Olo
Ermelo
Fisgas
Parque Natural do Alvão
Serra do Alvão
Pardelhas
Campanhó
Vila Cova
Pepe
Quintã
Pereira
1243
Campeã
Pousada
Torgueda
Vila Marim
Lordelo
Mondrões
Parada de Cunhos
Solar de Matteus
Panoias
Portelas
Folhadela
Mateus
Borbela
Adoufe
Benagouro
Paredes
São Tomé do Castelo
Fortunho
Gravelos
Sanguinhedo
Calçada
Gache
Vale de Nogueiras
Constantim
Andrães
Portela
Cumieira
Ermida
Fornelos
Loureiro
Fontes
Serra do Marão
1415
Souto
Candemil
Cima de Vila
Tapada
Gondar
Lomba
Jazente
Salvador do Monte
Rio Fornelo
Carneiro
Tolões
Sedielos
Vinhos
Medrões
Sever
Moura Morta
Santa Marta de Penaguião
Alvações do Corgo
Jorjais
Nogueira
Bujões
Magalhã
Paradela de Guiães
Guiães
Vila Seca
Ordonho
Poiares
Gouvinhas
Galafura
Vilarinho dos Freires
Canelas
638
Covelinhas
Folgosa
Barragem da Régua
Rio Douro
S 301
3
108
IP3
A24
E801
A4
E82
IP4
A11
A42
A7
15
101
Aveleda
Travanca
Manhufe
Caíde de Rei
Real
Banho
Vila Caiz
Ataíde
Recezinhos
Croca
Castelões
Toutosa
Legua
Santo Isidoro
Fornos
Várzea da Ovelha e Aliviada
Marco de Canaveses
Vila Boa de Quires
Abragão
Maureles
Tuías
Vila Cova
Tabuado
Chavães
Boscras
Loivos do Monte
Teixeira
Vila Marim
Ramadas
Rio de Galinhas
Alpendurada
Cadimes
Ervins
Furacasas
Gestaço
Pousada Solar da Rede
Fontelas
Freixo
Soalhães
Baião
Tresouras
Mesão Frio
Santa Marinha
Quinta
Barqueiros
Penajóia
Samodães
Cambres
Perozelo
Boelhe
Rosem
Castilho
Paredes de Viadores
Mesquinhata
Ingilde
Grilo
Pousada
Uchas
Gem
do Zêzere
Barrô
Valdigem
Fontelo
Armamar
Santa Adrião
Vila Seca
Vila Boa do Bispo
Favões
Alpendurada de Matos
Penha Longa
Pacos de Gaiolo
Vila Monim
Baião
Ancede
Santa Cruz do Douro
Cárquere
Resende
Frende
Fonte da Mesa
Casal
1122
Sande
Aldeias
Figueira
Coura
Aricera
Espadanedo
Souselo
B. do Carrapatelo
Anreade
São Romão de Aregos
São Martinho de Mouros
Nossa Sra. dos Remédios
B. da Varosa
Toês
Travanca
Goujoim
Cinfães
Pias
Oliveira do Douro
Cárquere
C 300
Várzea de Abrunhais
Santiago
São Martinho das Chãs
Escamarão
Tarouquela
Moimenta
Santiago de Piães
São Cristóvão de Nogueira
Freigil
B. do Fregil
Rio Bestança
São Cipriano
Mournis
Felgueiras
Serra do Poio
Póvoa
Britiande
Ferreirim
Vila Pouca
Meixedo
Lumiares
Castelo de Paiva
Fornelos
1025
Ferreiros de Tendais
Ovadas
Rossas
Maguela
Dornas
Meijinhos
226
Salzedas
Cimbres
Dálvares
Granja Nova
Contim
Vila Chã da Beira
Vilar da Arca
Ervilhais
Pimeiro
Feirão
1218
Ribabelide
Gosende
Lazarim
Gondomar
Tarouca
Passô
Paravigões
Tendais
Panchorra
Bustelo
Gralheira
Cotelo
Bigorne
Campo Benfeito
Rossão
Mazes
Antas
Arguedeira
Várzea da Serra
Gravaz
Mondim da Beira
São João de Tarouca
Arcas
Espiunca
Noninha
Aveloso
Alhões
1381
Rio Balsemão
1080
Serra da Cascalheira
Teixelo
Vilarinho
Alvite
Paraduça
Leomil
1009
Cerro do Cão
Canelas
720
Alvarenga
Bustelo
Serra de Montemuro
Moimenta
Laboucinho
Faifa
Carvalhosa
1210
Mezio
Moura Morta
Vale Abrigoso
Cole de Pito
1004
Bustelo
Vila Chã do Monte
Serra de Leomil
Semitela
663
Cabril
Rio Paiva
974
Eiriz
Picão
Vilar
Relva
Cujó
1037
Almofala
Serra da Nave
Carapito
Arouca
Meã
Parada de Ester
Pereira
Ermida
São Joaninho
Carvalha
1016
1013
Pêra Velha
Burgo
Moldes
Janarde
Covas do Rio
Ester
Pinheiro
Ferejinhas
Pendilhe
Domingueiros
Fuste
Gafanhão
Reriz
Pepim
Granja
Cerdeira
Póvoa
Ariz
Covelo do Paivó
962
1052
São Martinho das Moitas
Mosteirô
Ribolhos
Folgoso
Vila Cova a Coelheira
Touro
São Martinho
Lamosa
Soutosa
Rio de Frades
São Macário
Souto
Canado
Alhais de Cima
Peva
Serra da Arada
Cabreiros
Macieira
Ervilhal
Ribolhinhos
Mões
Malhada
Vila Nova de Paiva
Segões
Gestoso
Candal
1119
Leirados
Aldeia
Pesos
Alva
Carvalhal
Frágua
Covelo de Cima
Vilarinho
Sul
Outeiro
Fermentelos
Moita
Casais do Monte
Rio Paiva
Manhouce
1072
Coelheira
Aveloso
Arcas
Figueiredo de Alva
Lamas
Moledo
Castreiras
Corujeira
Sernadinha
Landeira
Santa
Sá
Castelo
Coura
Duas Igrejas
Ferreira de Aves
Reserva
Lourosa da Trapa
288
Pindelo dos Milagres
Adenodeiro
Água de Alte
Queiriga
Lamas de Ferreira
São João da Serra
Santa Cruz da Trapa
São Félix
Vila Maior
Rio de Mel
Vilar do Monte
Calde
Nogueira
Santa Bárbara
Vila Boa
Preguinho
Covelo
Figueirosa
Pinho
Paradiça
Almargem
Várzea
323
Vilarinho
Valadares
Serrazes
São Pedro do Sul
Sobral
Rio Vouga
Barreiros
Fontainhas
Rãs
Decermilo
Oliveira de Frades
Termas de S. Pedro
Várzea
Ribafeita
Lustosa
Lordelo
Cepões
Avelal
Mioma
Pinheiro
São Vicente de Lafões
Fataunços
Gumiei
Paço
Bertelhe
Sátão
Rio de Moinhos
Silvã de Cima
Botanica
Valarinho
Vouzela
Ventosa
Roda
Bodiosa
Cavernães
São Miguel de Vila Boa
Pés de Pontes
Paços
Sacorelho
Silgueiros
Queirela
Campo
Carvalhal
Sezures
Queira
Portela
Masgalos
Mozelos
Pascoal
Mundão
Ribeira de Sátão
Lusinde
A25
Cercosa
Campia
Sova de Lobishomen
E80
Vila Chã do Monte
Couto de Cima
Figueiró
Povolide

168
171
176
A
B
C
D
1
2
3
4
5
6
Vila Real
Vila Verde
Alijó
Favaios
Sabrosa
Carlão
Vila Flor
Senhora dos Remédios
Alfândega da Fé
São Domingos
Freixiel
Carrazeda de Ansiães
Castelo de Ansiães
Linhares
Pinhão
Ervedosa do Douro
São João da Pesqueira
Barragem da Valeira
Torre de Moncorvo
Parque aquático
Pousada do Barão de Forrester
São Mamede de Ribatua
Rio Sabor
Felgar
Serra do Reboredo
Tabuaço
Serra do Sampaio
Vila Nova de Foz Côa
Capela de Foz Côa
Rio Douro
Barragem do Pocinho
Faia Brava
Complexo de arte rupestre paleolítica do Vale do Côa
Rio Côa
Castelo Melhor
Senhora do Campo
Penedono
Mêda
C 303
Castelo de Marialva
Marialva
Senhora dos Aflitos
Espinhaço
Barragem de Vilar
Castelo Medieval Porta Do Sol
Sernancelhe
Serra do Pereiro
Serra da Lapa
Aguiar da Beira
Ruínas do Castelo
Nossa Sa de Fátima
Castelo de Trancoso
Trancoso
Muralha
Serra da Marofa
Marofa
Pinhel
Senhora do Pranto
Ruínas do Castelo
Vila Franca das Naves
Freixedas
E802
IP2
IC5
E82
A4

169

E
F
G
H
1
2
3
4
5
6
Mogadouro
Castelo de Mogadouro
Serra de Mogadouro
Natural
de Douro
Parque Natural de Arribes del Duero
Barragem de Bemposta
Barragem de Picote
Barragem de Aldeiadavila
Barragem de Saucelle
Barragem de Santa Maria
Embalse de Almendra
Río Douro
Río Duero
Río Huebra
Río Águeda
Río Agueda
Río Seco
Río Turones
Tierras de Sayago
Bemposta
Fermoselle
Villarino
Trabanca
Aldeadávila de la Ribera
Salto de Adeadávila
Lagoaça
Freixo de Espada à Cinta
Castelo de Freixo de Espada à Cinta
Barrucopardo
Ruinas ibéricas
Vitigudino
Hinojosa de Duero
Moncalvo (Ruinas romanas)
Cerralbo
Jardín Botánico
Ruinas históricas
Castro de Yecla La Vieja
Lumbrales
San Felices de los Gallegos
Villar de Ciervo
Fuerte Concepción
Sancti-Spíritus
Museu da Guarda
Ermita de Cristo
Villar de Peralonso
Sante António
Peñahorcada
Torrocillo
Pereña
Masueco
Corporario
Mieza
Milano
Villasbuenas
Barreras
Saldeana
Bermellar
Saucelle
Salto de Saucelle
Vilvestre
Cabeza del Caballo
Valsalabroso
Las Uces
Barceíno
Barceo
Valderrodrigo
Majuges
Guadramiro
Encinasola de los Comendadores
Yecla de Yeltes
Moronta
Escuernavacas
Bogajo
Pozos de Hinojo
Villavieja de Yeltes
Villares de Yeltes
Fuenteliante
Olmedo de Camaces
Bañobárez
Boada, Salamanca
Retortillo
El Cubo de Don Sancho
Martín de Yeltes
Pedraza de Yeltes
Bocacara
Alba de Yeltes
Tragunfía
Cipérez
Peralejos de Abajo
Peralejos de Arriba
Gomeciego
Becerril
Espadaña
Villargordo
Puertas
Gejuelito del Monte
Manceras
Berganciano
El Manzano
Ahigal de Villarino
Zarza de Don Beltrán
La Vídola
Las Cañadas
Cabeza de Framontanos
Almendra
Presa de Almendra
Sardón de los Frailes
Iruelos
Brincones
Carrasco
Robledo Hermoso
Villar de Samaniego
Sanhón de la Ribera
Villarmuerto
Fuentes de Masueco
La Zarza de Pumareda
Cerezal de Peñahorcada
La Peña
Sobradillo
La Redonda
Ahigal de los Aceiteros
Almofala
Escarigo
La Bouza
Puerto Seguro
Vermiosa
Vale de Coelha
Vale da Mula
Aldea del Obispo
Castillejo de Dos Casas
Barquilla
Serranillo
Martillán
Villar de la Yegua
Sexmiro
Castillejo de Martín Viejo
Villar de Argañán
La Alameda de Gardón
São Pedro de Rio Seco
Valdenoguera
Poiares
Congira
Mazouco
Quintas de Martim Tirado
Fornos
Estevais
Quintana das Quebradas
Quinta das Quebradas
Bruçó
Castelo Branco
Meirinhos
Valverde
Santo André
Salgueiro
Paradela
Brunhoso
Remondes
Castro Vicente
Porrais
Soutelo
Azinhoso
Vale da Madre
Zava
Figueira
Santiago
Variz
Brunhosinho
Urrós
Vila de Ala
Tó
Lamoso
Paçó
Algosinho
Peredo da Bemposta
Vila dos Sinos
Ventozelo
Vilarinho dos Galegos
Sendim
Pinilla de Fermoselle
Fornillos de Fermoselle
San Roque
Formariz
Cibanal
Palazuelo de Sayago
Zafara
Picote
Travanca
Pena Róia
IC5
216
221
221-7
220
517
315
527
324
325
432
A62
954
920
674
680
885
837
786
808
829
866
769
522

177

170

A
B
C
D
1
2
3
4
5
6
OCEANO
ATLÂNTICO
Costa de Prata
AVEIRO
Museu de Aveiro (Sta. Joana)
Gafanha da Nazaré
Praia da Barra
Gafanha da Encarnação
Gafanha de Aquém
C 200
S 201
Gafanha do Carmo
Praia da Costa Nova da Vagueira
Gafanha da Vagueira
C 202
S 203
Gafanha da Boa Hora
Aveiro Lagoon
Gafanha da Areão
Poço da Cruz
Praia de Mira
S 205
Praia de Mira
C 204
Praia do Palheirão
Ílhavo
Aradas
Esgueira
Eixo
Oliveirinha
Marco
Quintãs
Vale de Ílhavo
Granja de Cima
Vagos
Salgueiro
Sosa
Lombomeão
Quinta
Lomba
Vergas
Cabecinhas
Choca do Mar
Calvão
Seixo
Cabeço
Lagoa
Mira
Presa
Casal de São Tomé
Ermida
Corujeiras
Cochadas
Caniceira
Fonte de Martel
Barrins
Tocha
Lagoa da Tocha
Palheiros da Tocha
Morros
Pedros do Poço Frio
Lagoa da Vela
Bom Sucesso
Camarção
L. dos Tres Braas
Casa Nova
Erveda
Praia de Quiaios
Quiaios
Palheiros de Quiaios
Serra da Boa Viagem
214
Cabo Mondego
Buarcos
Tavarede
Praia da Figueirada Faz
Figueira da Foz
S 206
Cova Gala
Praia do Hospital
C 207
Costa de Lavos
S 208
Leirosa
Praia da Leirasa
Duna Litoral
Pinhal do Urso
Carriço
Guarda do Norte
Grou
Guia
Mata Mourisca
Mourisca de Baixo
Pombal
Museu
Fetelra
Malhos
Charneca
Monte
Museu Etnológico
Carregosa
Ouca
Rio Tinto
Bustos
Ponte de Vagos
Fonte de Angeão
Covão do Lobo
Montouro
Marvão
Covões
Vilamar
Sanguinheira
Camarneira
Leitões
Lentisgueira
Colmeal
Barracão
São Caetano
Febres
Fontinha
Varziela
Cantanhede
Taboeira
Cadima
Casal
Lemede
Vila Nova
Casais dos Faiscas
Bunhosa
Catarruchos
Arazede
Zambujal
Zambujeiro
Tojeiro
Netos
Bebedouro
Amieiro
Seixo de Gatões
Ferreira-a-Nova
Liceia
Ribas
Pincho
Santana
Esperança
Quinta da Foga
Gatões
Bica
Brenha
Alhadas
Santo Amaro de Bouça
Cavalinha
Maiorka
Montemor-o-Velho
Vila Verde
Reveles
Verride
Alfarelos
Moinho de Almoxarife
Alqueidão
Albunheira
Vila Nova da Barca
Carvalhal de Azóia
Lavos
Amieira
Casal Verde
Carvalhais
Paião
Outeiro
Calvete
Azenha
Pedrógão
Samuel
Cercal
Gesteira
Sobral
Marinha das Ondas
Casal dos Barcelos
Santo Isidro
Matas
Sobral de Baixo
Carrascos
Louriçal
Vieirinhos
Netos
Almagreira
Castelhanas
Antões
Biqueiras
Redondos
Venda da Cruz
Pelariga
Charneca
Boavista
Covão da Silva
Senhora de Belém
Serra de Sicó
Santo Varão
Formoselha
Granja do Ulmeiro
Pereira
Arzila
Res. Nat. Dop. de Arzila
Anobra
R. Mondego
Ameal
Brunhós
Casal do Redinho
Vila Nova de Anços
Belide
Casével
Campizes
Sebal Grande
Pouca Pena
107
Ega
Rebolia
Arrifana
Alençarce
Soure
Paleão
Condeixa
Ruinas de Conimbriga
Pousada Santa Cristina
Furadouro
Casmilo
Presa
Serra de Janeanes
Venda Nova
Quarto Lagoas
Redinha
Degrácias
Carunchо
Arrancada
Pousadas Vedras
Mata de Cima
Poço dos Cães
Verigo
Ereiras
Requeixo
Pateira de Fermentelos
Fermentelos
Oiã
Perrães
Mamodeiro
Verba
Nariz
Palhaça
Silveiro
Aliança Underground Museum
Pedreira
Troviscal
Sangalhos
Mamarrosa
Póvoa de Pereiro
Amoreira da Gândara
Levira
Ancas
Mogofores
Couvelha
Villarinho do Bairro
Poutena
São Lourenço do Bairro
Bolho
Montinho
Póvoa do Bispo
Sepins
Lapa
Pocariça
Ourenta
Murtede
Pedrulha
Cordinhã
Enxofães
Póvoa da Lomba
Outil
Pena
Pisão
Portunhos
Andorinha
Vil de Matos
Casais de Vera Cruz
Ançã
Portela
Vila Verde
São Marcos
Meco
Tentugal
Cidreira
São Silvestre
Meãs do Campo
Paveiro
Vila Pouca
São João de Loure
Alquerubim
Trofa
Travaço
Eirol
Espinhel
Piedade
Taboeira
Frossos
Sermo
A25
IP5
A17
E01
E80
A1
IP1
IC1
IP3
A14
IC2
IC8
109
111
342
348
21

178

179

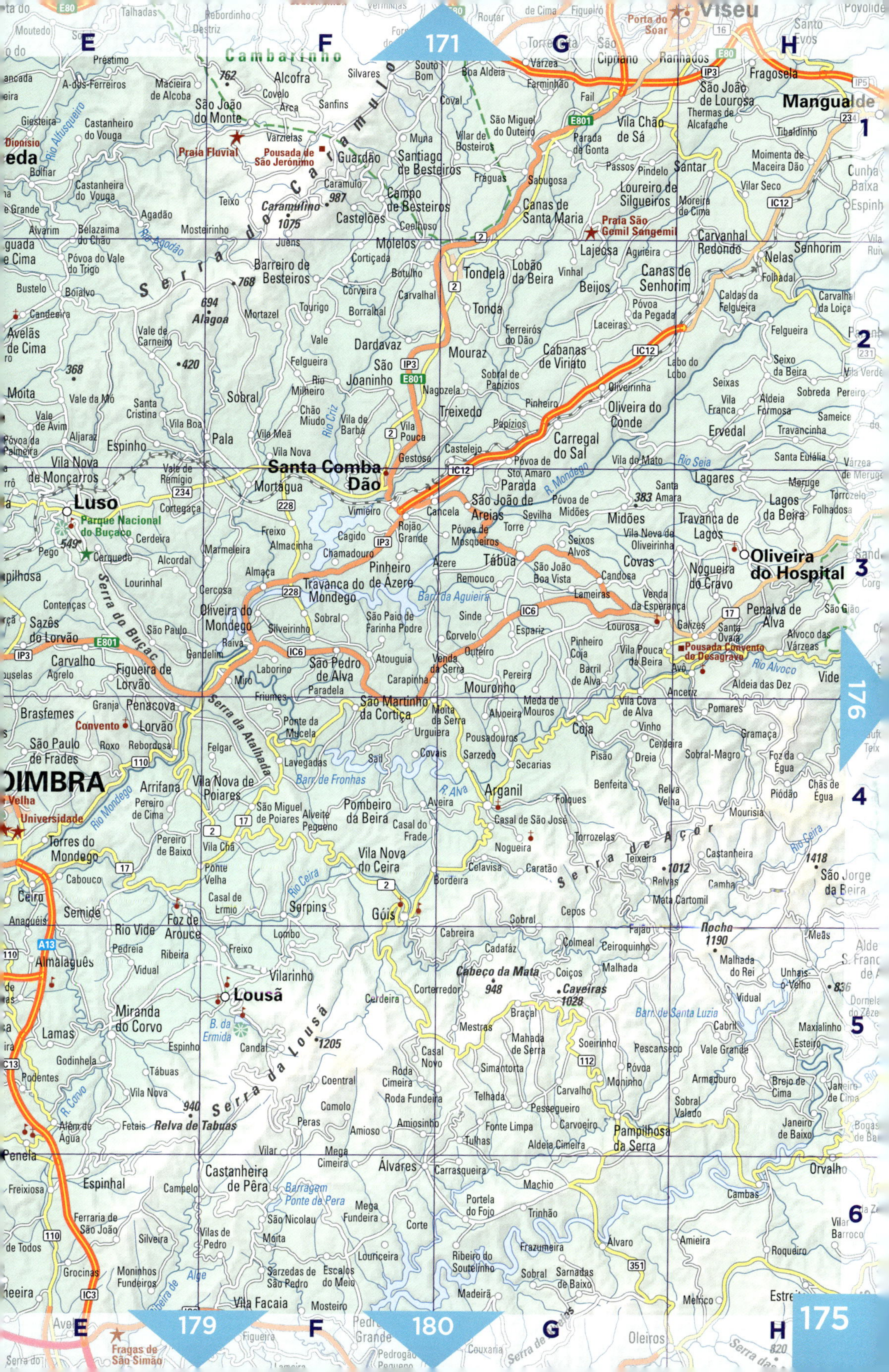
171
179
180
176
Viseu
Mangualde
Cambarinho
Serra do Caramulo
Caramulinho 1075
Tondela
Santa Comba Dão
Luso
Parque Nacional do Buçaco
Serra do Buçaco
Mortágua
Carregal do Sal
Oliveira do Conde
Canas de Senhorim
Nelas
Oliveira do Hospital
Tábua
Penacova
Coimbra
Universidade
Lousã
Serra da Lousã
Góis
Arganil
Serra do Açor
Pampilhosa da Serra
Castanheira de Pêra
Miranda do Corvo
Penela
Vila Nova de Poiares
Pousada Convento do Desagravo
Barr. da Aguieira
Barr. de Fronhas
Barr. de Santa Luzia
Praia Fluvial
Praia São Gemil Sangemil
Pousada de São Jerónimo
Fragas de São Simão
E
F
G
H
1
2
3
4
5
6

171
172
175
180
A
B
C
D
1
2
3
4
5
6
Viseu
Mangualde
Nelas
Seia
Manteigas
Oliveira
do Hospital
Covilhã
Fundão
Arganil
Gouveia
Fragosela
Carvalhal
Redondo
Senhorim
Canas de
Senhorim
Carregal
do Sal
Oliveira do
Conde
Cabanas de
Viriato
Tondela
Lagares
Travanca de
Lagos
Lagos
da Beira
Penalva de
Alva
Vide
Loriga
Sandomil
São Romão
Sabugueiro
São Paio
Arcozelo
Cativelos
Tourais
Paranhos
Vila Nova
de Tazém
Santa Marinha
Casa
da Torre
Museu do Pão
Pousada de
São Lourenço
Caldas de
Manteigas
Poço do Inferno
Lagoa
Comprida
Cascatas da
Candieira
Torre
1993
1856
1457
Poio de
Oliveira
Penhas
da Saúde
Museu de
Arte Sacra
Aldeia do
Carvalho
Teixoso
Boidobra
Tortosendo
Cortes de Meio
Unhais da
Serra
Alvoco da Serra
Vasco Esteves
de Baixo
Vasco Esteves
de Cima
Teixeira
Fonte Espinho
1061
Erada
Dominguizo
Paul
Barco
Silvares
Castelejo
Souto
da Casa
Alpedrinha
Serra da Gardunha
1227
Serra da Orada
São Vicente
da Beira
Soalheiro
Maunça
1005
Cidade do
Engenho e das Artes
Vaverde
Aldeia de
S. Francisco
de Assis
São Jorge
da Beira
1418
Rocha
1190
1012
Serra de Açor
Piódão
Pousada Convento
do Desagravo
Pampilhosa
da Serra
Orvalho
Almaceda
Cambas
Janeiro
de Cima
Janeiro
de Baixo
Dornelas
do Zêzere
Cabeço da Mata
948
Caveiras
1028
Barr. de Santa Luzia
Barr. Cova
do Viriato
Barr. da
Marateca
Rio Mondego
Rio Seia
Rio Alvoco
Rio Ceira
Rio Zêzere
Rib. da Xirnasse
Parque Natural
da Serra da Estrela
Cabeça Alta
1287
Cerro do
1222
1301
Linhares
Folgosinho
Valhelhas
Verdelhos
Sameiro
Prainha São
Gemil Sangemil
Praia São
C 306
C 308
A25
A23
IP5
IP3
IP2
IC12
IC6
E80
E801
E802
E806
Vila Chã de Sá
Canas de
Santa Maria
Serra das
820
Oleiros
Estreito
Vale Bonito
Alcains

173

E
F
G
H
1
2
3
4
5
6
Guarda
Guarda-Gare
Museu da Guarda
C 305
S 304
Sobral da Serra
Porto da Carne
Avelãs de Ambom
Menoita
Alvendre
Cavadoude
Vila Cortês do Mondego
Lajeosa do Mondego
Aldeia Viçosa
Faia
Chãos
Macainhas de Baixo
Barracão
Panóias de Cima
Vale de Estrela
Aldeia do Bispo
Ramela
Rapoula
Arrifana
Segueira
Gonçalo Bocas
Casal de Cinza
Jarmelo
Donfins
Gagos
Monteiros
Granja
Miragaia
Toito
Ribeira dos Carinhos
Montes
Gata
Griado
Vila Garcia
Rochoso
Albardo
Cerdeira
Pousada
Pínzio
Castanheira
Cabreira
Amoreira
Castelo Mendo
Freixo
Cheiras
Ade
Monte da Velha
Monte Perobolço
Porto de Ovelha
Paraisal
Parada
Aldeia de São Sebastião
Castelo Bom
Vilar Formoso
Freineda
Colonia de la Estación
Fuentes de Oñoro
Espeja
Poço Velho
Nave de Haver
Malhada Sorda
Miuzela
Arrifana
Badamalos
Rio Côa
Rio Noeme
Monte Margarida
Pêro Ficós
Vale Longo
Vila Fernando
Vila Mendo
Santana da Azinha
Marmoleiro
Penedo da Sé
Seixa do Côa
Carvalhal
Vilar Maior
Aldeia da Ribeira
Batocas
La Alamedilla
Puebla de Azaba
Bismula
Escabralhado
Aldeia da Dona
Rebolosa
La Albergueria de Argañán
El Risco
Aldeia de Santa Madalena
Adão
Martim da Pega
Caraval Meão
Abitureira
Vale das Eguas
Rapoula do Côa
Ruivos
Monte Vasco
Pega
Monte Novo
Vila do Touro
Ruvina
Lameiras
Pousafoles do Bispo
Lomba
Benespera
Vela
Seixo Amarelo
Gaia
Colmeal
Macainhas
Pena Lobo
Sobreira
Vale Mourisco
Quintas de São Bartolomeu
Baraçal
Rendo
Vila Boa
Nave
Alfaiates
Sacraparte
Aldeia de Ponte
Casillas de Flores
Forcalhos
Cardeal
Castelo de Cinco Quinas
Sabugal
Museu Biblioteca
Torre
Souto
Aldeia Velha
Aldeia do Bispo
Casas de la Berzosa
Bendada
Águas Belas
Espinhal
Aldeia de Santo António
Trigais
Belmonte
S 309
Pousada Convento de Belmonte
Muralha
Sortelha
S 310
Alagoas
Inguias
Quinta de Santo Amaro
Carvalhal
Caria
Casteleiro
Moita
Santo Estêvão
Meimão
Malcata
Barragem do Sabugal
Quadrasais
Vale de Espinho
Navasfrías
Serra da Malcata
1076
Fóios
Mezas 1265
Cruz del Rayo
Reserva Natural
Parcial da Serra
da Malcata
Quinta do Passarinho
Sierra de la Malvana
Monte do Bispo
Vale da Senhora da Po'voa
Ribeira do Casteleiro
Ribeira de Vale de Loba
Barragem de Meimoa
Concelhos
1007
Quinta do Major
Valverde del Fresno
El Soto
San Martin de Trevejo
Eljas
1492
Acebo
Quintas
Escarigo
Salgueiro
646
S 311
Meimoa
Benguerença
Santa Marta 804
Ferreira 578
Vale de Freixo
Leitoa
Penamacor
Noguera
Casas de Casimiro Martín
Valle de Venta
Villamiel
Hoyos
Trevejo
Quelhinhas
Rio Torto
Rio de la Vega o de Matalobos
Enxames
Quintas da Feijoeira
Póvoa 683
Nossa Senhora de Bom Sucesso
Safurdão
Casas Cucharón
Sierra de Santa Ulalla
Villalba
641
Cilleros
El Cuarto
Muro
Aldeia do Bispo
Rio Bazágueda
Casa de Rolo
Aldeia de Mata da Rainha
Águas
Aldeia de João Pires
Aranhas
Serra do Ramiro
483
Malpartida
Puente de la Merced
Martianas
Ribeira de Ceife
Pedrógão
Salvador
768
Campo Frio
Serra de Moreirinha 681
754
Vale Feitoso
Minguillana
Bemposta
Cidral
Relva
Vale da Murta
Moinhos De Agua
Vaquilha
Penha Garcia
Casa de Vidal
Vegaviana
Aldeia de Santa Margarida
Ribeira de Taveiro
Medelim
Muralha Rom.
Monsanto
Pousada Monsanto
Sebes Rotas
Badanais
524
Rio Erjas
Rio Eljas
La Mata
Proença-a-Velha
São Miguel de Acha
Barragem de Penha Garcia
Rio Ponsul
Monfortinho
Moreras
Mallades
Idanha-a-Velha
Egitânia (Rom.)
Vale das Eiras
529
Sierra de la Garrapata
Caballo 562
625
Casa Cuarto de Salamanca
Oledo
Albufeira dos Carvalhos
Barragem da Idanha
Ribeira de Arades
Torre
Casas del Salinero
Cabeço Monteiro
C 312
Alcafozes
506
Idanha-a-Nova
Muralha
Senhora da Graça
Senhora do Almurtão
357
Monte Velho
Casa Benavente
A25
A23
A62
E80
E802
E806
IP5
IP2
221
233
324
332
200
233-3
348
205
239
240
108

181

174
182
A
B
C
D
1
2
3
4
5
6
OCEANO
ATLÂNTICO
Costa de Prata
Praia de Vieira
Pedras Negras
São Pedro de Moel
Agua de Madeiros
Pinhal de Leiria
Marinha Grande
Senhora da Vitória
Vale de Paredes
Burinhosa
Vale Furado
Martingança Ferraria
Pataias
Pataias Gare
C 216
Museu Dr. Joaquim Manso
Fanhais
Nazaré
IC9
Valado dos Frades
C 217
Praia de Nazaré
Serra da Pascaria
Cela Velha
Bárrio
Alcobaça
Famalicão
Cela
Serra de Mangues
Facho
São Martinho do Porto
Macarca
Bica
Marques
C 218
Alfeizerão
Rebelos
Arcipreste
Salir do Porto
Pardo
Gaio
Vale de Maceira
Casal Velho
Boavista
Serra do Bouro
Chão da Parada
Peso
Cumeira
Vimeiro
Cidade
Carvalhal Benfeito
Santa Catarina
S 219
Tornada
Cruzes
Foz do Arelho
Campo
Salir de Matos
Praia d. Foz do Arelho
Relvas
Candeeiros
Nadadouro
Caldas da Rainha
Benedita
Lagoa de Óbidos
Museu José Malhoa
Zambujal
Ribafria
Arelho
Matueira
Almofala
Venda das Raparigas
Rio Real
Bairo
Alvorninha
Venda da Costa
Pousada do Castelo
Fanadia
Vidais
Óbidos
Gaieiras
Crastos
Vau
Sobral da Lagoa
S 220
São Gregório da Fanadia
Rabaceiro
Amoreira
A15
Gracieira
A dos Francos
Landal
Vale de
Bairradas
Olho Marinho
São Mamede
Salgueiro
Pó
Rolica
Barrocalvo
Painho
Delgada
Carvalhal
Figueiros
Casais da Serra
Dagorda
Serranos
Bombarral
Alguber
Vermelha
Valle Covo
Peral
Sobrena
Cadaval
Murteira
Cercal
Tagarro
Adão Lobo
Lamas
Rocha Forte
Pêro Moniz
Ventosa
São Salvador
Pragança
Vilar
Serra de Montejunto
Outeiro da Cabeça
Póvoa
Aldeia Grande
Cabanas de Torres
Farilhoes
Forcadas
Ilhas da Berlanga
Estelas
Berlenga Grande
Praia do Baleal
Baleal
Ferrel
Cabo Carvoeiro
Fortaleza
Peniche
Atouguia da Baleia
Mestre Mendo
Praia do Medão
Serra d'El-Rei
Praia da Consolação
IP6
B. de S. Domingos
Geraldes
Praia de São Bernardino
Bufarda
Paço
Reguengo Grande
Forte Pai Mogo
Moledo
Abelheira
Praia da Areia Branca
Seixal
São Bartolomeu dos Galegos
Areia Branca
Pinhôa
Lourinhã
Atalaia
Nadrupe
Moita dos Ferreiros
Casal Nova
Museu da Lourinhã
Miragaia
Marteleira
Ribamar
Ventosa
Campelos
Porto Novo
Cabeça Gorda
Praia de Porto Novo
Praia de Santa Rita
Póvoa de Penafirme

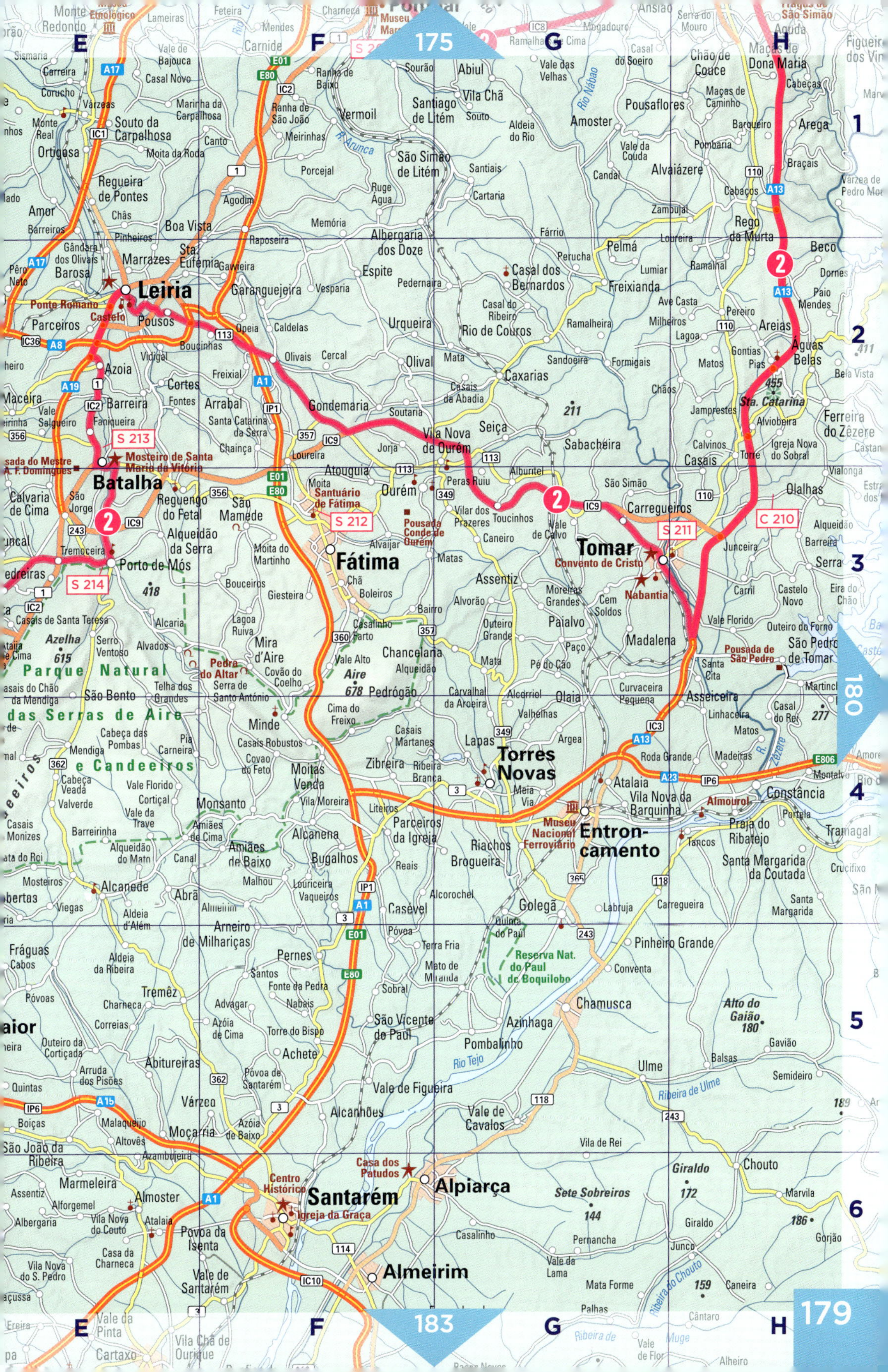

175
E
F
G
H
1
2
3
4
5
6
Leiria
Batalha
Mosteiro de Santa Maria da Vitória
Fátima
Santuário de Fátima
Ourém
Pousada Conde de Ourém
Tomar
Convento de Cristo
Nabantia
Torres Novas
Entroncamento
Museu Nacional Ferroviário
Santarém
Centro Histórico
Igreja da Graça
Alpiarça
Casa dos Patudos
Almeirim
Constância
Almourol
Golegã
Reserva Nat. do Paul de Boquilobo
Chamusca
Porto de Mós
Parque Natural das Serras de Aire e Candeeiros
Pedra do Altar
Ponte Romana
Castelo
Pousada do Mestre A. F. Domingues
Pousada de São Pedro
Vila Nova de Ourém
Marrazes
Pousos
Azoia
Barreira
Regueira de Pontes
Souto da Carpalhosa
Ortigosa
Amor
Boa Vista
Caranguejeira
Olivais
Gondemaria
Espite
Urqueira
Caxarias
Seiça
Sabacheira
Freixianda
Pelmá
Casal dos Bernardos
Rio de Couros
Albergaria dos Doze
Vermoil
São Simão de Litém
Santiago de Litém
Abiul
Vila Chã
Amoster
Pousaflores
Alvaiázere
Rego da Murta
Areias
Águas Belas
Sta. Catarina
Ferreira do Zêzere
Carregueiros
Madalena
Asseiceira
Paialvo
Assentiz
Chancelaria
Pedrógão
Minde
Mira d'Aire
Alcanena
Monsanto
Moitas Venda
Bugalhos
Parceiros da Igreja
Riachos
Brogueira
Atalaia
Vila Nova da Barquinha
Praia do Ribatejo
Santa Margarida da Coutada
Pinheiro Grande
Azinhaga
Pombalinho
São Vicente do Paul
Pernes
Arneiro de Milhariças
Tremês
Alcanede
Abrã
Vale de Figueira
Alcanhões
Vale de Cavalos
Ulme
Chouto
Sete Sobreiros
Alto do Gaião
Almoster
Póvoa da Isenta
Vale de Santarém
Malaqueijo
Moçarria
Várzea
Marmeleira
Reguengo do Fetal
São Mamede
Alqueidão da Serra
Calvaria de Cima
Azelha
Aire
Rio Tejo
Ribeira de Ulme
A1
A8
A13
A15
A17
A19
A23
E01
E80
E806
IC2
IC3
IC9
IC10
S 211
S 212
S 213
S 214
C 210
180
183
179

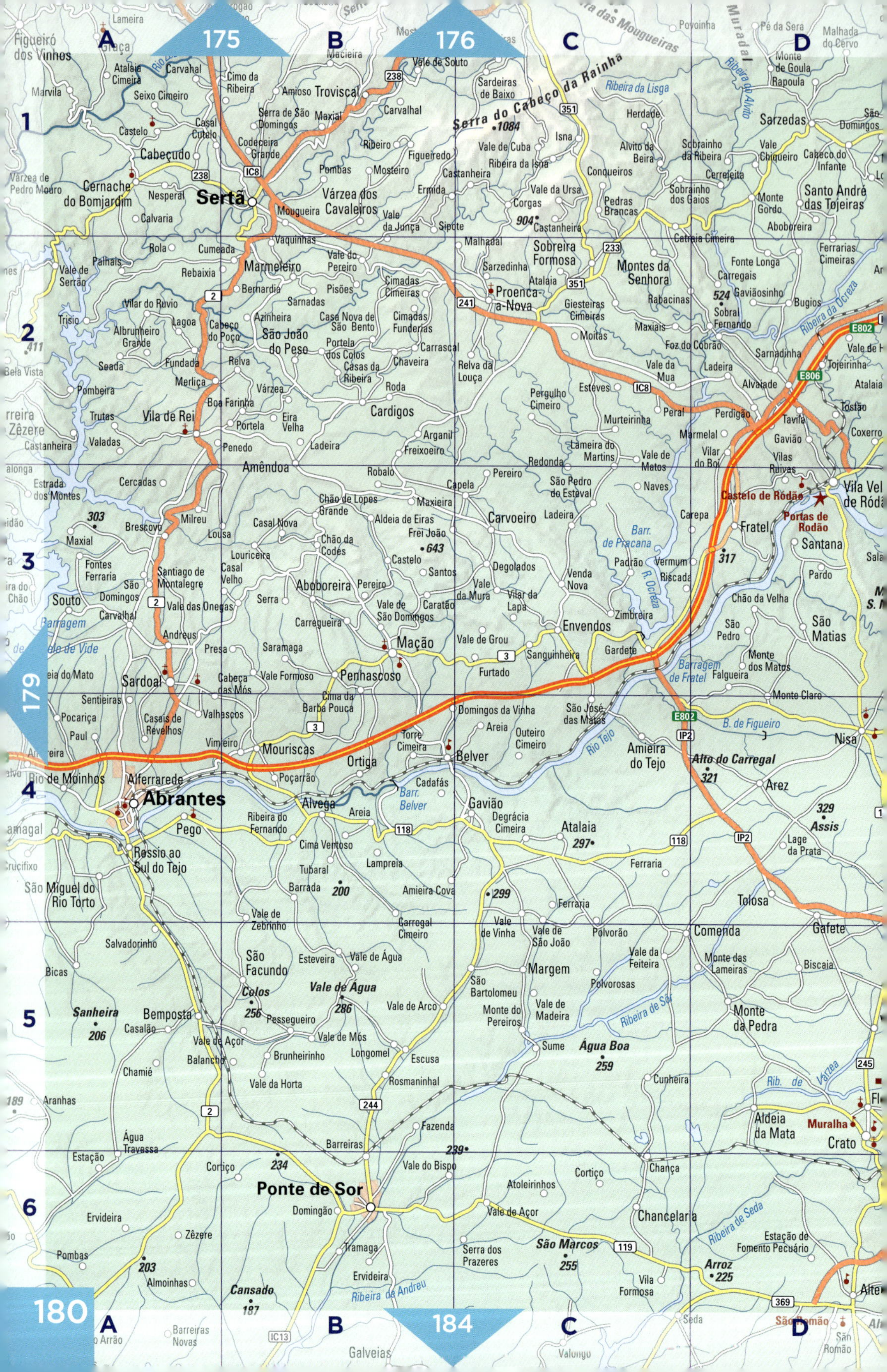

175
176
179
184
A
B
C
D
1
2
3
4
5
6
Figueiró dos Vinhos
Lameira
Graça
Ataíde Cimeira
Carvalhal
Marvila
Seixo Cimeiro
Castelo
Casal Cutelo
Cabeçudo
Várzea de Pedro Mouro
Cernache do Bomjardim
Nesperal
Calvaria
Sertã
Cimo da Ribeira
Amioso
Troviscal
Maciéira
Serra de São Domingos
Maxial
Codeceira Grande
IC8
238
Carvalhal
Vale de Souto
Sardeiras de Baixo
Serra do Cabeço da Rainha
1084
Ribeiro
Figueiredo
Vale de Cuba
Isna
Ribeira da Isna
Castanheira
Pombas
Mosteiro
Ermida
Várzea dos Cavaleiros
Mouguelra
Vale da Junça
Sipote
Vale da Ursa
Corgas
904
Castanheira
351
Ribeira da Lisga
Herdade
Alvito da Beira
Conqueiros
Pedras Brancas
Sobrainho da Ribeira
Sobrainho dos Gaios
Cerrejeita
Ribeira do Alvito
Muradal
Póvoinha
Pé da Serra
Malhada do Cervo
Monte de Goula
Rapoula
Sarzedas
Vale Chiqueiro
São Domingos
Cabeço do Infante
Santo André das Tojeiras
Monte Gordo
Aboboreira
Catraia Cimeira
Ferrarias Cimeiras
Fonte Longa
Carregais
524
Gaviãosinho
Bugios
Sobral Fernando
Ribeira da Ocreza
E802
Vale de H
Sarnadinha
Tojeirinha
Atalaia
Alvaiade
E806
Tostão
Perdigão
Tavila
Gavião
Coxerro
Vilas Ruivas
Vila Velha de Ródão
Castelo de Ródão
Portas de Ródão
Santana
Fratel
317
Marmelal
Vilar do Boi
Carepa
Vale Pardo
Sala
Chão da Velha
São Pedro
São Matias
Monte dos Matos
Falgueira
Barragem de Fratel
Monte Claro
Rola
Cumeada
Vaquinhas
Marmeleiro
Vale do Pereiro
Malhadal
Sobreira Formosa
233
Montes da Senhora
Palhais
Vale de Serrão
Rebaixia
Bernardia
Sarnadas
Pisões
Cimadas Cimeiras
Sarzedinha
Atalaia
Proença-a-Nova
241
Giesteiras Cimeiras
Rabacinas
Maxiais
Moitas
Foz do Cobrão
Vale da Mua
Ladeira
Trisio
Vilar do Ruivo
Lagoa
Albrunheiro Grande
Cabeço do Poço
Azinheira
São João do Peso
Casa Nova de São Bento
Cimadas Fundeiras
Carrascal
Seada
Fundada
Merliça
Relva
Portela dos Colos
Casas da Ribeira
Chaveira
Relva da Louça
Pombeira
Bela Vista
Roda
Várzea
Boa Farinha
Cardigos
Pergulho Cimeiro
Esteves
IC8
Peral
Trutas
Vila de Rei
Portela
Eira Velha
Murteirinha
Valadas
Castanheira
Penedo
Ladeira
Arganil
Freixoeiro
Lameira do Martins
Vale de Matos
Redonda
Amêndoa
Robalo
Pereiro
São Pedro do Esteval
Naves
Estrada dos Montes
Cercadas
Capela
Chão de Lopes Grande
Maxieira
Carvoeiro
Ladeira
303
Bresccovo
Milreu
Casal Nova
Aldeia de Eiras
Frei João
643
Barr. de Pracana
Maxial
Lousa
Chão da Codes
Castelo
Padrão
Vermum
Riscada
R. Ocreza
Fontes Ferraria
Santiago de Montalegre
Louriceira
Casal Velho
Aboboreira
Pereiro
Santos
Degolados
Venda Nova
São Domingos
Vale da Mura
Vilar da Lapa
Souto
Vale das Onegas
Serra
Vale de São Domingos
Caratão
Zimbreira
Carvalhal
Carregueira
Envendos
Barragem de Vide
Andreus
Saramaga
Mação
Vale de Grou
Gardete
Presa
Sanguinheira
3
Sardoal
Cabeça das Mós
Vale Formoso
Penhascoso
Furtado
Sentieiras
Cima da Barba Pouca
Domingos da Vinha
São José das Matas
Pocariça
Valhascos
Areia
Paul
Casais de Revelhos
Torre Cimeira
Outeiro Cimeiro
Amieira do Tejo
Rio Tejo
E802
IP2
B. de Figueiro
Nisa
Vimieiro
Mouriscas
Ortiga
Belver
Alto do Carregal
321
Rio de Moinhos
Alferrarede
Poçarrão
Cadafás
Abrantes
Alvega
Barr. Belver
Gavião
Arez
Pego
Ribeira do Fernando
Areia
118
Degrácia Cimeira
Atalaia
297
329
Assis
Rossio ao Sul do Tejo
Cima Ventoso
Lage da Prata
Tubaral
Lampreia
Ferraria
Barrada
200
Amieira Cova
299
São Miguel do Rio Torto
Tolosa
Ferraria
Vale de Zebrinho
Carregal Cimeiro
Vale de Vinha
Vale de São João
Polvorão
Comenda
Gafete
Salvadorinho
São Facundo
Esteveira
Vale de Água
Vale da Feiteira
Monte das Lameiras
Biscaia
Bicas
Margem
São Bartolomeu
Polvorosas
Colos
Vale de Água
286
Vale de Arco
Monte do Pereiros
Vale de Madeira
Sanheira
206
Bemposta
256
Pesseguerio
Monte da Pedra
Casalão
Ribeira de Sor
Vale de Açor
Vale de Mós
Sume
Água Boa
259
Balancho
Brunheirinho
Longomel
Escusa
Chamié
Vale da Horta
Rosmaninhal
Cunheira
Ribeira de Várzea
Aranhas
189
2
244
245
Aldeia da Mata
Muralha
Crato
Água Travessa
Fazenda
Barreiras
239
Estação
Cortiço
234
Vale do Bispo
Chança
Ponte de Sor
Atoleirinhos
Cortiço
Domingão
Vale de Açor
Chancelaria
Ervideira
Zêzere
Ribeira de Seda
Estação de Fomento Pecuário
Tramaga
Serra dos Prazeres
São Marcos
255
119
Pombas
203
Almoinhas
Arroz
225
Ervideira
Vila Formosa
Cansado
187
Ribeira da Andreu
369
Alter
Arrão
Barreiras Novas
IC13
Galveias
Valongo
Seda
São Romão

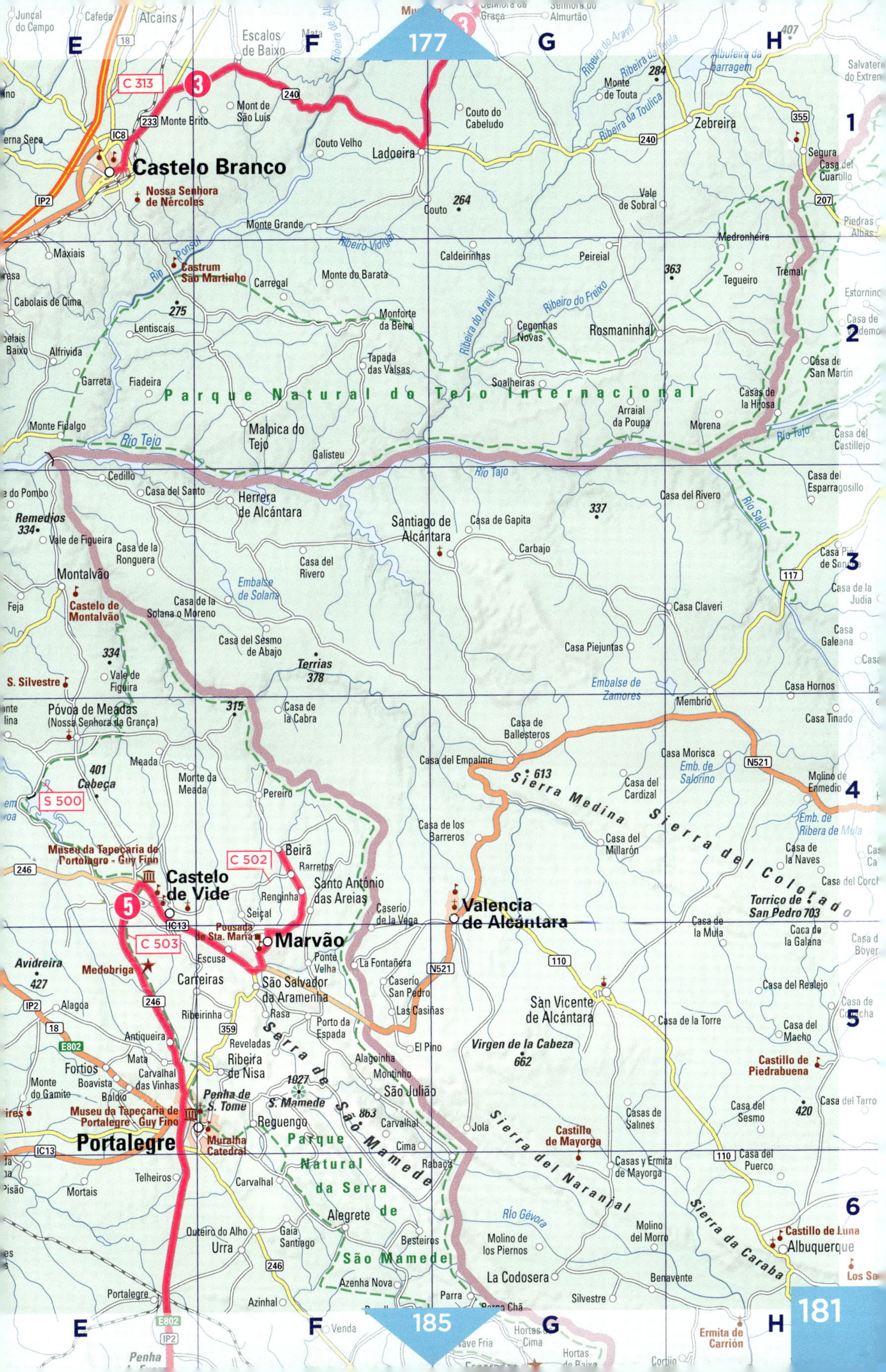

177
185
E
F
G
H
1
2
3
4
5
6
Castelo Branco
Nossa Senhora de Nércoles
C 313
Monte Brito
Mont de São Luís
Escalos de Baixo
Alcains
Couto Velho
Ladoeira
Couto do Cabeludo
Couto
264
Monte de Touta
284
Zebreira
Albufeira da Barragem
Segura
Casa del Cuartillo
Vale de Sobral
Monte Grande
Maxiais
Castrum São Martinho
Carregal
Monte do Barata
Caldeirinhas
Peireial
Medronheira
Tremal
Tegueiro
363
Rio Ponsul
Ribeiro Vidigal
Ribeira do Aravil
Ribeiro do Freixo
Cabolais de Cima
275
Lentiscais
Monforte da Beira
Cegonhas Novas
Rosmaninhal
Alfrivida
Tapada das Valsas
Garreta
Fiadeira
Soalheiras
Casas de la Hijosa
Casa de San Martin
Parque Natural do Tejo Internacional
Monte Fidalgo
Malpica do Tejo
Arraial da Poupa
Morena
Rio Tejo
Galisteu
Rio Tajo
Casa del Castillejo
Cedillo
Casa del Santo
Herrera de Alcántara
Casa del Rivero
Casa del Esparragosillo
Remedios 334
Vale de Figueira
Santiago de Alcántara
Casa de Gapita
337
Rio Salor
Casa de la Ronguera
Carbajo
Montalvão
Castelo de Montalvão
Casa del Rivero
Embalse de Solana
Casa de la Solana o Moreno
Casa Claveri
Casa del Sesmo de Abajo
Casa Piejuntas
334
Vale de Figuira
Terrias 378
S. Silvestre
Embalse de Zamores
Membrío
Casa Hornos
Casa Tinado
Póvoa de Meadas (Nossa Senhora da Graça)
315
Casa de la Cabra
Casa de Ballesteros
401 Cabeça
Meada
Monte da Meada
Casa del Empalme
613
Casa Morisca
Emb. de Salorino
N521
Molino de Enmedio
S 500
Pereiro
Sierra Medina
Casa del Cardizal
Sierra del Colorado
Emb. de Ribera de Mula
Museu da Tapeçaria de Portalegre - Guy Fino
Casa de los Barreros
Casa del Millarón
Casa de la Naves
C 502
Beirã
Barretos
Castelo de Vide
Renginha
Santo António das Areias
Casa del Corcho
Torrico de San Pedro 703
Valencia de Alcántara
Caserío de la Vega
Seiçal
IC13
Pousada de Sta. Maria
Marvão
Casa de la Mula
Coca de la Galana
C 503
Escusa
Ponte Velha
La Fontañera
110
Avidreira 427
Medobriga
Carreiras
São Salvador da Aramenha
Caserío San Pedro
Casa del Realejo
Alagoa
246
Ribeirinha
Rasa
Las Casiñas
San Vicente de Alcántara
359
Porto da Espada
Casa de la Torre
Antiqueira
Reveladas
El Pino
Virgen de la Cabeza 662
Casa del Macho
E802
Mata
Ribeira de Nisa
Alagoinha
Castillo de Piedrabuena
Fortios
Carvalhal das Vinhas
1027
Montinho
Monte do Gamito
Boavista
Baldio
Penha de S. Tomé
S. Mamede
São Julião
Casa del Sesmo
420
Casa del Tarro
Serra de São Mamede
Museu da Tapeçaria de Portalegre - Guy Fino
863
Carvalhal
Jola
Casas de Salines
Reguengo
Castillo de Mayorga
Portalegre
Muralha
Catedral
Parque Natural da Serra de São Mamede
Cima
Rabaça
Casas y Ermita de Mayorga
110
Casa del Puerco
Sierra del Naranjal
Telheiros
Carvalhal
Mortais
Alegrete
Río Gévora
Molino del Morro
Sierra da Caraba
Castillo de Luna
Albuquerque
Outeiro do Alho
Urra
Gaia Santiago
Besteiros
Molino de los Piernos
Los Santos
246
La Codosera
Benavente
Azenha Nova
Portalegre
Azinhal
Parra
Silvestre
E802
IP2
Venda
Porta Chã
Hortas de Cima
Ermita de Carrión

178

A
B
C
D
1
2
3
4
5
6
Torres Vedras
Mafra
Mafra Palace
Convento
Sintra
Palácio Real
Castelo dos Mouros
Convento dos Capuchos
Cabo da Roca
Ocidental do Continente Europeu
Cascais
Boca do Inferno
Estoril
Oeiras
Amadora
LISBOA
Almada
Barreiro
Montijo
Sesimbra
Alenquer
Vila Franca de Xira
Museu Etnográfico
Sobral
Loures
Odivelas
Queluz
Belém
Mosteiro dos Jerónimos
Torre de Belém
Cristo Rei
Museu Naval
Museu Calouste Gulbenkian
Praça Rossio
Castelo de São Jorge
Aeroporto da Portela
Knowledge Pavilion
Ponte Vasco da Gama
Estuário do Tejo
Reserva Natural do
Rio Tejo
Igreja de Nossa Sra. da Assunção ou Igreja Paroquial
Igreja Paroquial Sagrado Coração De Jesus
Parque Natural de Sintra-Cascais
Serra de Sintra
Autódromo do Estoril
Fundação D. Luís I
Faro da Guia
Cabo Raso
Oitavos Dunes Quinta da Marinha
Costa do Estoril
Forte de São Julião da Barra
Faro do Bugio
Costa da Caparica
Costa Azul
Paisagem Protegida
Arriba Fóssil da Costa da Caparica
Lagoa de Albufeira
Museu Arqueológico de Sesimbra
Forte do Cavaio
Parque Nat. da Arrábida
Serra da Arrábida
Convento Novo
Vila Nogueira de Azeitão
São Lourenço
Cabo Espichel
Cabo de Aires
OCEANO
ATLÂNTICO
Ericeira
Praia da Formosa
Praia de Santa Cruz
Praia São Sebastião
Praia do Sul
Praia de Foz do Lisandro
Praia da Samarra
Praia de Magoito
Praia Pequena
Praia Grande
Praia da Adraga
Praia do Guincho
Praia da Crismina
Praia da Torre
Praia do Sol
Praia da Tamagueira
C 401
S 400
S 403
C 402
C 404
C 405
4
A1
A5
A8
A9
A10
A12
A16
A21
A2
A33
E80
E90
IC19
IC15
IC16
IC17
IC18
IC20
IC22
IC2
IP1
IP7
Seixal
Moita
Sacavém
Carcavelos
Carnaxide
Barcarena
Sobreda
Amora
Corroios
Fogueteiro
Palmela
Santo Isidoro
Malveira
Bucelas
Alverca do Ribatejo
Alhandra
Póvoa de Santa Iria
Vialonga
Alcochete
Samouco
Trafaria
Caparica
Cova da Piedade
Monsanto

183

179
184
186
E
F
G
H
1
2
3
4
5
6
Cartaxo
Ourique
Contével
Benfica do Ribatejo
Casais dos Penedos
Cruz do Campo
Vale do Paraíso
Vale da Pedra
Morgado
Muge
Corticos
Foros de Almeirim
Raposa
Paços Velhos
Cruzetos
Machuqueira do Grou
Arrão de Baixo
Formosa Velha
Fazenda
Corças
Vale de Inferno
Ribeira da Calha do Grou
Missa 154
Pocilgais
Foros de Azerveira
Vicentinhos
Granho
Ribeira da Lamarosa
Valada
Escaropim
Caneira
Zebrinho
São José de Lamarosa
Sobreiras
Freixo
Ribeira de Erra
Cocharro
Serrão
Venda da Lamarosa
Marinhais
Rio Tejo
Salvaterra de Magos
Malhada
Vale Zebro
Glória do Ribatejo
Vale Queimado
Barrancosas
Vale de Figueiras
Texugueira
Sanguinheira Velha
Frazão
Juncal
Rio Sorraia
Santa Justa
Agolada
Erra
Bolcilhos
Montinho
Foros de Salvaterra
Areeiros
Granho Novo de Magos
B. de Magos
Benavente
Varzea Fresca
Fajarda
Coruche
Águas Belinhas
Couço
Barrosa
Coelhos
Azervadinha
Barrões
162
Torre
Gamas
Vale Mouro
Ribeira do Divor
Quinta Grande
Samora Correira
Raposeira
Foros do Biscainho
Formosa
Boavista
Cavaleiros
Carregueira
Aroeira
Foros do Rebocho
Aldeia Velha
Vale Grande
Verdugos
Monte dos Condes
Foros do Almada
Foros da Branca
Foros da Salgueirinha
Açude do Monte da Barca
Foros da Fonte de Pau
Pinçalinhos
Adema
Santo Estêvão
147
Carregais
Água Boa
Pinçais
Infantado
Sesmaria Nova
Carregoiceira
46
Latadas
Fazendas da Figueiras
Foros dos Carapuções
164
Várzeas
Figueiras
Cordiçadas do Lavre
Ribeira de Lavre
Casas Novas
Monte dos Frades
Canha
Sesmaria Nova
Lavre
Carrapatal
145
Pitamariça de Baixo
Taipadas
Abegoaria
Canafecheira
Foros de Vale de Figueira
Pontal 111
Foros do Trapo
Barragem da Venda Velha
Santo Isidro de Pegões
Vendas Novas
Museu de Artilharia
Vidigal
231
Ribeira de Canha
Amieira
Lagoa do Calvo
Pegos Claros
Rádio Marconi
Rio Frio
Vala da Asseiceira
Espira de Cima
Ajuda Velha
Forninho
Monte das Piçarras
Barragem dos Vinte e Dois
Poceirão
Espira de Baixo
Cuncos
Silveiras
Fernando Pó
B. dos Vinte e Dois
Arraiados
Lau
Sabra
Vale de Ancho
Nicolau
Algeruz
Águas de Moura
Landeira
Retorta
Cabrela
Marateca
Grou
Torre de Gadanha
Algeruz
Brejo
Ribeira de Marateca
Quinta do Sousa
Ribeira de Cabrela
Moinhola
Mocho
Zambujal
São Romão
Vale de Asna
Montinho
Câmbia
Chameca
Museu do Trabalho Michel Giacometti
Reserva
Brejo de Canes
Casebres
Olheiro
SETUBAL
Azambujeira
Gato
Praia do Sado
Natural
Fangarrifam
Gorgolim
Sesmarias das Correias
Mina de Jungeis
Bairro da Sapec
Santa Catarina
Palma
São Cristóvão
Cetóbriga (Ruína Romana)
do
Monte da Volta
Colos
Foros de Amendonça
Costa da Galé
Ribeira de Martinho
Berlonguinho
Caeirinha
Foros do Pinheiro
Pinheiro
Monte Novo
Rio Sado
Santa Susana
B. do Pego do Altar
Alberge
Estuário do Sado
Freixial
Carrasqueira
Murta
Pego do Altar
Terça
A13
IC3
IC11
IC1
IP1
IP7
A2
A6
A12
E01
E90
114
118
119
251
253
10
4
5
10-8
10-4
253-1

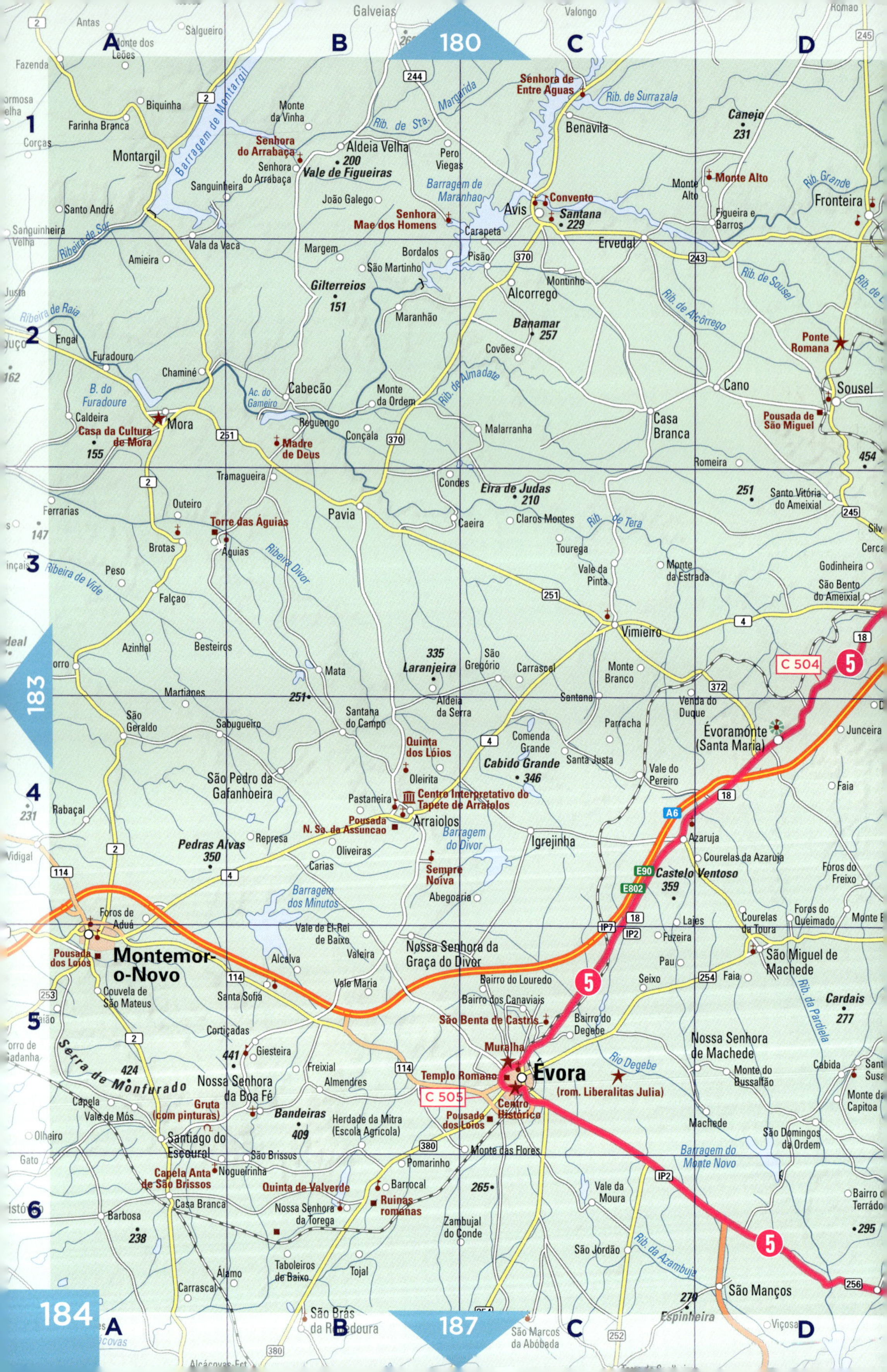
180
183
187
A
B
C
D
1
2
3
4
5
6
Montargil
Barragem de Montargil
Senhora do Arrabaça
Aldeia Velha
Vale de Figueiras
Senhora de Entre Águas
Benavila
Rib. de Surrazala
Canejo
231
Monte Alto
Avis
Convento
Santana
229
Fronteira
Ervedal
Barragem de Maranhão
Senhora Mãe dos Homens
Alcorrego
Banamar
257
Ponte Romana
Sousel
Cano
Casa Branca
Pousada de São Miguel
Mora
Casa da Cultura de Mora
Cabeção
Madre de Deus
Pavia
Torre das Águias
Eira de Judas
210
Vimieiro
Laranjeira
335
Évoramonte (Santa Maria)
C 504
Cabido Grande
346
Quinta dos Lóios
Centro Interpretativo do Tapete de Arraiolos
Pousada N. Sa. da Assuncao
Arraiolos
Igrejinha
Sempre Noiva
Barragem do Divor
Pedras Alvas
350
Azaruja
Castelo Ventoso
359
São Pedro da Gafanhoeira
Montemor-o-Novo
Pousada dos Lóios
Nossa Senhora da Graça do Divor
São Miguel de Machede
Cardais
277
Nossa Senhora de Machede
São Benta de Castris
Muralha
Templo Romano
Évora
(rom. Liberalitas Julia)
Centro Histórico
Pousada dos Lóios
C 505
Serra de Monfurado
Gruta (com pinturas)
Nossa Senhora da Boa Fé
Bandeiras
409
Santiago do Escoural
Capela Anta de São Brissos
Quinta de Valverde
Ruínas romanas
Barragem do Monte Novo
São Manços
Espinheira
270
295
Rio Degebe
Rib. da Azambuja

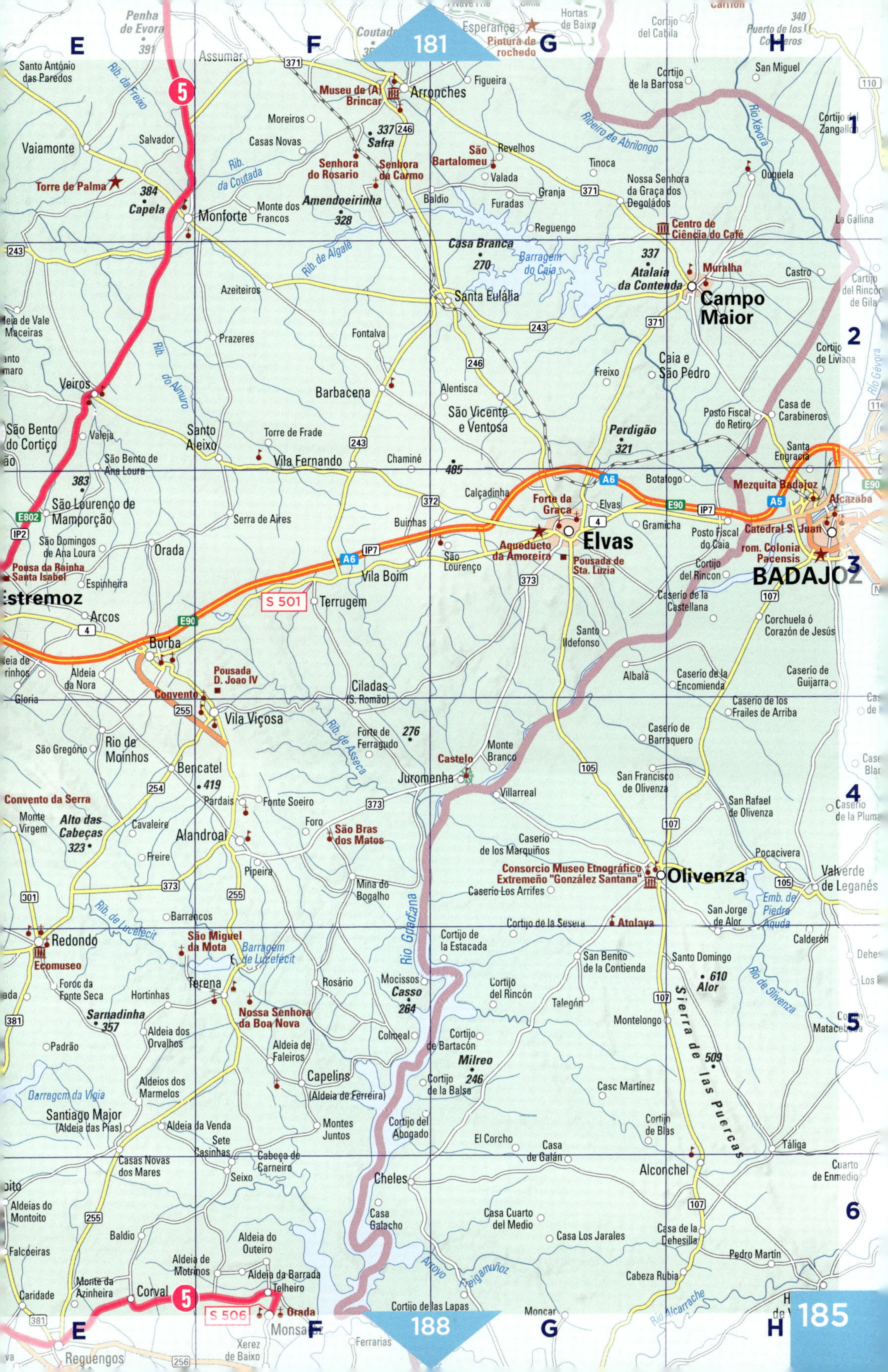
181
188
E
F
G
H
1
2
3
4
5
6
Penha de Evora
Assumar
Esperança
Pintura de rochedo
Hortas de Baixo
Cortijo del Cabila
Puerto de los Conejeros
Santo António das Paredos
Rib. de Freixo
Museu de (A) Brincar
Arronches
Figueira
Cortijo de la Barrosa
San Miguel
Moreiros
Casas Novas
Safra
Vaiamonte
Salvador
Senhora do Rosario
Senhora da Carmo
São Bartolomeu
Revelhos
Ribeiro de Abrilongo
Rio Xévora
Cortijo del Zangalito
Tinoca
Torre de Palma
Capela
Monforte
Monte dos Francos
Amendoeirinha
Valada
Baldio
Furadas
Granja
Nossa Senhora da Graça dos Degolados
Ouguela
La Gallina
Reguengo
Centro de Ciência do Café
Rib. de Algale
Casa Branca
Barragem do Caia
Atalaia da Contenda
Muralha
Castro
Cortijo del Rincon de Gila
Azeiteiros
Santa Eulália
Campo Maior
Vale Maceiras
Prazeres
Fontalva
Rib. do Almuro
Caia e São Pedro
Cortijo de Liviana
Veiros
Barbacena
Alentisca
Freixo
Rio Gévora
São Bento do Cortiço
Valeja
Santo Aleixo
Torre de Frade
São Vicente e Ventosa
Posto Fiscal do Retiro
Casa de Carabineros
Perdigão
Santa Engracia
São Bento de Ana Loura
Vila Fernando
Chaminé
Botafogo
Mezquita Badajoz
Alcazaba
São Lourenço de Mamporção
Serra de Aires
Calçadinha
Forte da Graça
Elvas
Gramicha
Posto Fiscal do Caia
Catedral S. Juan
rom. Colonia Pacensis
São Domingos de Ana Loura
Orada
Buinhas
São Lourenço
Aqueduto da Amoreira
Pousada de Sta. Luzia
Cortijo del Rincon
BADAJOZ
Pousa da Rainha Santa Isabel
Espinheira
Vila Boim
Terrugem
S 501
Estremoz
Arcos
Caserío de la Castellana
Corchuela ó Corazón de Jesús
Borba
Santo Ildefonso
Aldeia da Nora
Pousada D. Joao IV
Ciladas (S. Romão)
Albalá
Caserío de la Encomienda
Caserío de Guijarra
Gloria
Convento
Vila Viçosa
Rib. de Asseca
Forte de Ferragudo
Caserío de los Frailes de Arriba
São Gregório
Rio de Moinhos
Monte Branco
Caserío de Barraquero
Bencatel
Castelo
Juromenha
San Francisco de Olivenza
Convento da Serra
Pardais
Fonte Soeiro
Villarreal
San Rafael de Olivenza
Caserío de la Pluma
Monte Virgem
Alto das Cabeças
Cavaleire
Alandroal
Foro
São Bras dos Matos
Caserío de los Marquiños
Freire
Pipeira
Mina do Bogalho
Consorcio Museo Etnográfico Extremeño "González Santana"
Olivenza
Pocacivera
Valverde de Leganés
Caserío Los Arrifes
Rib. de Lucefecit
Barrancos
Rio Guadiana
Cortijo de la Seseña
Atalaya
San Jorge de Alor
Emb. de Piedra Aguda
Redondo
Ecomuseo
São Miguel da Mota
Barragem de Lucefécit
Cortijo de la Estacada
San Benito de la Contienda
Santo Domingo
Alor
Calderón
Foroc da Fonte Seca
Terena
Rosário
Mocissos
Casso
Cortijo del Rincón
Talegón
Rio de Olivenza
Hortinhas
Nossa Senhora da Boa Nova
Sarnadinha
Montelongo
Sierra de las Puercas
Matacebada
Padrão
Aldeia dos Orvalhos
Colmeal
Cortijo de Bartacón
Aldeia de Faleiros
Milreo
Aldeios dos Marmelos
Capelins (Aldeia de Ferreira)
Cortijo de la Balsa
Casc Martínez
Barragem da Vigia
Santiago Major (Aldeia das Pias)
Aldeia da Venda
Montes Juntos
Cortijo del Abogado
Cortijo de Blas
Sete Casinhas
El Corcho
Casa de Galán
Táliga
Casas Novas dos Mares
Cabeça de Carneiro
Alconchel
Cuarto de Enmedio
Seixo
Cheles
Aldeias do Montoito
Casa Galacho
Casa Cuarto del Medio
Baldio
Aldeia do Outeiro
Casa Los Jarales
Casa de la Dehesilla
Falcoeiras
Arroyo Friegamuñoz
Pedro Martín
Aldeia de Motrinos
Aldeia da Barrada
Cabeza Rubia
Monte da Azinheira
Corval
Telheiro
Rio Alcarrache
Caridade
S 506
Orada
Cortijo de las Lapas
Moncar
Monsaraz
Reguengos
Ferrarias
Xerez de Baixo
Campo Maior
E90
E802
A6
A5
IP7
IP2
E90

183

A
B
C
D
1
2
3
4
5
6
Alcácer do Sal
Pousada D. Afonso II
Senhora de Conceição
Cachopos
Comporta
Casa da Cultura da Comporta
Carrasqueira
Torre
Carvalhal
Torroal
Outeirão
Barrosinha
Alfebre do Mato
Carvalhoso
Alfebrinho
Santa Catarina
Maceira
Arouca
Rio Sado
Foros de Albergartaria
Arroio da Pernada do Marco
Costa Dourada
da Galé
Colónia Penal
Pinheiro da Cruz
Pedrogão
Vale de Guiso
Louseira
Casa Branca
São Bento
Frades
São Romão do Sádão
Pousada Vale do Gaio
Xarraminha
Rio de Moinhos
Algaté
Martim Afonso
Brejos do Fetal
Ameiras de Baixo
Cilha do Pascoal
Fresta
Aldeia do Futuro
Apaúlinha
Ruinas Rom.
Grândola
Cilha do Centeio
Água Derramada
Fontainhas
Erivideira
Água de Porco
Palhotas
Atalaia
Caveira
Melides
Penha
Nossa Senhora da Penha
Sesmarias das Moças
Mascarenhas
São Mamede do Sádão
Praia de Melides
Lagoa de Melides
Serra de Grândola
Santa Margarida da Serra
Canal Caveira
Mina da Caveira
Nicolau
Mosqueirão
Santa Margarida do Sádão
Praia de Santo André
Costa
Portugalresoos
Lagoa de Santo André
Nossa São do Livramento
São Francisco da Serra
Cruz de João Mendes
Vila Nova de Santo André
Deixa-o-Resto
Roncão
Tanganhal
Azinheira dos Barros
Santo André
Santa Cruz
Relvinhas
Carapeleiro
Mina do Lousal
Porto Mouro
Bejinhos
Pomar Grande
São Bartolomeu da Serra
Várzea Nova
Pousada da Quinta da Ortiga
Santiago do Cacém
Bebeda
Abela
Cova do Gato
Ermidas-Sado
Ermidas
Relvas Verdes
Ortiga
Chãos
Ribeira de Corona
Quinta da Corona
Asseiceira
Sines
Cerca Velha
Paiol
Outeiro do Negro
Praia da Provença
Provença
Praia de São Torpes
Castanheiro
Chaparral
Vale Miguel
Cerro da Corte
Alvalade
São Domingos
Sete
Borbolega
Praia de São Torpes
Praia de Morgavel
Arneiro
Barragem de Morgável
Muda
Vale de Água
Praia d. Oliveirinha
Praia do Burrinho
Vale da Rosa
Solposta
Foros de Cadouços
Foros do Malhão
Daroeira
Carapetal
Sonega
Foros do Arncirinho
Barragem Fonte Serne
Vale Pereiro
Porto Covo da Bandeira
Vale Manhãs
Barragem de Campilhas
Rata
Castelo Velho
Foros da Barradinha Nova
Tanganheira
Foros do Monte Novo
Foros da Caiada
Terrazina
Foros de Vale de Água
Forte de Ilha de Dentro
Ilha do Pessegueiro
Foros do Campo
Fornalha Velha
Torre Vã
Ruinas
Charnequinha
Silveiras
Ribeira de Campilhas
Fornalhas
Praia de Aivados
Foros de Vale Coelho
Casas Grances
Bicos
Vale Longo
São Romão de Panoias
Aldeia dos Delas
Boavista
Cercal
Casas Novas
Coelheiras
Caeiros
Vales
Água Branca
Serra do Cercal
Fonte Santa
Salgadinho
Campo Redondo
Monte Velho
Chalé
Praia do Malhão (Sul)
Malhadinha
Catifarras
Portelinha
Barranco do Bebedouro
Laborela
Minas Monti
Malhada do Velho
Rabo do Lobo
Lajinha
Aldeia do Cano
Montecos
Pego do Seixo
Barranco do Cailogo
Vale Santiago
Panóias
Foros do Pereira
Ferrenho
Brunheiras
Ferraria
Barranquinho
Senhora das Neues
Vale Bacias
Santa Luzia
Corte Preta
Vila Nova de Milfontes
Caeiros
Barranquinha
Senhora das Neves
Colos
Funcheira
Praia das Furnas
Caldeira
Pinheiro
São Domingos
São Luís
Estrada
Malhão
Relíquias
Arzil
Garvão
Cova da Zorra
Vale de Casca
Ribeira do Salto
Vale de Lobos
Amoreiras
Besteiros
Nascedios
Cortinhas
Carapetos
Nova Requengo
Vale de Ferro
Chaissa
Galharda
Aldeia das Amoreiras
A2
IP1
IP8
IC1
IC33
A26
IP 8
IC4
C 407
C 408
261
261-1
261-2
120
121
262
263
389
393
120-3
A26-1
253
5

189

184
188
190
191
E
F
G
H
1
2
3
4
5
6
Alcáçovas
Seixo da Oliveira
Tojais Novos
Viana
Viana do Alentejo
374
São Vicente
Nossa Senhora de Aires
São Bartolomeu do Outeiro
Horta da Quinta
Termas da Ganhofeira
Torre de Coelheiros
Monte dos Hospitais
Formiga
330
Atalaia
Zambujeiro
São Pedro
424
Monte do Trigo
Peral Grande
Figueira
Portel
São João Baptista
Senhora da Assunção
Oriola
Barragem do Alvito
Rio Xarrama
212
São Brissos
Vila Nova Baronia
Torrão
Água dos Peixes
Senhora da Graça
Albergaria dos Fusos
Cortes Grandes
219
Santa Agueda
Pousada do Castelo de Alvito
Alvito
163
Rio Seco
Vila Alva
Ruinas
Vila Ruiva
Santana
Serra de Mendro
412
Vera Cruz de Marmelar
Vale Texto
359
Vila de Frades
Vidigueira
Alcaria
103
Faias
Panasqueira
Cevada
142
Chouriço
Altura do Monte Novo
179
Trolho
Barragem de Odivelas
Rio Seco da Estrada
Cuba
Esperança
Faro do Alentejo
Marmelar
Odivelas
Caneiras Grandes
120
Cerro da Mina
160
Sesmarias
Caçapeira
Grandão
Fonte Boa
Alfundão
Monte da Panasqueira
Torre do Pinto
Cortes de Cima
Ordem
Selmes
Peso
Cortes de Baixo
Ramado
Pedrogão
Aldeias
São Luís
Nossa Senhora dos Prazeres
Ribeira de Odearce
São Matias
Apariça
Boavista
239
Trigaches
Albufeira da Namorada
Figueira dos Cavaleiros
Peroguarda
Albufeira de Pisão
São Pedro de Pomares
São Vicente
São Briços
Ferreira do Alentejo
Ermida de Santo André
Mira
277
Beringel
Pereiro
Fontes
234
Paço
Vilarinho
Cortes
Outeiro
233
Mombeja
Carvalheira
Corte Negra
Pousada de São Francisco
Beja
Nossa Senhora das Neves
Baleizão
Frades
Vale de Vinagre
Vila Azeda
Albufeira de Penedrão
Coelheira
Penedo Gordo
Quinta do Estácio
Gasparões
Ervidel
São João de Negrilhos
Santa Vitória
Rasca
202
Pisões (Ruína Rom.)
Santa Clara de Louredo
Pisões
Quintos
Lobata
Santo António Velho
Pousada de São Gens
Nossa Senhora de Guadalupe
217
Cabeça Gorda
Salvada
Ulmo
Chaceuda
Corte Vicente Anes
Mina da Juliana
Linharco
Courelas
Barragem do Roxo
Barragem dos Carous
189
Volo Loução de Baixo
Giralda
Corte Condessa
São Brás
198
Aboboreira
Rio de Moinhos
Museu Municipal de Arqueologia de Aljustrel
Aljustrel
Lagoa
Albernoa
Trindade
Alfarrobeira de Baixo
Vale de Nonino
Talica
Ruas
Pedras Brancas
186
Monte das Pereiras
Fonte Coberta
Ribeira de Louriçais
Valefanado
Gavião
199
Lapo
Magros
Água Salgada
Barbas de Gaio
171
Pica Milho
Rio Guadiana
Monte dos Poços
Carregueiro
Ribeira de Terges
Amendoeira
Malhada
Pias
Pulo do Lobo
Casével
Alagoa da Força
227
210
Canal
Entradas
Seixo
Monte Nobre
Figueiras
Vale de Açor
Monte de Viegas Grande
Mosteiro
Amendoeira
Parque Natural do
Montinhos
Mourão
Monte da Perdigova
Ribeira de Cobres
Salto
276
Senhora de Araceli
Azinhal
Algodor
Verda
Corte Gafo de Cima
Corte Gafo de Baixo
Corte Sines
Gregórios
Almeirim
São Sebastião
Reguengo
268
Monte Novo das Janelas
N. S. da Conceição
São Marcos da Ataboeira
Monte da Légua
Alcaria Ruiva
Murteiras
272
Cavandela
Curral da Velha
São Pedro das Cabeças
João Serra
Mececiras
Corte Velha
Ribeira de Alvacar
Aldeia dos Grandacos
E802
IP2
IP8
257
258
260
265
383
387
121
122
123
18
2
263
E01

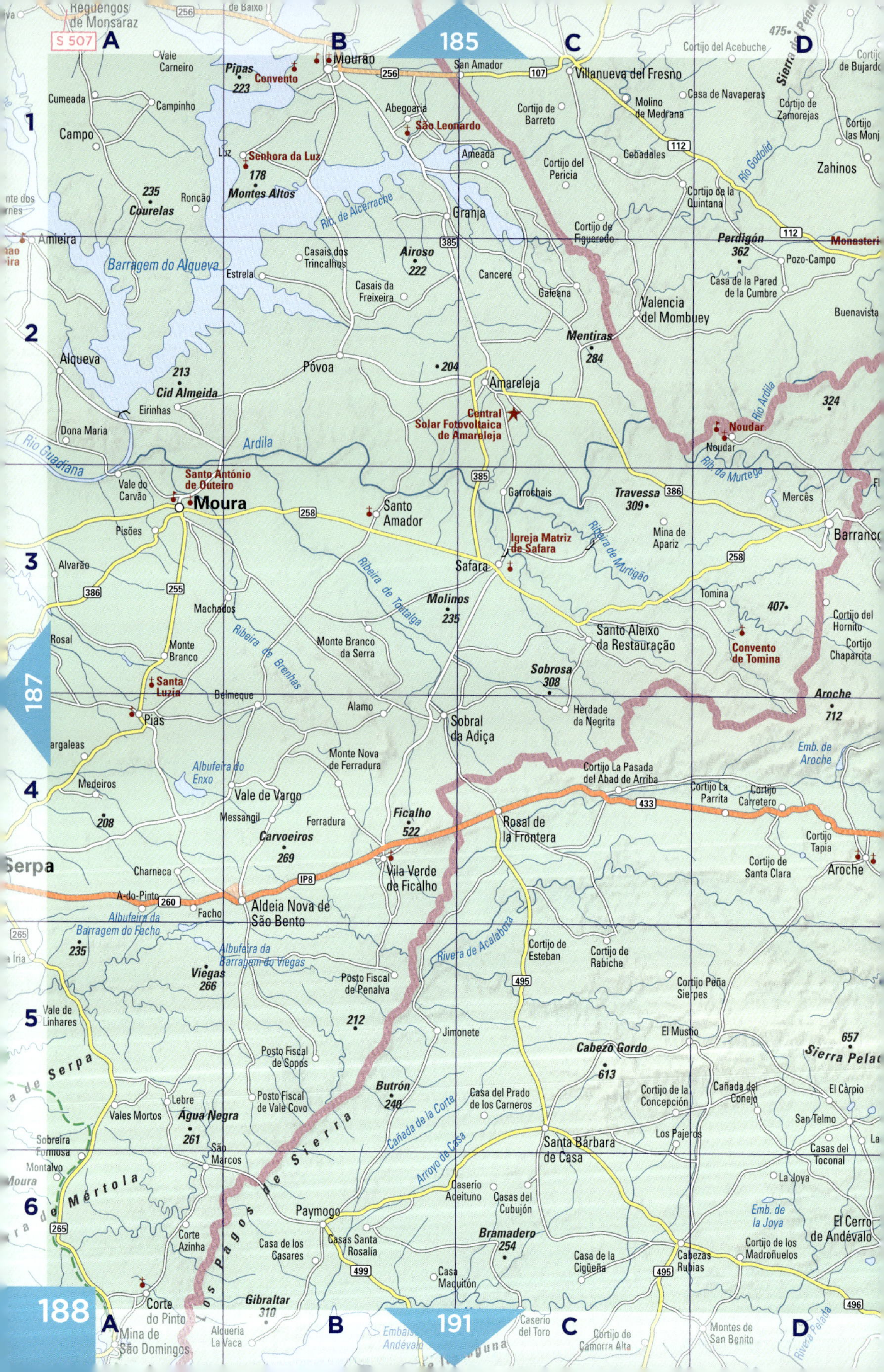
185
187
191
A
B
C
D
1
2
3
4
5
6
Reguengos de Monsaraz
S 507
Vale Carneiro
Pipas 223
Convento
Mourão
San Amador
Villanueva del Fresno
Cortijo del Acebuche
Sierra del Peña
Cortijo de Bujardo
Cumeada
Campinho
Abegoaria
São Leonardo
Cortijo de Barreto
Molino de Medrana
Casa de Navaperas
Cortijo de Zamorejas
Cortijo las Monj
Campo
Luz
Senhora da Luz
178
Montes Altos
Ameada
Cortijo del Pericia
Cebadales
Zahinos
Rio Godolid
235
Courelas
Roncão
Rib. de Alcarrache
Granja
Cortijo de la Quintana
Cortijo de Figueredo
Amieira
Barragem do Alqueva
Estrela
Casais dos Trincalhos
Airoso 222
Cancere
Perdigón 362
Pozo-Campo
Monasterio
Casais da Freixeira
Galeana
Casa de la Pared de la Cumbre
Valencia del Mombuey
Buenavista
Alqueva
Mentiras 284
213
Cid Almeida
Póvoa
204
Amareleja
Eirinhas
Central Solar Fotovoltaica de Amareleja
Rio Ardila
324
Dona Maria
Ardila
Noudar
Rio Guadiana
Santo António de Outeiro
Vale do Carvão
Moura
Rib. da Murtega
Garrochais
Travessa 309
Mercês
Santo Amador
Pisões
Igreja Matriz de Safara
Ribeira de Murtigão
Mina de Apariz
Barrancos
Alvarão
Ribeira de Toutalga
Safara
Tomina
Molinos 235
407
Cortijo del Hornito
Machados
Rosal
Santo Aleixo da Restauração
Cortijo Chaparrita
Monte Branco
Ribeira de Brenhas
Monte Branco da Serra
Convento de Tomina
Santa Luzia
Sobrosa 308
Aroche 712
Belmeque
Alamo
Herdade da Negrita
Pias
Sobral da Adiça
Cargaleas
Monte Nova de Ferradura
Emb. de Aroche
Albufeira do Enxo
Cortijo La Pasada del Abad de Arriba
Medeiros
Vale de Vargo
Cortijo La Parrita
Cortijo Carretero
Messangil
Ferradura
Ficalho 522
Rosal de la Frontera
208
Carvoeiros 269
Cortijo Tapia
Serpa
Charneca
Vila Verde de Ficalho
Cortijo de Santa Clara
Aroche
A-do-Pinto
Facho
Aldeia Nova de São Bento
Albufeira da Barragem do Facho
235
Albufeira da Barragem do Viegas
Rivera de Acalabosa
Cortijo de Esteban
Cortijo de Rabiche
Íria
Viegas 266
Posto Fiscal de Penalva
Cortijo Peña Sierpes
Vale de Linhares
212
Jimonete
El Mustio
657
Serpa
Posto Fiscal de Sopos
Cabezo Gordo 613
Sierra Pelada
Butrón 240
Posto Fiscal de Vale Covo
Casa del Prado de los Carneros
Cortijo de la Concepción
Cañada del Conejo
El Cárpio
Lebre
Vales Mortos
Água Negra 261
Cañada de la Corte
San Telmo
Sobreira Formosa
São Marcos
Sierra
Santa Bárbara de Casa
Los Pajeros
Casas del Toconal
Montalvo
Moura
Arroyo de Casa
La Joya
Mértola
Caserío Aceituno
Casas del Cubujón
Emb. de la Joya
Paymogo
El Cerro de Andévalo
Corte Azinha
Casa de los Casares
Casas Santa Rosalía
Bramadero 254
Cortijo de los Madroñuelos
Pagos de Sierra
Casa de la Cigüeña
Cabezas Rubias
Casa Maquitón
Corte do Pinto
Gibraltar 310
Mina de São Domingos
Alqueria La Vaca
Embalse de Andévalo
Caserío del Toro
Cortijo de Camorra Alta
Montes de San Benito
Rivera Pelada
256
107
112
385
386
258
255
433
IP8
260
265
495
499
496

186
190
E
F
G
H
1
2
3
4
5
6
Odemira
Parque Natural
do Sudoeste
Alentejano e
Costa Vicentina
Costa Vicentina
OCEANO ATLÂNTICO
Cabo Sardão
Praia de Cavaleiro
Cavaleiro
Medo Tojeiro
Almograve
Monte Novo de Troviscais
Nova Reguengo
Pequeno
Reguengo Pequeno
Gavião
Algoceira
Marofanha
Aldeia da Bemposta
Boavista dos Pinheiros
Fataca
Valas
Daroeiras
Tagariças
Touril
Porto das Barcas
Rio Mira
C 409
Praia da Zambujeira
Zambujeira do Mar
Cabeça Gorda
Vale de Figueira
Praia do Carvalhal
São Teotónio
Camachos
Boieira
Vale de Moinhos
Pedreirras
Asseiceira
Brejão
Cabeço de Arvéloa
Vale Juncalinho
Dalfeira
Santa Bárbara
Serra da Brejeira
Agares
Centro Histórico
Praia do Odeceixe
Baiona
Odeceixe
São Miguel
Monte Novo
Samouqueira
Praia da Samouqueira
Fonte Ferrenha
Seixe
Foz do Besteiro
Maria Vinagre
Azenha
Zambujeiro
Galé de Cima
Foz do Arroio
Foz do Carvalhoso
Chã da Casinha
Ladeira de Cima
Bunheira
Azia
Moinho do Sogro
Fonte Santa
Praia da Carriagem
Rogil
Saiceira
Praia de Amoreira
Serominheiro
Besteiro
Pedras Juntas
Praia de Monte Clérigo
C 601
Carrascalinho
Serra de Monchique
Bouçinhos
Barranco Pisões
Convento N. Senhora do Desterro
Castelo mourisco
Pêro Negro
Pacil
Chilrão
Foia
Aljezur
Cerca dos Pomares
Marmelete
Igreja Nova
Monchique
Palmeirinha
Abutareira
Rua Nova
Vale Formoso
Picos
Zebro
Nave
Praia da Arrifana
Arrifana
Vale da Telha
Monte Novo
Vale de Agua
Caseis
Praia do Penedo
Canal
Barranco da Vaca
Serra do Espinhaço de Cão
Malhão
Romeiras
Tojeiro
Barranco do Carriçal
Embarradoiro
Praia de Vale de Figueiras
Chabouco
Três Figos
Vale da Horta
Cavaca
Monte Novo
Corcino
Guena
Montes de Cima
Moinho da Rocha
Mesquita
Praia da Bordeira
Monte Ruivo
Espinhaço de Cão
Pincho
Barranco do Milho
Pereira
Casas da Senhora do Verde
Tumulos de Alcalar
Pontal
Bordeira
Carrapateira
Barragem da Bravura
Alcalá
Reguengo
Poio
Rolhão
Monte Ruivo
Arão
Torre
Donalda
Praia do Amado
Praia d. Murração
Vilarinha
Coutô
Ruivo
Mexilhoeira Grande
Chão das Donas
Lagos Zoo
Bensafrim
Sargaçal
Odiáxere
Montes de Alvor
PORTIMÃO
Praia d. Mirouço
Pedralva
Praia d. Barriga
Pardieiro
Barão de São João
Colégio
Portelas
Marateca
Alvor
C 607
Praia da Cordama
Pêro Queimado
Monte Judeu
Mercado dos Escravos
Torralta
Praia da Rocha
Praia do Castelejo
Nossa Senhora de Guadalupe
Barão de São Miguel
Almadena
C 605
Espiche
Baía de Lagos
Vila do Bispo
Budens
Luz
C 606
LAGOS
Torre de Aspa
Raposeira
Figueira
Salema
Burgau
Porto de Mós
Ponta da Piedade
Praia d. Ponta Ruiva
Santo António
Hortas do Tabual
S 603
C 604
Barrancão
Praia d. Luz
Praia d. D. Maria
Praia do S. Telheiro
Grutas do Monte Frances
C 602
Cabo de São Vicente
Belixe
Pousada do Infante
Praia d. Belixe
Sagres
Praia d. Tonel
Fortaleza
Ponta de Sagres
Praia d. Mareta
393
263
123
502
120
267
268
125
IC4
A22
S 600

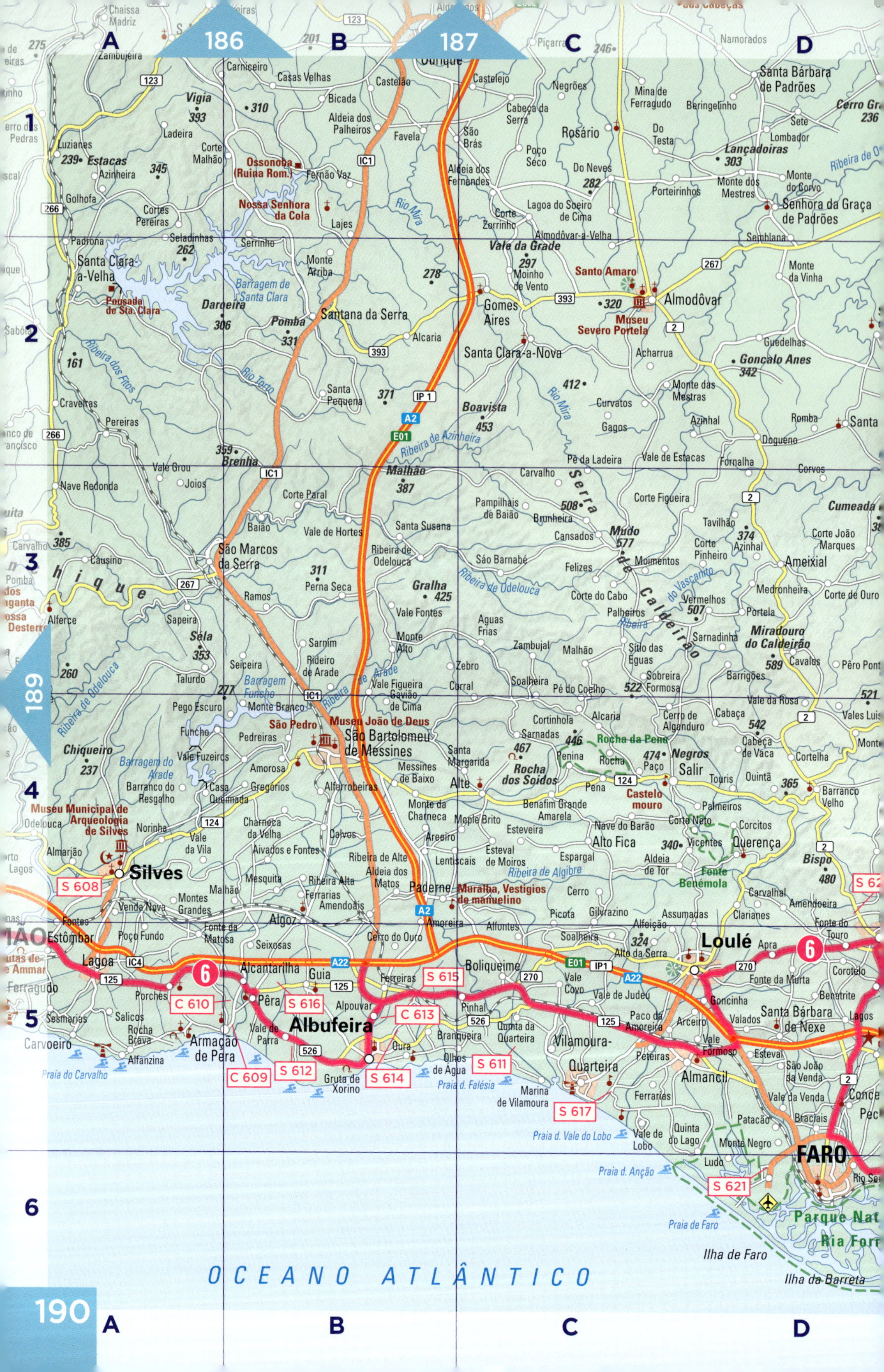
186
187
189
A
B
C
D
1
2
3
4
5
6
Zambujeira
Carniceiro
Casas Velhas
Castelão
Castelejo
Negrões
Mina de Ferragudo
Beringelinho
Santa Bárbara de Padrões
Cerro Gr.
236
Vigia
393
310
Bicada
Aldeia dos Palheiros
Cabeça da Serra
Rosário
Do Testa
Sete
Lombador
Ladeira
Corte Malhão
Favela
São Brás
Poço Seco
Lançadoiras
303
Luzianes
239
Estacas
Azinheira
345
Ossonoba (Ruína Rom.)
Fernão Vaz
Aldeia dos Fernandes
Do Neves
282
Porteirinhos
Monte dos Mestres
Monte do Corvo
Ribeira de O
Golhofa
Cortes Pereiras
Nossa Senhora da Cola
Lajes
Rio Mira
Corte Zorrinho
Lagoa do Soeiro de Cima
Senhora da Graça de Padrões
Padrona
Seladinhas
262
Serrinho
Almodôvar-a-Velha
Semblana
Vale da Grade
Santa Clara-a-Velha
Monte Arriba
278
297
Moinho de Vento
Santo Amaro
Monte da Vinha
Pousada de Sta. Clara
Barragem de Santa Clara
Daroeira
306
Pomba
331
Santana da Serra
Gomes Aires
320
Almodôvar
Museu Severo Portela
Alcaria
Santa Clara-a-Nova
Acharrua
Guedelhas
Gonçalo Anes
342
161
Ribeira dos Fitos
Rio Torto
Santa Pequena
371
412
Monte das Mestras
Cravelras
Pereiras
Boavista
453
Rio Mira
Curvatos
Gagos
Azinhal
Romba
Santa
Doguena
359
Brenha
Ribeira de Azinheira
Pé da Ladeira
Vale de Estacas
Fornalha
Corvos
Vale Grou
Joios
Nave Redonda
Malhão
387
Carvalho
Serra
Corte Figueira
Cumeada
Corte Paral
Pampilhais de Baião
508
Brunheira
Tavilhão
374
Azinhal
Corte João Marques
385
Baião
Vale de Hortes
Santa Susana
Cansados
Mudo
577
Corte Pinheiro
Causino
São Marcos da Serra
Ribeira de Odelouca
São Barnabé
Felizes
Moimentos
Ameixial
311
Perna Seca
Ribeira de Odelouca
do Vascanito
Medronheira
Corte de Ouro
Ramos
Gralha
425
Corte do Cabo
Vermelhos
507
Portela
Alferce
Sapeira
Vale Fontes
Aguas Frias
Palheiros
Ribeira
Sarnadinha
Miradouro do Caldeirão
Séla
353
Sarnim
Monte Alto
Zambujal
Malhão
Sítio das Éguas
589
Cavalos
Pêro Pont
260
Seiceira
Rideiro de Arade
Zebro
Sobreira Formosa
Barrigões
Talurdo
Barragem do Funcho
Vale Figueira
Gavião de Cima
Curral
Soalheira
Pé do Coelho
522
Vale da Rosa
521
Ribeira de Odelouca
277
Pego Escuro
Monte Branco
Ribeira de Arade
Cortinhola
Alcaria
Cerro de Alganduro
Cabaça
542
Vales Luis
Funcho
São Pedro
Museu João de Deus
Sarnadas
446
Rocha da Pena
474
Paço
Negros
Salir
Cabeça de Vaca
Cortelha
Chiqueiro
237
Barragem do Arade
Vale Fuzeiros
Pedreiras
São Bartolomeu de Messines
Santa Margarida
467
Penina
Rocha
Touris
Quintã
365
Amorosa
Messines de Baixo
Rocha dos Soidos
Barranco do Resgalho
Casa Queimada
Gregórios
Alfarrobeiras
Alte
Pena
Castelo mouro
Barranco Velho
Museu Municipal de Arqueologia de Silves
Charneca da Velha
Monte da Charneca
Monte Brito
Benafim Grande
Amarela
Palmeiros
Odelouca
Norinha
Vale da Vila
Calvos
Esteveira
Nave do Barão
Corte Neto
Corcitos
Almarjão
Aivados e Fontes
Areeiro
Alto Fica
340
Vicentes
Querença
Ribeira de Alte
Lentiscais
Esteval de Moiros
Espargal
Aldeia de Tor
Bispo
480
Silves
Mesquita
Ribeira Alta
Aldeia dos Matos
Ribeira de Algibre
Fonte Benémola
S 608
Ferrarias
Paderne
Muralha, Vestígios de manuelino
Cerro
Carvalhal
S 62
Montes Grandes
Malhão
Amendoais
Amendoeira
Venda Nova
Picota
Gilvrazino
Alfeição
Assumadas
Clarianes
Fonte do Touro
Fontes
Algoz
Amoreira
Alfontes
Estômbar
Poço Fundo
Fonte da Matosa
Cerro do Ouro
Soalheira
324
Alto da Serra
Loulé
Apra
Corotelo
Seixosas
Lagoa
Alcantarilha
Guia
Ferreiras
S 615
Boliqueime
Vale Covo
Vale de Judeu
Fonte da Murta
Benatrite
Ferragudo
Porches
C 610
Pêra
S 616
Alpouvar
Pinhal
Gonçinha
Santa Bárbara de Nexe
Lagos
Sesmarias
Salicos
Vale de Parra
Albufeira
C 613
Quinta da Quarteira
Paco da Amoreira
Arceiro
Valados
Carvoeiro
Rocha Brava
Armação de Pera
Branqueira
Vilamoura
Vale Formoso
Esteval
Alfanzina
Oura
Olhos de Água
S 611
Peteiras
Quarteira
Almancil
São João da Venda
Praia do Carvalho
C 609
S 612
Gruta de Xorino
S 614
Praia d. Falésia
Marina de Vilamoura
Ferrarias
Vale da Venda
Conce
Pec
S 617
Patacão
Braciais
Praia d. Vale do Lobo
Vale de Lobo
Quinta do Lago
Monte Negro
FARO
Praia d. Anção
Ludo
S 621
Rio Se
Praia de Faro
Parque Nat.
Ria Form
Ilha de Faro
OCEANO ATLÂNTICO
Ilha da Barreta
123
201
266
267
124
125
526
270
393
2
IC1
IC4
IP 1
IP1
A2
A22
E01
6